KB192224

아프기 전에는

— 세브란스 감동스토리《쿵쿵》출간에 붙여

아프기 전에는 인생이 뭔지 몰랐어.
아프기 전에는 먹고 마시고 말하고 보고 듣고
걷는 뛰는 것이 당연하다고 생각했어.
몸이 아파 응급실에 실려 가고 나서야
몸이 아파 덜컥 중환자실에 눕고 나서야
산다는 것이 뭔지 조금 어렴풋해지더군.
숨을 쉴 수 없어 호흡기를 매달고 나서야
죽는다는 것이 환한 실감으로 다가오더군.

절망하기 전에는 인생이 뭔지 몰랐어.
절망하기 전에는 왜 심장이 뛰는지
왜 밥을 먹는지 왜 똥을 누는지
왜 두 손 모아 기도해야 하는지 몰랐어.
별을 보며 절망의 밤을 막막히 지샌 뒤에야
벽을 보며 통증의 괴로움으로 몸부림친 뒤에야
생로병사가 비로소 인생인 줄 알겠더군.
죽음의 문턱을 몇 번 넘나들고 나서야
숨을 주신 생명의 마법사가 뉘신지 알겠더군.

무릎 꿇기 전에는 인생이 뭔지 몰랐어.
무릎 꿇기 전에는 왜 동트는 태양이 삶의 희망인지
왜 고통 속에 눈뜨면서도 감사해야 하는지
왜 우리가 겪는 아픔을 서로 나누어야 하는지 몰랐어.
저 어둠의 심연으로 내려가 어둠과 손 잡아본 뒤에야
영원한 생명의 빛이 뉘신지 알았어.
무릎의 무릎을 꿇고 내 삶이
사랑하는 이의 장중에 있음을 알게 된 뒤에야
내 인생이 우주의 꽃임을 알았어.

그래. 난 아무것도 아니지만 모든 것이야.
지금도 쿵쿵 뛰는 내 심장을 걸어 다니시는,
육안에 보이지는 않지만
붉은 혈관 속을 산책하시는 그분을 느끼기에.

고 진 하

다시 뛰는 생명의 북소리

쿵쿵 다시 뛰는 생명의 북소리

엮은이 연세대학교 의료원 원목실
지은이 고진하
펴낸이 김명식
펴낸곳 (주)넥서스

초판 1쇄 발행 2014년 6월 20일
초판 2쇄 발행 2014년 6월 25일

출판신고 1992년 4월 3일 제311-2002-2호
121-893 서울시 마포구 양화로 8길 24
Tel (02)330-5500 Fax (02)330-5555

ISBN 978-89-6790-871-3 03230

다시 뛰는
생명의
북소리

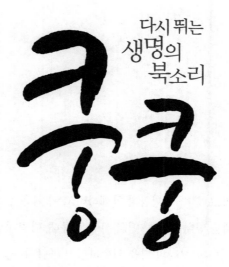

쿵쿵

연세대학교 의료원 원목실 엮음 | 고진하 지음

넥서스CROSS

한사코 사랑하라고

한사코 사랑하라고, 끝까지 희망과 함께하라고 이 책은 우리에게 외칩니다. 삶과 죽음의 경계를 넘나드는 서른 편의 사연을 통해, 마침내 존귀한 생명과 소망을 살려 내는 위대한 섭리의 힘을 체험하시기 바랍니다.

_한승헌(변호사, 전 감사원장)

금번에 죽음의 문턱에서 기적을 경험한 분들의 이야기인《쿵쿵》이 출간됨을 축하드립니다. 모쪼록 이 책이 많은 분에게 읽혀져, 죽음의 절망을 극복하고 신앙을 갖게 됨으로, 꿈과 희망을 가지고 밝은 미래를 만들어 가게 되기를 간절히 기도드립니다.

_이영훈(여의도순복음교회 담임목사)

병을 통해 더 애틋한 사랑을 알게 되고, 간절한 기도를 하게 되고, 삶에 대한 감사가 깊어진 이들의 절절한 이야기. 잘 익은 열매 같고 빛나는 진주 같은 이 이야기들을 읽고, 더 많은 이가 각자의 자리에서 사랑과 위로의 치유자가 될 수 있길 기도하고 기대합니다.

_이해인(수녀, 시인)

하나님의 사랑을 온몸으로 체험한 분들의 가슴 따뜻한 이야기가 여기 있습니다. 모든 것을 온전히 주님에게 맡기고 그분의 뜻을 따를 때 놀라운 기적이 일어났습니다. 이 책을 통해, 주어진 하루하루가 얼마나 큰 축복이며 선물인지 깨닫게 됩니다.

_손범수(방송인)

38년간 의료인으로 활동하는 동안, 저를 놀라게 했던 감동의 세계가 이 책에 있습니다. 의학적으로 설명할 수 없는 치유의 기적이 세브란스 곳곳에서 일어나고 있습니다. 내일에는 저와 이 책을 읽는 독자들을 통해서도 또 다른 기적이 일어나기를 바랍니다.

_정남식(연세의료원 세브란스병원장)

세브란스 안에서 역사하는
하나님의 사랑

연세의료원의 사명은 "하나님의 사랑으로 인류를 질병으로부터 자유롭게 한다"는 것입니다. 여기 '세브란스 감동스토리' 안에는 하나님의 사랑이 세브란스 안에서 어떻게 역사하고 있는지가 잘 드러나고 있습니다. 하나님의 기적이 있고, 환우들의 감사가 있고, 우리들의 감동이 있습니다.

의료원장 집무실은 공교롭게도 장례식장과 같은 건물에 있습니다. 출근 길에 매일 발인하는 장면을 보게 됩니다. 인생이란 참으로 쏜살같이 지나가는 것 같습니다. 저도 언젠가는 발인의 주인공이 될 것입니다. 이 책을 읽으며 죽음의 현실 앞에서 우리가 어떻게 살아야 할지를 다시 한 번 생각하게 됩니다. 특별히 질병의 고통 한가운데에서, 우리가 어떤 신앙의 자세로 이를 극복해야 할지를 되짚어보게 됩니다. 무엇보다도 우리 삶에 있어 감사하는 마음이 얼마나 중요한지 보게 됩니다. 숨 쉬는 것, 물 마시는 것, 걷는 것, 말하는 것 등, 범사에 감사하지 않을 일이 하나도 없음을 깨닫게 됩니다. 고난은 때로 잃어버렸던 감사의 마음을 되찾아 주고, 하나님에게 돌아오는 계기를 만들어 줍니다. 그래서 고난은 축복인가 봅니다.

하나님은 고난의 현장에서 우리를 만나 주십니다. 그리고 고난이 축복으로 바뀌는 현장에는 간증이 있습니다. 우리 의료진은 그 현장의 목격자이기도 하지만, 축복을 주시는 하나님의 도구이기도 합니다. 그래서 저희는 기도합니다. 가장 어려운 순간, 하나님이 그 오른팔로 저희를 붙잡아 주시고, 눈동자처럼 지켜 주시기를 간구합니다. 이 책에는 의학교과서에서나 나오는 난치성 희귀질환들이 등장합니다. 그러나 환우들이 하나님을 만나는 그 자리에 치유의 기적이 일어나게 됩니다. 지금도 세브란스에서는 매일같이 '세브란스 감동스토리'가 재연되고 있습니다.

믿음의 선배이시며 세브란스를 세우신 에비슨 선교사님이 평생 붙드셨던 말씀은 "우리가 선을 행하되 낙심치 말지니, 피곤치 아니하면 때가 이르매 거두리라"갈6:9는 것이었습니다. 우리는 지치지 말아야 합니다. 낙심하지 말아야 합니다. 하나님의 때가 지금인지 10년 후인지 우리는 모르지만, 신실하신 하나님은 때가 이르면 반드시 거두어 주실 것입니다. 연세암병원 입구에 오면, 노아의 방주와 빛의 기둥을 만나게 됩니다. 구원의 상징인 '세브란스 방주'에 의료진과 함께 승선하여, 하나님의 숨결이 담긴 '빛의 기둥'을 붙잡고, 건강한 내일을 향해 힘차게 항해합시다. 우리 함께 '세브란스 감동스토리'의 다음 페이지를 써 나갑시다.

저는 7년 전《세브란스 드림스토리》를 썼습니다. 그 책에는 하나님을 향한 세브란스의 '꿈'dream이 있고, 선배들의 '드림'이 있습니다. 그리고 지금 '세브란스 감동스토리'를 담고 있는 이 책에는 세브란스에서 치유받은 환우들의 감동스토리가 있습니다. 다음에는 세브란스 의료진들이 경험한 기적을 담아 《세브란스 기적스토리》가 출간될 수 있기를 기대해 봅니다.

이 철
연세대학교 의무부총장 겸 의료원장

| 감사의 글 |

힘과 용기와 희망을 위한
위대한 연대

연세의료원에서는 2013년 7월 5일부터 '기도로 함께하는 의사' 프로젝트
가 시작되었습니다. 수술실에서 의사가 환우를 위해 기도하는 프로젝트입니
다. 지금까지 수술환우는 병실과 수술대기실에서 원목실 교역자로부터 기도
를 받곤 했습니다. 그러나 막상 수술실에 들어가게 되면, 대부분의 환우는 극
도의 불안감에 떨게 됩니다. 이때에 의사가 환우의 손을 잡고 기도를 하게 되
는데, 대부분 환우들은 안정을 찾게 되고, 편안히 마취와 수술을 받게 됩니
다. 그만큼 치료효과도 커질 수밖에 없습니다.

《쿵쿵》은 이러한 프로젝트를 보완하는 또 하나의 프로젝트라고 할 수 있
습니다. 세브란스병원에는 수술이나 중증치료를 받은 분들 중, 생존가능성
이 높지 않은 상황에서 거의 완치를 경험한 분들이 많습니다. 원목실에서는
이러한 분들 중 30분의 경험을 모아, 중견문학가이신 고진하 시인에게 집필
을 의뢰하여, 오늘의 《쿵쿵》을 만들게 되었습니다. 확신컨대, 이 책은 앞으로
힘든 치료과정을 거치게 될 환우들과 보호자들에게 큰 힘과 용기와 희망을
주게 될 것입니다.

먼저 또 다른 환우들에게 희망을 주기 위해, 용기를 내어 자신의 경험을 나

누어 주신 30분의 환우들에게 깊이 감사를 드립니다. 기억하고 싶지도, 드러내고 싶지도 않은 아픈 과거를 미지의 타인과 나눈다는 것은 결코 쉬운 일이 아닐 것입니다. 그러나 오늘의 이 값진 나눔은 수많은 생명을 살리는 또 다른 치유의 기적을 일으키게 될 것입니다.

집필을 맡아 주신 고진하 시인에게도 깊이 감사드립니다. 직접 병실과 수술실을 방문하고, 주인공들과 전화 인터뷰도 하고, 의학용어를 이해하기 위해 의사의 자문을 받으며, 지난 3개월간 혼신의 힘을 다해 집필에만 전념해 주어, 오늘 이토록 가슴 절절한 감동적인 책이 나오게 되었습니다. 이것은 오로지 시인의 환우사랑에서 비롯되었다고 저는 믿습니다.

기꺼이 이 책의 추천사를 써 주신 한승헌 전 감사원장님, 이영훈 여의도순복음교회 담임목사님, 이해인 수녀님, 손범수 방송인, 그리고 정남식 세브란스병원장님에게도 감사의 말씀을 드립니다. 다섯 분의 추천에 힘입어 많은 환우들이 이 글을 읽고 큰 위로를 얻게 되기 바랍니다.

또한 오늘의 책이 나오기까지 각 병원에서 사례를 찾고, 환우를 설득하고, 자료를 만들고, 지혜를 모아 주었던 원목실의 공재철, 최형철 원목을 비롯한 모든 교역자, 특별히 책을 만드는 일에 크고 작은 일들을 도맡아 주었던 김상진 목사님과 이지연 선생님에게 깊이 감사를 드립니다.

끝으로 이 책의 출판을 선뜻 맡아 준 (주)넥서스의 임준현 사장님과 김혜전 차장님에게도 깊은 감사를 드립니다. 환우의 생명을 살리는 일에 같은 마음으로 동참해 주셔서, 좋은 책을 만들기 위해 최선을 다하신 점 오래 기억할 것입니다.

한 인 철
연세의료원 원목실장 겸 교목실장

상처의 아픔으로 피어난 꽃들

골짜기를 폭풍우로부터 지키려고 메워 버린다면 자연이 새겨 놓은 아름다움을 볼 수 없게 된다는 속담이 있다. 우리는 질병의 고통 없이 살기를 바라지만, 질병의 고통이 없다면, 우리 인생의 골짜기도 조물주가 새겨 놓은 아름다움을 볼 수 없을 것이다. 책을 탈고하면서 떠올랐던 소감이다.

이 책의 줄거리가 될 기초자료를 원목실로부터 다 넘겨받은 것은 꽃샘바람이 불기 시작하는 이른 봄날이었다. 그렇게 넘겨받은 자료를 몇 번씩 공들여 읽은 후, 내 생의 경험과 상상의 힘을 보태어 원고지 칸을 메우기 시작했다. 기초자료 속의 환우들은 대체로 죽음의 문턱을 넘나드는 위중한 병으로 큰 아픔을 겪은 이들이었다.

나는 그들의 이야기를 풀어 나가면서, 어떤 때는 환우들의 아픔이 전이된 듯, 내 몸이 욱신거리기도 했다. 그러면 뜰에 나가 화사하게 피어나는 봄꽃들을 보며 아픔을 달래곤 했는데, 어느 날은 그렇게 뜰에 핀 봄꽃들을 우두커니 바라보다가, 어쩌면 저 꽃들은 나무의 상처일지도 모른다는 생각이 문득 들었다.

그래, 상처의 아픔으로 피어난 꽃들! 어디 나무들뿐이랴! 나는 서른 분 환우들의 이야기를 하나하나 읽으며, 그들이 감내해야 했던 상처의 아픔이 꽃으로 빚어진 것은 아닌가 생각했다. 한 송이 우주의 꽃! 크나큰 병은 지독한 아픔이고, 죽음 앞에 마주 세우는 두려움일 수도 있지만, 그런 아픔과 두려움이 없다면, 인생은 더 큰 배움과 존재의 성숙을 향해 나갈 수 없는 것은 아닐까! 각종 악성종양, 난치성 희귀질환, 치명적인 교통사고 등으로 생존가능성이 희박했던 환우들이 쿵쿵, 다시 뛰는 생명의 북소리를 듣기도 하고, 자기 존재의 근원과 대면하여 '새로운 존재'로 탄생하는 이야기 속에서 나는 경이로움을 금치 못했다. 이런 기적을 연출하는 생명의 마법사는 대체 뉘신지?

생명의 마법사는 보이지 않는 그분만을 의미하지는 않을 것이다. 환우의 아픔을 자기의 아픔처럼 함께 아파하며, 생명의 존엄을 자각하고 살아가는 의사, 간호사, 간병인, 교역자, 부모, 가족 등, 그들 역시 기적을 연출하는 생명

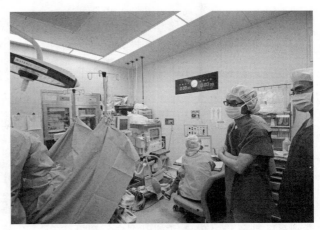

수술현장을 참관하는 저자와 교목실장

의족을 살펴보고 있는 저자

의 마법사가 아닐까! 물론 기적은 인간의 머리로는 다 이해할 수 없는 신비의 차원에 속한다. 하지만 아픔을 겪는 환우와 더불어 함께 울고, 함께 기도하고, 때로는 죽어가는 환우의 소생을 위해 금식조차 마다 않는, 끝까지 포기하지 않는 누군가의 사랑이 그런 기적의 촉매가 된 것은 아닐까!

환우들의 이야기는 나에게도 큰 배움의 기회였다. 인생을 네 글자로 요약해 생로병사生老病死라고 하는데, 누구나 피하고 싶어하는 '병'病과 '사'死 역시 우리의 영혼을 더 풍요롭게 하는 생의 조건이라는 것. 피할 수 없는 것은 피하려 하지 말고 받아들여야 한다는 것. 그렇게 받아들일 때 우리의 영혼은 성장할 수 있다는 것. 이런 점에서 병원은 단지 육체의 질병을 치료하는 장소인 것만이 아니라, 삶을 조건 없이 사랑하기를 배우고 죽음마저 받아들이는 용기를 배울 수 있는 도장道場이라는 것. 우리가 정말 깨어 있기만 하다면, 어떤 상황에서도 배울 것이 있고, 존재의 성숙을 꾀할 수 있는 것 아니겠는가!

어느 종교든지 그렇지만, 기독교 정신으로 봉사하는 연세의료원은 앞으로도 "아픔을 맨 위에 놓고"카렌암스트롱 예수의 자비를 실천하기를 바라는 마음 간절하다. 나는 세상의 아픔에 공명하는 마음이 벅찰 때마다, 나의 초심을 북돋는 에밀리 디킨슨의 시를 읽곤 한다.

한 가슴에 난 상처를 치료해 줄 수 있다면
난 헛되이 산 것이 아니리라.
한 인생의 아픔을 달래 줄 수 있다면
한 고통을 위로할 수 있다면
기운을 잃은 개똥지빠귀 한 마리를
둥지에 데려다 줄 수 있다면
난 헛되이 산 것이 아니리라.

- 〈짧은 노래〉

강원도 시골집 텃밭에서
고 진 하 목사

013

| 차례 |

Part
1

시간은 고통 앞에
멈춰 있는 것이 아니다

다시 뛰는 생명의 북소리 쿵쿵

Part
2
내 앞에서 웃고 있네

Part 3

쿵쿵, 다시 뛰는 생명의 북소리

시간은 고통 앞에
멈춰 있는 것이 아니다

캄캄한 터널 속에서
생명의 빛을

차인태 교수의 이야기

지금도 그날을 또렷이 기억한다. 2009년 10월 초하루, 이상하게 컨디션이 좋지 않아 오후 내내 방안에 누워 있었다. 저녁식사 시간이 되어 아내가 차려 준 밥을 먹고 거실에 앉아 TV를 시청하고 있는데, 갑자기 가슴이 답답해졌다. 곁에 있던 아내에게 말했다.

"여보, 몸이 좀 이상해요. 왠지 가슴이 답답한 게……"

아내가 놀란 눈빛을 하며 물었다.

"며칠 전에도 가슴이 좋지 않다고 하셨잖아요? 그럼 들어가서 좀 누워 쉬세요."

나는 곧 소파에서 일어나 방으로 들어가 침대에 몸을 눕혔다. 걱정이 되었던지 아내가 따라 들어와 이불을 덮어 주고 나갔다.

30분쯤 그렇게 누워 있었을까. 가슴은 더욱 답답해지고, 숨 쉬는 것조차 힘들어졌다. 아내를 불렀다. 주방에서 설거지를 하던 아내가 잰걸음으로 달려왔다.

"여보, 숨쉬기가 힘들어요."

아내는 침대 모서리에 앉아 내 이마를 손으로 짚었다. 그리고는 놀란 목소리로 소리쳤다.

"머리도 펄펄 끓네요. 안 되겠어요. 제가 구급차를 부를게요."

잠시 후 왱왱거리는 구급차 소리가 들리더니, 소방관 두 명이 방으로 들어왔다.

"걸으실 수 있겠어요?"

나는 고개를 끄덕이며 간신히 일어났다. 그들은 나를 부축하더니, 집 앞에 세워 놓은 구급차에 태웠다. 그리고 나를 차 안에 마련된 침대에 눕히고는, 숨쉬기 힘들어하는 내 코에 산소마스크를 씌웠다. 나는 곧 강남세브란스병원 응급실로 실려 갔다. 이것이 그 길고 지루하고 고통스런 투병생활의 시작이었다.

다음 날부터 정밀종합검사가 시작되었다. 호흡기내과, 흉부외과, 심장내과, 종양내과, 혈액내과, 내분비내과 등, 평소 들어보지도 못 한 여러 과를 돌아다니며 검사를 받았다. 휠체어에 실려 힘든 검사를 받으러 다니면서, 내가 중환자라는 것을 실감할 수 있었다. 무려 두 주간에 걸친 정밀종합검사 끝에 내게 내려진 병명은 〈B세포 미만성 악성림프종양〉. 난생 처음 들어보는 긴 병명이었다.

진단 결과가 나오던 날, 나는 병상에 누워 걱정스런 눈빛으로 의사에게 물었다.

"치료될 가능성이 있습니까?"

의사는 얼굴 가득 미소를 지으며 대답했다.

"물론입니다. 나으실 수 있습니다. 중요한 건 선생님이 살고자 하는 의지를 갖는 거예요. 솔직히 말씀드리면, 림프종양은 다른 세포로 전이가 잘 되기 때문에, 완치 가능성은 40% 정도입니다. 저희도 최선을 다할 테니, 선생님도 굳은 의지를 가지고 치료에 임하셔야 합니다. 제가 이렇게 굳은 의지를 강조하는 건, 치료기간이 장기화될 가능성 때문입니다."

"고맙습니다. 이렇게 친절하게 말씀해 주시니……."

내가 고마움을 표시하자, 의사가 나직한 목소리로 말을 이어갔다.

"선생님, 사실 저도 암과 싸우고 있는 환자거든요. 의사인 제가 이런 사실을 밝히는 건, 선생님도 용기를 잃지 말고 치료에 임하시길 원해서입니다."

진단 결과가 나온 다음 날부터 치료가 시작되었다. 내 몸의 임파선에 발생한 원인불명의 악성종양은 심장과 폐 사이에 방울토마토 모양으로 자리 잡고 있어서 수술이 불가능하다고 했다. 주사와 약물을 병행한 항암치료를 해야 한다는 것이었다. 항암치료란 말을 듣자 두려움이 밀려왔다. 그동안 주변에서 암에 걸린 이들이 항암치료를 받으며 머리카락이 다 빠지고 해골처럼 수척해지는 모습을 본 적이 있는데, 이제 내가 그 무서운 항암치료를 받게 된 것이다!

항암치료를 하면서 급격히 몸에 나타나는 여러 증상으로 인해 심하게 고통스러웠다. 백혈구 수치를 비롯한 면역력이 떨어지면서 체중도 줄어들었다. 무려 9킬로그램이나. 끼니때마다 음식이 나왔지만, 입맛이 없어서 도통 먹을 수가 없었다. 설상가상으로 입안이 헐고 혓바늘이 돋아, 음식을 입에 넣고 씹는 것이 너무도 힘들었다. 먹는 것이 환자에게 매우 중요하지만 그 일이 쉽지 않다는 것을 그때 처음으로 깨달았다.

매일 식사 때가 되면, 복도에서 밥차의 바퀴 구르는 소리가 들리곤 했는데, 어느 날부턴가는 그 소리를 들으면 괜히 짜증이 났다. 병실 안으로 솔솔 새어 들어오는 음식냄새 때문에 구토가 올라오기도 했다. 그만큼 나는 예민해져 있었다. 곁에서 병수발을 하는 아내는 음식이 나오면 어서 먹으라고, 먹어야 기운 차릴 것 아니냐고 보챘지만, 어떤 날은 한 숟갈도 뜨지 못하고 그냥 내보내는 경우도 있었다.

독한 항암주사를 견디려면 잘 먹어야 하는데, 도무지 음식을 먹지 못하니 점점 기력이 떨어졌다. 기력이 떨어지니 병상에서 일어나 앉는 것, 용변을 보기 위해 화장실을 출입하는 것조차 아내의 도움이 없이는 어려웠다. 아내는 줄곧 곁을 지키며 힘든 내색을 안 하려고 노력했지만, 내 병상 옆에 놓인 보조침대에 웅크리고 누워 곤하게 잠든 모습을 보면, 안쓰럽기 짝이 없었다.

그렇게 침대에 누워 지내는 날들이 많아지며, 나도 아내도 점차 지쳐갔다. 약물에 의존하여 겨우 잠을 이루곤 했지만, 그 긴 밤은 두려움의 시간이었다. 어떤 날은 뜬 눈으로 밤을 지새운 적도 있었다.

겨울로 접어들던 어느 날, 눈보라가 흩날렸다. 맞은편 병동의 지붕이 금세 하얗게 눈에 덮였다. 오전에 항암주사를 맞고 거의 초죽음이 되어 누워 있는 참이었다. 그런데 문득 이렇게 살아서 뭐하나 하는 생각이 눈보라처럼 자욱하게 밀려들었다. 육신의 고통과 싸우며 마음도 피폐해지고 있었던 것. 지금 생각하면 아마도 자존감의 상실이었으리라.

창밖에 흩날리는 눈발 사이로 나의 과거가 파노라마처럼 떠올랐다. 한때 나는 꽤 잘 나가는 방송인이었다. 뉴스앵커 시절에는 어쩌다 거리를 나가면, 행인들의 눈길이 모두 나에게 향할 정도로 대중의 큰 인기도 누렸다. 그 이후 대학에서 학생들을 가르치기도 하고, 그 밖에 여러 공직을 맡아 활동하면서, 한껏 인생의 기쁨을 만끽했었다. 그런 내가, 그토록 활기차게 사회생활을 즐기던 내가, 중환자가 되어 병상에 시신처럼 누워 지내야 하다니!

나는 홀로 병상에 누워 하얗게 얼어붙은 하늘을 바라보며 속으로 울부짖었다. 왜, 왜, 왜 하필 나에게 이런 시련이……! 그날은 항암주사로 인한 고통보다 까닭을 알 수 없는 허허로움과 외로움, 원망과 서글픔 등의 감정이 겹치며 나를 괴롭혔다. 까닭 모를 고통으로 신음하며 울부짖었던 성경의 욥을 조금은 이해할 수 있을 것 같았다. 하지만 욥처럼 "내가 누린 복도 하나님에게 받았는데, 어찌 재앙인들 못 받을까!"라고 고백하지는 못 했다. 나는 아직 욥과 같은 깊은 신심이 없었고, 죽음을 받아들일 준비가 되어 있지 않았다.

가장 어려운 고비가 찾아왔다. 5차 항암주사를 맞아야 하는 날이었는데, 그날따라 갑자기 혈압이 뚝 떨어졌다. 간호사가 와서 혈압을 재어 보고는 놀라서 소리쳤다.

"왜 이렇게 혈압이 떨어지지? 60/40이네. 당장 주치의 선생님에게 말씀드려야겠네."

간호사는 긴장한 표정으로 병실을 뛰쳐나갔다. 나 역시 아침부터 정신이 혼미해지는 것을 느끼고 있었는데, 간호사의 말을 들으니 눈앞이 캄캄해졌다.

'아, 이제 이렇게 죽어야 하는 걸까?'

간호사의 연락을 받고 달려온 주치의는 내 상태를 점검하고는 어서 중환자실로 옮기라고 간호사들에게 소리쳤다. 곁에 있던 아내는 내 손을 꼭 움켜쥐며 눈물을 뚝뚝 흘렸다.

중환자실에서 일주일을 있었다. 그 기간이 마치 몇 년은 되는 것 같았다. 시간은 그렇다. 고통과 괴로움의 시간은 더 길게 느껴지는 법. 나는 혼수상태까지 가지는 않았지만, 뚝 떨어진 혈압이 오르지 않아 의료진과 가족들의 애를 끓였다. 중환자실에서 생사를 넘나드는 고비를 넘기는 동안, 나는 하나님에게 간절히 매달렸다. 사흘째 되던 날, 원목실의 젊은 목사님이 오셔서 읽어 준 성경말씀이 그 계기가 되었다.

여러분은 사람이 흔히 겪는 시련밖에 다른 시련을 당한 적이 없습니다. 하나님은 신실하십니다. 여러분이 감당할 수 있는 능력 이상으로 시련을 겪는 것을 하나님은 허락하지 않으십니다. 하나님께서는 시련과 함께 그것을 벗어날 길도 마련해 주셔서, 여러분이 그 시련을 견디어 낼 수 있게 해 주십니다. 〈고린도전서〉 10:13

목사님은 이 성경구절을 읽으신 뒤, 내 귓가에 속삭이듯 말씀하셨다.

"모든 것을 하나님에게 맡기시면, 그분께서 선생님이 겪는 시련을 이길 힘을 주실 겁니다."

나는 이때 처음으로 하나님의 말씀은 절망한 나를 일으킬 힘이 된다는 것을 깨달았다. 중환자실에 누워 있는 동안, 나는 소가 되새김질하듯이 그 말씀만 묵상했다. "감당할 수 있는 능력 이상으로 시련을 겪는 것을 허락하지 않으신다"는 말씀을 말이다. 그때 비로소 나는 나의 생사를 모두 주님에게 맡길 수 있었다.

일주일째 되던 날, 내 병상을 찾아온 주치의 선생님은 간호사에게 혈압이 다시 정상치로 올라왔다는 말을 전해 듣고는 환한 얼굴로 말씀하셨다.

"차 선생님, 이건 기적입니다. 이제 다시 일반병실로 옮기셔도 될 것 같습니다."

그날 오후 나는 지옥과 같았던 중환자실을 나왔다. 일반병실로 돌아오자 가장 기뻐한 것은 아내였다. 아내는 나를 끌어안고 울며 감사기도부터 했다.

"하나님, 내 남편을 다시 살려 주셔서 감사합니다."

일반병실로 돌아왔지만, 힘겨운 항암치료는 계속되었다. 무려 1년 반이라는 긴 시간을 암병동에 머물면서, 아홉 차례에 걸쳐 항암 표적주사와 약물치료를 병행해야 했다.

그렇게 투병을 하던 어느 주일날 새벽, 암병동 복도 끝에서 찬송소리가 들려왔다. 매주일 새벽이면 나곤 했던 찬송소리였다. 나는 그들이 어느 교회 청년들인지 알지 못했다. 주일 새벽 여섯 시 반쯤이면 어김없이 나

하나님은 신실하십니다.
여러분이 감당할 수 있는 능력 이상으로
시련을 겪는 것을 하나님은 허락하지 않으십니다.
하나님께서는 시련과 함께 그것을 벗어날 길도 마련해 주셔서,
여러분이 그 시련을 견디어 낼 수 있게 해 주십니다.

타나, 그들은 천사처럼 나직한 음성으로 찬송을 들려주었다.

> 귀하신 주여 날 붙드사, 주께로 날마다 더 가까이
> 나 어느 곳에 있든지, 늘 맘이 편하다

그날 새벽따라 그들이 부르는 찬송소리가 마음 깊숙이 스며들었다. 그들이 떠난 뒤에도 그 찬송의 여운이 오래도록 내 가슴에 메아리쳤다. 나는 문득 그 무서운 종양에서 치유될 것이라는 이상한 확신이 들었다. 그러면서 그동안 내 곁을 지킨 이들에 대한 고마움으로 눈시울이 젖어들었다. 사랑하는 아내는 말할 것도 없고, 자식, 교우, 의사 선생님, 간호사 선생님, 목사님, 이름 모를 찬송 사역자 등, 말없이 내 아픔의 곁을 지켜 준 분들의 사랑이 세상의 그 무엇보다도 소중하고 고맙게 다가왔다.

우리 인생에는 누구나 굴곡이 있게 마련이고, 나처럼 죽음의 문턱에 서야 하는 위기의 순간들을 겪을 수도 있다. 그때 우리는, 사랑하는 사람이 겪는 고통의 문제를 해결해 줄 수는 없지만, 그냥 사랑하는 사람 곁에 있어 줄 수는 있다. 그래, 아무런 조건 없이 사랑의 마음으로 내 곁을 지켜 준 고마운 곁님들! 나는 이런 생각이 들면서, '하나님이 나에게 새로운 삶을 허락하신다면, 나도 아픈 이의 곁을 지켜 주는 사람이 되어야지!' 하고 결심했다.

마침내 1년 반 동안의 지루하고 고통스런 치료과정을 거쳐, 림프종양이 모두 제거되었다는 판정이 내려졌다. 주치의 선생님이 내 손을 부드럽게 잡고 말씀하셨다.

"축하드립니다. 선생님의 놀라운 의지와 인내심이 선생님을 살리셨어요."

나는 주치의 선생님에게 고마운 인사를 전하며 대답했다.

"아닙니다. 제 의지라니요? 저는 하나님의 은혜로 이렇게 살아나게 된 겁니다."

이 말은 진심이었다. 내가 저 기나긴 고통의 터널을 지나 다시 회복될 수 있었던 것은 전적으로 내 인생의 주인이신 하나님의 은혜 덕분이었다. 내가 이렇게 말할 수 있는 것은, 중환자실로 들어가 죽음의 문턱에서 헤매고 있을 때, 하나님의 말씀이 주는 에너지를 통해 다시 살 수 있다는 확신을 얻었기 때문이다. 따라서 이제는 사도 바울처럼, 내가 사는 것이 아니라, 내 안에 계신 그리스도께서 사시는 것임을 고백할 수 있게 되었다.

지금도 나는 6개월마다 정기검진을 받기 위해 세브란스병원을 찾아간다. 림프종양의 치료는 끝났지만, 그것이 재발될 가능성을 배제할 수 없기 때문이다. 하지만 나는 종양이 재발되더라도, 마음으로 받아들일 준비가 되어 있다. 다시 말하면, 내 삶이 이젠 '내' 것이 아니니, 설사 죽음이 찾아온다 하더라도, 기꺼이 받아들일 준비가 되어 있다. 우리의 삶 속에 항상 빛과 그늘이 함께 있듯이, 우리의 삶뿐만 아니라 죽음도 하나님이 주시는 값진 선물이 아니겠는가!

차인태 님은 전 방송인이고, 현재 디지털서울문화예술대학교 석좌교수이다.

느리고 더디게 자라는
너를 지켜보며

김윤희 님의 은설이 이야기

은설이, 안녕!

누구냐고? 히히, 엄마야. 왜 다정한 목소리로 불렀냐고? 엄마는 오늘 은설이에게 편지를 쓰고 있거든. 은설이 넌 오늘 난생 처음으로 엄마의 편지를 받아보는 거지. 왜 글도 읽을 줄 모르는 네게 편지를 쓰냐고? 아마 이 편지는 네가 쑥쑥 자란 뒤에 읽겠지만, 엄마는 오늘 너에게 참 소중한 얘기를 들려주고 싶어서 그래.

은설아, 소중한 얘기라니까 궁금하지?

그래, 엄마가 오늘 이 편지를 통해 너에게 하고 싶은 얘기는 네가 얼마나 존귀한 사람으로 이 세상에 태어났는가 하는 거야. 물론 세상에 귀하게 태어나지 않은 사람이 없지만, 은설이 넌 출생이 좀 특별했어. 겨울날 흰 눈이 내리듯이 그렇게 조용히 태어나는 아이들도 있지만, 너는 마치 우박이나 소나기가 내리듯이 요란하게 태어났다고 할까.

그래서 엄마는 이 편지를 통해 네가 태어나고 자란 과정을, 그런 과정 속에서 느낀 아픔과 기쁨, 그리고 하나님이 어떻게 은설이와 함께하셨는 가를 꼼꼼히 기록해 두고 싶었어. 지금 이렇게 기록해 두지 않으면, 그 무 엇과도 비길 수 없는 소중한 기억을 잊어버릴 것 같아서 말이야. 히히, 엄 마는 건망증이 좀 심하거든.

은설이 네가 엄마 뱃속에 잉태된 건 엄마 나이 서른여섯 살 때였지. 네 언니 은강이와 은성이가 있지만, 엄마는 아기 욕심이 좀 많아서 너를 갖 게 된 거야. 네가 엄마 뱃속에서 조금씩 꼼지락거릴 때, 네 큰 언니 보고 엄마 배에 귀를 대 보라고 하면서 물었지.

"무슨 소리가 들려?"

그랬더니 네 언니가 그러는 거야.

"아기 숨소리요!"

네 숨소리가 들린다는 말을 들으며 엄마가 얼마나 기뻐했는지 아니? 엄마는 속으로 '그래, 우리 아가가 쑥쑥 잘 자라는구나!' 생각했지. 네 아 빠도 밤마다 침대에 누운 엄마 배에 귀를 대고 팔딱거리는 네 숨소리를 들으며 기뻐했단다.

늦가을에 임신한 엄마는 추운 겨울 내내 너와 행복하게 지냈지. 밤에는 창가에 나가 총총한 별을 보고 "저 별은 아기 별, 저 별은 언니 별, 저 별은 엄마 별" 하고 노래하며 별자리를 찾기도 하고, 펑펑 눈 오는 날엔 우산을 받고 눈길을 걸으며 "펄펄 눈이 옵니다. 하늘에서 눈이 옵니다"란 동요를 네게 들려주기도 했어. 그러면 너는 엄마 뱃속에서 춤을 추는지 요란스레 꼼지락거렸지.

그렇게 겨울을 너와 행복하게 지내다 보니, 어느 새 꽃이 피는 봄이 왔어. 엄마는 연분홍 벚꽃들이 흩날리는 꽃길을 걸어 너의 잉태를 처음 알려 준 병원을 찾아갔지. 네가 잘 자라고 있나 궁금해서 말이야. 그땐 네가 엄마 뱃속에 온 지 21주가 되었어.

그런데, 엄마를 진찰한 의사 선생님이 고개를 갸웃하시며 그러는 거야.

"아기상태가 좀 이상하군요."

"네? 이상하다니요?"

"아기의 뇌가 있어야 할 자리에 뇌는 없고 물주머니만 있군요. 이런 경우는 매우 드문 현상인데, 〈전전뇌증〉이라고 부른답니다."

"뇌가 없다니요? 선생님, 이를 어쩌지요, 어쩌지요?"

뇌가 없는 아기에 대한 얘기를 들은 적은 있지만, 그런 일이 너에게 생기리라곤 꿈에도 생각해 본 적이 없었지. 놀란 엄마는 집으로 돌아오며 생각했어. 아마 의사 선생님이 잘못 진단한 걸 거야. 그럴 리가 없어. 큰 병원에서 다시 진찰해 봐야지.

그렇게 해서 엄마는 서울에서 가장 크다는 S병원을 찾아갔어. 하지만 그 병원의 의사 선생님도 똑같은 진단을 내리셨지. 그러면서 이렇게 심각한 경우는 참 드물다는 말씀만 들려주셨어. 엄마는 집으로 돌아오는 내내 울면서 걱정했지. 네 아빠가 뭐라고 할까, 네 친할아버지는 또 뭐라고 하실까 하는 생각 때문에!

집으로 돌아온 엄마는 네 아빠에게 의사 선생님이 한 얘기를 다 털어놓았어. 그랬더니 엄마가 걱정한 것처럼 네 아빠가 그러는 거야. 뱃속의 아기가 더 크기 전에 지우자고! 은설아, 이런 얘기에 너무 놀라지 마. 너는 지금 이해하지 못하겠지만, 어른들에게는 어른들 나름의 생각이 있고, 또 그렇게 할 수밖에 없는 사정이 있거든. 네 아빠가 결코 너를 미워하거나 싫어해서 그런 건 아니야. 네가 불행한 존재로 태어나서, 평생 고통받을 것을 걱정해서 그런 거거든. 그리고 네 친할아버지도 엄마를 아는 주위의 사람들도 모두들 똑같이 너의 출생을 반대했어.

하지만 엄마는 그분들과는 조금 생각이 달랐어. 사람들이 너의 출생을 반대해도, 만일 네가 하나님이 주신 생명이라면, 하나님에게 여쭤 봐야 한다고 생각했지. 그래서 네 아빠에게 말했어.

"저에게 생각할 시간을 좀 주세요."

평소처럼 네 아빠는 엄마의 생각을 존중하겠다고 말했지. 엄마는 너라는 생명을 주신 하나님의 생각과 뜻이 알고 싶어서, 양평에 있는 기도원으로 갔단다. 엄마가 기도원에 도착하니 곧 밤이 되었지. 기도원은 비교적 한적했어. 엄마는 밤새 기도할 작정으로 예배실로 들어갔는데, 눈물부터 쏟아졌어. 그날 밤 얼마나 많이 울었는지, 아마 엄마 평생에 그렇게 대성통곡을 하며 운 건 처음이었을 거야. 그날 울면서 엄마는 하나님에게 기도했어.

"하나님, 제 뱃속에 있는 아이가 당신이 보내 주신 생명이라면, 그 아이가 건강하게 태어나도록 도와 주십시오. 그렇게만 해 주신다면, 저는 어떤 어려움이나 시련도 잘 참아 내겠습니다."

이튿날 기도원을 떠나 집으로 돌아오면서, 엄마는 이상한 확신이 들었단다. 하나님이 틀림없이 너의 미래를 지켜 주실 것이라는! 하지만 집으로 돌아와 네 아빠에게 엄마의 생각을 얘기하자, 아빠는 펄펄 뛰었지. 그래도 엄마는 낙태할 병원을 찾고 있다면서 28주까지 버텼어. 28주가 지나자 병원에서는, 만일 낙태하면 엄마의 생명도 위험하다고 했어. 결국 아빠는 너의 출산에 동의해 주었지.

은설아, 그날 밤 내가 잠자리에 들어 너에게 속삭여 준 말 기억나니?

"아가, 그동안 무척 불안했지? 하지만 이젠 안심해도 돼. 아빠도 생각을 바꾸셨거든. 그러니 네가 어른들을 이해해 줘. 어른들도 그렇게 생각을 바꾸는 데는 무척 힘이 든 법이야."

그 후 엄마는 네가 세상에 얼굴을 보이는 순간까지, 매일매일 기쁘게 살려고 노력했어. 네가 건강하게 태어나기를 빌며, 운동도 기도도 열심히 하면서 말이야.

하지만 좀 더 솔직히 말하면, 엄마에게 근심과 걱정이 전혀 없었던 건 아니야. 너처럼 〈전전뇌증〉을 가진 아기는 기형으로 태어난다는 말을 들었기 때문이지. 그래서 밤에 자다가도 벌떡 일어나, "하나님 저 무서워요. 기형이면 어떡해요? 제가 이 아이 데리고 당당하게 예배당에도 갈 수 있도록 예쁘게 빚어 주세요" 하고 기도하기도 하고, 또 불안한 생각이 폭풍처럼 몰려오면 "하나님, 만일 우리 아기가 기형이면 저 낳지 않을 거예요. 내일 수술하러 갈 거예요" 이렇게 기도하기도 하면서, 믿음과 불신, 평안과 불안이 공존하는 5개월을 보냈단다.

그런데 이런 엄마의 간절한 바람과는 달리, 너는 자못 심각한 모습으로 태어났어. 처음 태어났을 때 네 눈동자는 아래로 계속 떨어지고, 다리는 벌이 날갯짓하듯이 빠른 속도로 떨리고, 머리는 다 열려 있어서 머리 윗부분이 물렁물렁했지. 갓 태어난 아기들은 다 숨구멍이 있어 그 부분만 조금 물렁물렁한데, 너는 머리 윗부분 전체가 물렁물렁했어.

그런 너를 보며 엄마는 별별 생각이 다 들었어.

'네 아빠 말을 들을 걸 그랬나? 모두가 반대했는데 내가 괜히 고집을 부렸나? 아, 하나님, 하나님, 우리 아기 어쩌지요?'

너를 낳은 다음 날 의사 선생님을 만났어.

"선생님, 우리 아기 저대로 자라도 괜찮을까요?"

"며칠 후에 수술을 해야 합니다."

"대체 뭐가 잘못된 거죠?"

"본래 아기들은 뇌반구가 둘로 나누어져야 하는데, 이 아기는 뇌가 하나로 되어 있어요. 이처럼 뇌관이 기형인 아기는 뇌벽과 뇌벽 사이에 뇌촉수가 흐르지를 않죠. 뇌촉수를 원활히 흐르게 하려면, 뇌관을 뚫어 주는 수술을 해야 해요. 그런 수술을 누공술이라고 합니다."

"갓 태어난 아기를 수술하면 위험하진 않나요?"

"물론 위험합니다. 수술이 잘못되면 사망할 수도 있습니다. 그러나 지금으로서는 다른 방법이 없어요."

엄마는 결국 수술에 동의하지 않을 수 없었어. 그래서 넌 태어난 지 열흘 만에 수술을 받았지. 그때 엄마는 마음이 무척 아팠지만, 다른 한편으로 너를 태어나게 하신 분이 너를 데려가지는 않을 거라는 믿음이 있었어. 엄마의 바람대로 일단 수술이 잘 끝나, 너는 인공호흡기도 안 달고 두 시간 만에 엄마 젖도 먹었지. 얼마나 기뻤던지! 해서 엄마는 하나님을 찬양하며 이젠 건강하게 자랄 일만 남았다 생각했는데, 다음 날 의사 선생님이 너를 검사하더니 그러시는 거야.

"죄송합니다만, 뇌관을 뚫는 수술은 실패했습니다. 다시 수술을 해야 할 것 같아요."

그 말을 듣는 순간, 엄마는 가슴이 철렁 내려앉았지.

"다시 수술을 해야 한다고요?"

"그렇습니다. 이번에는 뇌관을 뚫는 게 아니라, 뇌관을 삽입하여 뇌촉수를 흐르게 하는 수술입니다."

"이번 수술도 위험한가요?"

"누공술보다는 덜 위험한데, 평생 열댓 번 정도 뇌관을 바꿔 넣어야 합니다."

다시 수술을 해야 한다는 말을 듣고, 엄마는 그날 정말 많이 울었어. 하나님을 원망하면서 말이야.

"하나님, 왜 우리 아기입니까. 왜 우리 아기는 태어나자마자 고통을 받아야 합니까. 너무 하십니다, 하나님."

그날 너를 수술하고 나온 의사 선생님은 수술이 잘 되었다고 말씀하셨어. 그런데 수술실에서 엄마 곁으로 온 너는 수술자리가 아픈지 병원이 떠나가라고 울었지. 네가 울부짖는 소리를 들으면서, 엄마도 가슴이 찢어질 것처럼 아파 같이 울었어. 그렇게 밤새 울다가 문득 찬송가가 생각나서 나직한 목소리로 불러주었어. "하나님은 너를 지키시는 자"

며칠이 지나자, 너는 울음을 그치고 엄마 젖을 먹기 시작했지. 그리고 네 머리에 수술자국이 아물자, 의사 선생님이 퇴원해도 된다고 하셨어. 그 후

은설이 너를 힘들게 키우면서
엄마는 '엄마의 사랑'이 무엇인지 알게 되었어.
그건 곧 참고 기다릴 줄 아는 사랑!

너는 네 아빠와 언니들의 사랑을 받으며 무럭무럭 자라기 시작했단다.

하지만 너는 다른 아이들보다 모든 것이 늦었어. 24개월이 되어서야 걷기 시작했으니까. 그 무렵 너는 세브란스병원에서 재활에 들어갔지. 거기서 너는 인지능력을 키우는 훈련을 받았어. 그 훈련을 받으며 차츰 말을 하게 되고, 몸을 움직이는 것도 조금씩 민첩해졌지.

그때 엄마는 많이 지쳐 있었어. 본래 엄마는 몹시 급한 성격이었거든. 그런데 모든 게 느린 너를 키우며 얼마나 답답하던지! 정상적으로 태어난 네 언니 둘과는 비교할 수 없을 정도로 너의 성장은 더뎠으니까.

은설아, 엄마가 잠시 웃기는 얘기 해 줄까. 엄마를 잘 아는 사람들은 엄마를 '싸움닭'이라고 불렀단다. 화가 나고 억울한 일을 만나면, 엄마는 그가 누구든 참질 못했어. 성질 고약한 닭처럼 달려들어 싸웠으니까. 그런데 이제 엄마는 유순한 양처럼 되었단다. 다 은설이 네 덕분이지. 느리고 더디게 자라는 너를 지켜보며 참고 견디는 훈련을 받은 셈이지. 그러니까 너만 재활을 받은 게 아니라, 엄마도 정신의 재활을 받은 거야.

사실 세브란스병원에서 만난 재활병원 담당 김복남 전도사님이 많이 도와 주셨어. 그분은 본인이 뇌수술경험이 있어서인지, 너의 아픔을 함께 아파하시며 항상 진심어린 기도를 해 주셨거든. 또 전도사님이 들려주시는 하나님의 말씀도 엄마에게 큰 감화를 주었어. 그러니까 그분은 말씀을 통해 네가 좋아질 거라는 확신을 갖게 해 주셨고, 엄마가 지치지 않도록 꼭 안아 주시며 힘과 용기를 실어 주셨지.

은설아, 엄마는 장애아로 태어난 너를 키우며 배운 것도 많아. 무엇보다 소중한 사랑을 배웠지. 사실 난 어릴 때 엄마의 사랑을 모르고 자랐어.

네 외할머니가 일찍 돌아가셨기 때문이야. 그렇게 사랑을 모르고 자란 엄마는 남에게 사랑을 줄 줄도 몰랐단다. 특히 네 두 언니에게 사랑을 제대로 주지 못했어. 지금 네 언니들 성격이 날카롭게 된 건 다 엄마 때문이야. 그런데 은설이 너를 힘들게 키우면서 엄마는 엄마의 사랑이 무엇인지 알게 되었어. 그건 곧 참고 기다릴 줄 아는 사랑! 그러니까 너는 엄마라는 존재가 어떤 존재여야 하는가를 보여 주는 거울이었어.

또한 엄마는 너를 통해 참고 기다리는 사랑을 배우면서, 하나님의 사랑도 깨닫게 되었단다. 그동안 하나님에 대해 잘 아는 척했지만, 너를 낳아 키우기 전엔 하나님이 어떤 분인지 제대로 알지 못했어. 그래서 어렵고 힘든 일이 생길 때마다, 하나님을 원망하고, 심지어 철부지처럼 하나님에게 삿대질하며 대들기도 했지. 그런데 너를 키우면서, 하나님이 얼마나 내가 온전한 사람 되기를 참고 기다리셨을까 하는 생각을 하게 되었어.

은설아, 네가 좀 더 커야 엄마가 하는 말을 이해하겠지만, 인생은 그 자체로 멋진 학교야. 이제 네가 33개월이 되었으니까, 엄마는 너를 임신하고부터 거의 4년여 동안 새롭게 인생수업을 한 셈이지. 은설이라는 교과서를 통해 사랑, 믿음, 인내, 용기 같은 과목을 철저하게 공부했으니까 말이야. 오늘 엄마가 쓴 이 기록들은, 은설이 네가 나중에 커서 엄마처럼 인생수업을 하게 될 때, 도움이 될 거라고 생각해. 그래서 이렇게 밤이 늦도록 쓴 거야. 새근새근 평온히 잠든 네 숨소리를 들으며 말이야. 이제 엄마도 그만 졸려서 자야겠다. 은설아, 잘 자. 그리고 엄마 꿈 꿔!

김윤희 님은 현재 전업주부로서, 은설이를 돌보는 데 전념하고 있다.

시간은 고통 앞에
멈춰 있는 것이 아니다

민형자 사모의 이야기

"아이고, 내 팔자야! 또 세계지도를 그리셨네."

나는 간밤에 아버지가 적셔 놓은 요와 이불 호청을 뜯어내며 혼자 중얼거렸다. 벌써 몇 년째 치매로 고생하시는 아버지는 거의 매일같이 오줌을 싸셨다. 기억력이나 분별력도 더 감퇴되어, 당신이 무슨 일을 저질렀는지도 모르셨다.

하지만 남편이 있을 때는, 아버지가 무슨 말썽을 피워도 짜증을 내지 못했다. 친정아버지였기 때문이다. 아버지를 모셔 온 지 거의 일 년이 다 되어 가는데, 착한 남편은 마치 자기 아버지처럼 극진한 맘으로 모시곤 했다.

사실 치매환자와 살아 보지 않은 사람은 그 고통을 모른다. 하루에도 버럭 화낼 일이 얼마나 많이 생기는지. 하지만 친정아버지를 모신 죄인이라, 나는 화도 내지 못하고 속으로 꾹꾹 참으며 지낼 수밖에 없었다.

그런 어느 날, 샤워를 하다가 문득 가슴을 만져 보았는데, 밤톨 같은 멍울이 잡혔다. '거동이 불편하고 치매기가 심한 아버지를 돌보는 일이 너무 힘겨워서 일시적으로 생긴 멍울일 거야!' 나는 그렇게 생각하며 대수롭지 않게 여겼다.

그렇게 1년이 막 지났을 무렵, 아버지는 하늘나라로 돌아가셨다. 내가 좀 더 잘 모시지 못해서 빨리 돌아가셨나 하는 죄의식도 있었지만, 솔직히 말하면, 본인도 고통받지 않고 가족들에게도 더 이상 고통 주지 않게 되었다는 생각에 홀가분한 마음도 있었다.

장례식을 하루 앞둔 날, 원주세브란스기독병원의 임상병리사 한 분이 문상을 오셨다. 평소에 허물없이 가깝게 지내던 분이었다. 고맙다는 인사를 한 뒤, 나는 선생님을 장례식장 안에 있는 작은 방으로 모시고 갔다.

"선생님, 얼마 전부터 가슴에 혹 같은 게 잡히는데, 좀 봐 주실래요?"

"혹이 잡힌다고요? 어디 좀 봅시다."

선생님은 내 가슴을 잠시 만져 보더니 말씀하셨다.

"정말 뭐가 잡히네! 예약해 놓을 테니, 장례식 끝나면 바로 검진을 받도록 해요."

"고맙습니다."

나는 장례식이 끝난 다음 날, 집안정리도 못한 채, 원주세브란스기독병원으로 달려갔다. 몇 가지 검사를 한 뒤, 집으로 돌아와 결과를 초조하게 기다렸다.

드디어 결과를 보는 날이 되어 병원으로 갔다. 진료실로 갔더니, 주치의 선생님은 내 가슴을 찍은 사진을 컴퓨터 화면에 띄워 놓고, 검사 결과에 대해 조심스레 말했다.

"유방암으로 판명이 되었어요. 곧 수술하셔야겠습니다."

"……"

그냥 간단히 떼어 내면 되는 혹이기를 바랐는데, 대수술을 해야 하는 암이라니! 나는 의사 선생님의 얘기를 듣고 나서도, 가슴만 먹먹해질 뿐 눈물조차 나오지 않았다.

진료실을 나와 버스를 타고 집으로 돌아가며, 나는 속으로 울부짖었다.

'암이라니, 내가 암이라니! 아버지를 그토록 힘들게 모시고 살았는데, 복을 받으면 받아야지, 어찌 이런 재앙이! 주님, 더욱이 가난한 시골교회에서 힘든 사역을 감당하며 지내는데, 이건 아니잖아요?'

암일 수도 있을 거라는 상상은 손톱만큼도 하지 않았기 때문에, 정말 그런 사실을 받아들이기가 억울했다. 그날 이후, 나는 하나님을 원망하며, 참 많이 따져 묻고 또 물었다. 왜 이 큰 시련을 주시느냐고.

수술을 앞두고 나는 자꾸만 삶과 죽음의 경계선으로 떠밀리고 있었다. 외로움도 밀려오고 서글픔 같은 게 올라와, 사람들 앞에선 소리 내어 웃으면서도, 가슴 속엔 철철 흐르는 서러움이 있었다.

2002년 2월, 눈보라가 휘몰아치는 날이었다. 나는 한창 젊디젊은 나이에 유방 절제수술을 받았다. 수술이 다 끝난 후, 주치의 선생님이 나를 위로하시려고 그랬던지, 암이 임파선까지는 전이되지 않은 초기상태라, 크게 걱정하지 않아도 된다고 말씀하셨다. 그런데 그렇게 시작한 치료는 생각처럼 간단하지 않았다.

　수술이 끝난 후, 나는 항암치료와 방사선치료를 동시에 받았다. 사실 그때까지만 해도, 내 주위엔 유방암환자가 한 사람도 없어서, 그 병이 얼마나 아픈지, 치료과정이 얼마나 힘든지 알 수 없었다. 처음엔 유방에 들어 있는 밤톨만한 혹만 제거하면 끝인 줄 알았는데 그게 아니었다. 치료는 단번에 끝나는 게 아니었다. 그 무섭다는 항암치료와 방사선치료의 고통이 기다리고 있었던 것이다.

　지금도 기억한다. 첫 방사선치료를 위해 지하 방사선과에 접수했을 때 밀려오던 두려움! 수술실에 들어가는 것보다 더 크게 느껴졌다. 그렇게 미리 겁을 먹고 시작한 방사선치료. 예상한 대로 고통은 말로 형언할 수 없었다.

　첫 치료를 받은 뒤, 며칠이 지나지 않아 가슴 쪽 피부가 까맣게 타들어가기 시작했고, 열흘이 지나자 서서히 머리카락이 빠지기 시작했다. '나만은 악성종양에 걸리지 않겠지' 하던 바람이 무너졌듯이, '항암치료를 받은 사람들이 모두 머리카락이 빠져 모자를 쓰더라도 내 머리카락은 버텨 주지 않을까?' 하던 바람마저, 뭉텅뭉텅 빠지는 머리카락을 움켜쥐며 포기해야만 했다.

　내 머리카락이 심하게 빠지는 걸 본 남편은 자기가 머리를 밀어 주겠다고 했다. 항암치료 때문에 고통받는 나를 보며 안쓰러워하는 남편에게 아무렇지도 않은 듯, "깎아 주면 고맙지요. 미장원 가기도 그렇고, 날도 더운데 한 번 시원하게 밀어 보지요 뭐!" 하고 말은 했으나, 싹둑싹둑 잘려나가는 머리카락과 앵앵거리는 바리캉 소리를 들으니, 내 모습이 어떻게 변할까 궁금하기도 하고, 내심 너무 추해 보일까 봐 걱정스럽기도 했다.

"여보, 손거울 좀 갖다 주세요. 거 되게 궁금하네."

"당신은 두상이 예뻐서, 머리를 다 밀어도 예쁘니까 걱정하지 마."

남편은 이렇게 너스레를 떨며, 끝내 손거울을 가져다주지 않았다. 머리를 다 밀고 가만히 일어나 거울 앞에 서니, 낯선 얼굴이 나를 바라보고 있어 순간 깜짝 놀랐다.

'거울 속에 있는 저게 내 모습이라니! 내가 보기에도 절에서 막 뛰쳐나온 못난이 수도승 같은데, 남들이 보면 얼마나 섬뜩할까. 하필이면 하고 많은 사람 중에 내가 이런 선택을 받다니.'

생각할수록 속상하고, 아무리 진정시키려 해도 서러움이 복받쳐, 끝내 펑펑 울고 말았다. 울어도 소용없다는 걸 잘 알면서도, 잠이 오지 않아 밤새 거울과 마주앉아 눈이 퉁퉁 붓도록 울었다. 머리가 빠질 거라는 각오도 했고, 미리 가발도 하나 사다 놨지만. 꼼짝 않고 앉아서 까슬까슬한 머리통을 만져 보고 또 만져 보았다. 몇 백 번을 거울 앞에 서서 쳐다봐도 여전히 낯선 얼굴이라, 그 얼굴을 마주 보며 참 많은 생각을 했다. 지금까지 거울을 보면서 좀 더 예쁘게 보이려고 꾸미던 모습도, 건강하지 않으면 아무 소용이 없는 사치일 뿐이라는 것을⋯⋯.

그런데 또 다른 고통이 기다리고 있었다. 세 번째, 네 번째 항암치료가 거듭될수록 까닭을 알 수 없는 하혈이 시작된 것이었다. 문제는 하혈이 멈추지 않는 것. 하혈이 계속되자, 백혈구 수치가 너무 떨어져, 이러다 죽을 수도 있겠구나 싶을 만큼 온몸이 퉁퉁 부어올랐다. 하지만 고생은 여기서 끝이 아니었다.

멈추지 않는 하혈 때문에 다시 검진을 받았는데, 설상가상 자궁을 들어내야 한다는 것이었다. 헉! 하지만 암치료 중이라 간수치가 높아서 당장 수술을 받을 수도 없었다. 간수치가 내려갈 날만 기다렸다. 수술받을 수 있는 조건이 갖추어지자, 나는 자궁 적출수술을 받았다.

수술을 받고 난 후 몸이 좀 회복되자, 다시 항암치료를 계속했다. 그야말로 죽기보다 싫은 항암치료를 끝내기까지는, 꼬박 1년이 걸렸다. 그동안 날마다 죽음의 세력과 맞서 싸워야 했던 것이다.

그때는 정말, 내가 지나는 고통의 터널이 길게만 느껴졌고, 끝이 보이지 않아서 너무 힘들었다. 이게 마지막 시련이겠지, 정말이지 이것이 마지막 시련이겠지, 이런 마음으로 하루하루를 버텼지만, 어느 하루 안 아픈 날이 없었고, 힘들지 않은 날이 없었다. 똑딱똑딱, 시곗바늘은 여전히 가고 서 있지 않은 게 분명한데, 이대로 멈춰 버린 것만 같은 억울함이 나를 더 지치게 했다. 시간은 누구에게나 공평하게 지나고 있었는데, 그 시곗바늘을 못 움직이게 붙들고 있었던 건 바로 내 안에 있는 두려움이었다.

머리가 다 빠진 채로 산부인과 병동에 입원하여 자궁 적출수술을 받을 때, 육체적인 고통보다 더 힘들었던 건 정신적으로 약해지는 내 모습이었다. 여자로서 가슴을 도려낸 것도 모자라, 이제 자궁까지 들어내야 하다니! 도무지 이해가 가지 않는 이런 상황들이 정말 나를 힘들게 했다.

몸으로 느끼는 이런 고통 외에도, 나를 괴롭히는 고통은 또 있었다. 너무 예민해져서 그랬는지도 모른다. 목회자의 아내가 중병에 걸려, 핼쑥한 얼굴로 교우들이나 동네 사람들 앞에 나설 때마다 밀려오던 자기혐오감이랄까, 괜한 송구함이랄까 하는 것이 나를 괴롭혔다. 그래서 할 수 있으면, 사람들 앞에 내 아픈 모습을 보이지 않으려 했다.

두 차례의 수술과 항암치료를 받으면서, 때로는 견딜 수 없을 만큼 아프고 괴로웠지만, 남들처럼 솟구치는 감정을 드러내 놓고 펑펑 울거나 소리를 지르지도 못 했다. 그럴 때마다 나는 마음속 괴로움을 노트에 끄적이곤 했다.

주님, 내 아픔이 너무 커서
그 아픔이
가족들의 아픔이 되지 않기를
기도합니다.

주님, 내 아픔이 너무 길어서
그 아픔이
교회의 어두운 그늘이 되지 않기를
기도합니다.

주님, 내 아픔이 유별나서
그 아픔이
세상 사람들의 조롱거리가
되지 않기를 기도합니다.

그냥
혼자 아프고
혼자 울기도
지금은 너무 벅차기 때문에
　－졸시, 〈내 아픔이 너무 커서〉

　그랬다. 돌아보면 혼자 아프고 혼자 울기도 너무 벅찬 나날이었다. 하지만 나를 사랑하고 나의 회복을 기다리는 남편과 가족, 교우들을 위해, 오뚝이처럼 일어서야 한다고 스스로 다짐하며 이를 악물었다.
　그날 이후, 지루하고 힘든 병원생활이지만 나는 아침에 제일 먼저 일어나 세수했다. 그리고 단정하고 밝은 얼굴로 병상에 앉아, "자, 여러분. 이제 회진 올 시간이 됐으니, 빨리 일어나 비싼 문안인사 받읍시다!" 하면서, 다른 환자들을 일으켜 세웠다.
　또 나처럼 항암치료를 받는 사람들을 찾아가, 아픔과 고통에 지쳐 있는 이들을 끌어안고 같이 울기도 하면서, 그들의 친구가 되려고 했다. 머리가 다 빠졌을 때 썼던 시를 보여 주기도 했는데, 그러면 그들 중엔 나를 붙잡고 서럽게 울다가도, 말없이 고개를 끄덕이다가 웃음을 터뜨리는 환우들도 있었다.

　다시 머리카락이 자라면
　아침 일찍 일어나 시원한 물로
　검은 머리카락을 부드럽게 비비며

머리 감는 일로 개운한 하루를 시작하리라
향기 좋은 샴푸라면 더 좋겠다.

절대 부스스한 모습으로
가족들의 식탁을 차리고
그대로 길거리에 나다니는 게으름은
피우지 않으리라.

바람 부는 날이면 곱게 빗질을 하고
머리에 아무것도 바르지 않은 채
바람결에 날리는 머리카락의 흩날림을
손으로 쓸어 올리며
앳된 소녀처럼 강가를 걸어 보리라.

혹시 미장원에서 실수로
내 머리를 망쳐 놨을지라도
투덜대지 않고
머리카락이 아직 남아 있는 것만으로도
고마워하리라.

─ 졸시, 〈머리카락이 다시 자라면〉

치료가 다 끝나고 시간이 지나자, 머리카락도 다시 자라기 시작했다.

항암치료가 끝나자 머리카락이 다시 자라기 시작했다.
고통의 시간도 지나간 것이다.
내 삶은 아프기 전보다 더 성실해졌다.

매일 거울 앞에 서서 다시 자라는 머리카락을 바라보며 깨달은 것이 있다. 시간은 고통 앞에 멈춰 있는 것이 결코 아니라는 것. 죽을 것 같은 단말마의 고통으로 아파할 때는 시간이 멈춰 있는 것 같았으나, 고통의 시간도 지나간다는 것. 이런 소중한 깨달음으로 내 삶은 아프기 전보다 더 성실해질 수 있었다.

고통의 시간은 지나갔지만, 고통의 시간이 나에게 안겨 준 선물도 있었다. 그것은 맑고 깊은 시심詩心. 아픈 날은 아픔을 담은 시를 쓰고, 즐거운 날은 행복이 묻어나는 시를 틈날 때마다 썼다. 그렇게 쓴 시를 손바닥만 한 교회주보에 매주 싣다 보니,《포도주와 빨간 사랑》이라는 책도 한 권 내게 되었다.

주님을 향해 원망하고 따져 묻던 어린아이 같은 나. 그런데 주님은 그런 고통의 시간을 통해 내 미숙한 질문에 하나씩 대답해 주셨고, 나를 이전보다 더 성숙하게 만들어 주셨다. 이제 쥐꼬리만큼 남은 고통의 시간도, 손톱만큼 작은 행복도, 주님이 주시는 은총으로 받아들이며 기쁘게 살아가려 한다.

딱 하루만
행복할 수 있으면
그만입니다.
꼭 요만큼만
행복해도 괜찮습니다.

어제도 그랬고
그저께도 그랬습니다.
한 뼘만 한 행복에도
눈물 흘리고
한 뼘만 한 행복에도
고마워하겠습니다.

내일 당장
피를 토하며 쓰러진대도
내게 남은 한 뼘 시간을
행복으로 마무리하겠습니다.

오늘 밤까지
나는 분명 행복했으니
뒤돌아봐도
후회는 없습니다.

– 졸시, 〈행복〉

민형자 님은 현재 신림가나안교회의 담임목사 부인이다.

생존가능성 1%의
기적

조민정 간호사의 이야기

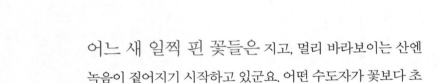

어느 새 일찍 핀 꽃들은 지고, 멀리 바라보이는 산엔 녹음이 짙어지기 시작하고 있군요. 어떤 수도자가 꽃보다 초록이 더 예쁘다고 했는데, 정말 푸르게 우거진 초록이 예쁜 계절입니다.

신정화 권사님, 제가 권사님을 만난 게 바로 지난해 6월의 푸르른 녹음 속이었지요. 사실 떠올리기조차 싫은 기억이지만, 당시 제가 겪은 아픈 기억은 잊으려 해도 잊히지 않네요.

사고가 있던 5월 7일 아침 6시 40분경, 저는 하루 일과를 시작하기 위해, 근무처인 강남세브란스병원을 향해 가고 있었지요. 그런데 이게 웬 날벼락입니까! 사거리를 건너기 위해 신호가 바뀌길 기다리며 인도에 서 있는데, 갑자기 승용차 한 대가 빠른 속도로 인도로 올라오더니 저를 덮쳤습니다. 눈 깜빡할 사이의 일이었어요. 저는 미처 피할 사이도 없이, 차에 부딪혀 붕 떠서 멀리 날아가고 말았지요. 나중에 들으니 그 차는 어느

상가로 돌진했다고 하더군요.

그렇게 차에 부딪히고 나서, 저는 정신을 잃고 말았지요. 아니, 사실은 그 정도가 아니었습니다. 뇌가 깨져 골이 뇌 밖으로 빠져나왔다니까요. 저는 옆에 있는 강남세브란스병원 응급실로 실려 갔습니다. 같은 병원 간호사인 제가 출근해야 할 시간에 온몸에 피를 흘리며 응급실에 도착하자, 저를 아는 병원의 간호사와 의사들이 모두 경악했다고 하더군요. 응급실이 소란한 가운데 외과의사들이 응급조치를 했는데, 모두 곧 사망할 거라고들 했답니다. 그러니까 제가 살 확률은 1%도 안 되었던 거지요.

생존가능성이 1%도 안 되었으니, 그야말로 제 목숨은 바람 앞에 가물거리는 촛불에 다름없었지요. 저는 뇌부종이 심해서 곧바로 수술실로 옮겨져 응급수술을 받았다더군요. '감압적 두개골 절제술'이라고, 뇌에 가득 찬 물을 빼냄으로 뇌압을 줄이는 수술이었죠. 응급수술에 들어갔지만 생명을 보장할 수 없는 상태여서, 급보를 받고 달려온 제 가족도 병원의 동료들도 모두 절망하고 있었답니다. 그날 밤부터 병원의 동료직원들은 저를 위해 중보기도에 들어갔다는군요.

지금부터 하는 얘기는, 제가 의식을 차린 뒤, 강남세브란스병원 원목실의 정명희 목사님에게 들은 이야기입니다. 사고가 난 이틀 후에 목사님이 중환자실로 들어와 보니, 병상에 누운 저의 모습은 평소의 모습을 알아볼 수 없을 정도로 처참했다고 하더군요. 정 목사님은 그날부터 매일 한 차례씩 중환자실로 들어와, 저를 위해 간절히 기도하셨답니다.

두 주 정도의 시간이 흐른 어느 날, 정 목사님이 들어와 저를 붙잡고 소리 내어 기도하는데, 갑자기 제 어깨가 꿈틀거리며 반응을 했다지요. 그러한 저의 반응에 목사님은 더욱 힘을 얻어, 틈날 때마다 하나님에게 더욱 간절히 기도했다고 합니다. 또 어느 날은 정 목사님이 기도를 마치고 났는데, 제가 30~40초가량 몸에 경련을 일으키며, 왼쪽 손가락과 다리를 까딱거리더라는 겁니다. 주치의 선생님은 이런 현상을 보시면서, 제 상태가 조금씩 호전되고 있다고 판단하시고, 5월 24일에는 기관절개수술을 받게 하셨답니다. 수술자국이 아물자, 저는 6월 초에 일반병실로 옮겨지게 되었지요. 물론 그때까지도 아직 의식이 없는 상태였습니다.

신정화 권사님, 제가 권사님을 만난 것은 일반병실로 옮기면서였지요. 간병인. 그래요, 제가 간병인으로 권사님을 만난 것은 정말 큰 축복이었어요. 권사님은 그냥 제 곁에서 정해진 시간이나 채우는 그런 간병인이 아니라, 가물가물 꺼져 가던 저를 살리기 위해 온갖 정성과 기도를 다 바치셨어요. 일찍이 남편을 암으로 먼저 보내신 권사님은 다른 사람의 아픔을 자기 아픔처럼 느끼는 그런 감수성을 지니고 계셨던 것 같아요. 제가 의식이 깨어난 뒤, 정명희 목사님이 그러시더군요. 권사님의 기도와 사랑이 저를 살렸다고!

그렇게 권사님의 극진한 간병을 받던 어느 날, 새 환자복으로 갈아입히려 하는데, 제 손에 강직이 심해서 권사님은 옷을 갈아입힐 수가 없었다지요. 손의 강직현상은 뇌가 손상되어 왼쪽 손과 발에 마비가 온 때문이었어요. 그래서 권사님은 제 옷을 갈아입히기를 포기하고, 저를 붙잡고 눈물로 하나님에게 기도를 하셨다지요.

그런데 이게 어인 일입니까! 권사님이 기도를 마치고 눈을 뜨니, 뻣뻣하기만 하던 제 손의 마비가 풀려 있었다지요. 할렐루야! 권사님은 할렐루야를 외치며 아주 수월하게 옷을 갈아입힐 수 있었다고요. 옷을 다 갈아입히고 난 권사님은 저를 부둥켜안고 기도에 응답해 주신 하나님에게 감사의 기도를 올리셨다지요. 제 가족들과 함께 감사예배도 드렸고요. 이런 일이 있고 며칠 뒤, 줄을 넣어 코를 통해 식도로 음식을 공급받던 제가 입으로 음식물을 먹기 시작했다고 하네요. 요플레를 먹는 것을 보고 권사님이 무척 기뻐하셨다는 이야기도 들었습니다.

이뿐만이 아니었다면서요. 권사님은 제 몸의 마비현상이 하루 빨리 풀리라고, 매일 두 차례씩 저를 품에 안고 목욕을 시키셨다지요. 당신이 낳은 딸도 아닌데, 그렇게 힘든 목욕을 시키셨다는 말을 나중에 전해 듣고, 저는 그 지극한 사랑에 눈물을 흘렸지요.

그 무렵 날마다 찾아오는 직장동료들이 있었는데, 그분들은 아직 의식이 없는 제 귀에 대고 온갖 격려의 말들을 속삭였다면서요.

"조 간호사, 사랑해!"

"어서 기운 차리고 일어나야지!"

그분들이 그렇게 속삭이면, 그 다정한 말을 알아듣는 듯, 제가 입을 벌리고 활짝 웃는 모습을 보였다고요.

그러던 어느 날 새벽, 보조침대에서 눈을 붙이던 권사님이 잠이 깨어 일어나 보니, 제가 침대 난간을 손으로 잡고 있었다지요. 그리고 그날 오후, 직장동료들이 올라와 이야기를 나누던 중, 제가 손바닥에 무슨 글씨를 써서 직장동료들에게 보이기도 했고요. 6월 말쯤에는, 제가 눈꺼풀을 움찔움찔거리고 입술을 씰룩씰룩거리는 모습을 일 분여 동안 보여 주고, 사고 후 처음으로 두 눈을 떴다고 들었어요. 며칠 후엔 청년부 담당목사님과 청년들이 방문했는데, 제가 마치 슬픈 감정을 지닌 사람처럼 얼굴을 찌푸리더니 입술을 벌려 울기도 했다구요. 저는 기억하지 못하지만, 이런 과정 하나하나를 지켜보며 권사님이 얼마나 기뻐하셨을지 눈에 선합니다. 제 몸에 나타나는 이런 현상들은 병세가 호전되어가는 신호들이었을 테니까요.

7월 초에 저는 다시 한 번 수술을 받았다더군요. 뇌척수액을 복강으로 흐르게 하는 수술. 이 수술로 저의 함몰된 뇌 부분이 원위치로 돌아오고, 머리모양이 제자리를 찾아가는 듯 보였다지요. 그리고 일주일 뒤에는, 머리 뇌압을 감압하기 위해 열어 놓았던 두개골을 다시 닫는 수술을 받게 되었는데, 이 수술로 얼굴형태가 본래의 모습으로 돌아오게 되었다면서요. 권사님은 수술을 받고 난 저를 보니, 그렇게 예뻐 보일 수가 없으셨다고 하셨다죠. 그 무렵 정명희 목사님도 매일 찾아오셨는데, 사고 전의 본래 모습을 회복하는 저를 끌어안고 말씀하셨답니다.

"조 간호사, 정말 예쁘다, 예뻐!"

그렇게 말했더니, 제가 활짝 웃었다고요.

8월 초가 되면서 저의 의식은 서서히 또렷해지기 시작했지요. 하지만 의식만큼 몸이 빨리 회복되지 않자, 저는 그것이 속상하여 더러 울음으로 제 감정을 표현했던 모양입니다. 친척이나 가까운 친구들이 찾아오면, 저는 더욱 강하게 제 슬픈 감정을 표현하곤 했다지요. 지금 생각해 보면 참

이상해요. 왜 그때 제가 슬픈 감정을 먼저 표현했는지! 그런데 사람들은 그런 저의 변화를 긍정적인 신호로 읽었던 것 같아요.

드디어 8월 말이 되자, 신경과 주치의 선생님은 제가 재활을 받아야 할 때라고 판단하여 재활의학과로 옮기게 하셨습니다. 그렇게 재활을 시작한 이후, 저의 의식은 빠르게 회복되었지요.

어느 날은 자다가 일어났는데, 사고 전에 즐겨 먹던 붉은 토마토가 떠올랐어요. 그때까지도 말을 할 수 없었던 저는 병상 가까이 있던 하얀 칠판에다 서툰 글씨로 썼죠.

"토마토주스 만들어 주세요!"

잠시 후, 병실 밖을 나가셨던 권사님이 들어오시더니, 제가 쓴 글씨를 보고 깜짝 놀라며 말씀하셨지요.

"아니, 이 글씨 조 간호사가 썼어요?"

저는 대답 대신 미소지었어요. 그러자 권사님은 농담 섞인 목소리로 그러셨어요.

"당장 토마토주스 만들어 대령합죠. 조 간호사 먹고 싶은 거 있으면 다 만들어 줄 테니, 이런 식으로 계속 써 놓으십쇼."

그날 이후 권사님은, 제가 먹고 싶다는 걸 써 놓으면, 즉시 만들어 주시곤 했어요.

그렇지만 재활은 결코 쉽지 않았어요. 저 혼자서는 움직일 수 없는 상태라, 권사님의 도움으로 각종 물리치료를 받고, 작업치료와 심리치료도 병행했지요.

이제 재활을 받은 지 8개월, 현재 제 의식은 완전히 회복되었고, 어눌하지만 말도 하게 되었습니다. 왼쪽 팔과 다리는 아직도 마비증세가 사라지지 않아 걷기까지는 못 하지만, 그래도 권사님의 도움을 받아 조금씩 걸음마를 떼고자 노력하죠.

지난 3월 어느 날, 제가 권사님에게 어눌한 말투로 더듬거리며 말했죠.

"권사님…… 저…… 내일…… 밖에…… 나가 보고…… 싶어요."

권사님이 웃으시면서 물으셨어요.

"밖엔 왜요?"

"새싹…… 나오는 거…… 보고…… 싶어요."

"알겠어요."

다음 날 아침 병원 뜰에 나갈 꿈에 부풀어 있는데, 한참 동안 자리를 비우신 권사님이 들어오시더니, 선물이라며 저에게 상자 하나를 내미셨어요. 선물상자를 받았지만 제가 풀지 못하고 있자, 권사님이 풀어 주시며 말씀하셨지요.

"이제 조 간호사는 걸음마를 배우는 아기잖아. 그래서 내가 운동화 한 켤레 샀어요."

연둣빛 바탕에 흰 끈이 묶인 운동화는 제 맘에 쏙 들었죠. 저는 고맙다는 표시로 한 손을 머리 위로 올려 반하트 모양을 그렸죠.

그날 권사님은 제 발에 예쁜 운동화를 신기신 후, 휠체어에 저를 태우고 병원 뜰로 나가셨지요. 뜰에는 목련, 진달래, 개나리 등 봄나무들이 있었는데, 나무들마다 봉긋봉긋한 꽃봉오리들이 맺혀 있었어요.

휠체어에 앉은 채, 새 잎과 꽃을 피울 나무들을 감상하고 있는데, 권사님이 물으셨지요.

"조 간호사는 지금 소원이 뭐예요?"

"저…… 어서…… 나아서…… 수술실로…… 돌아가고…… 싶어요."

이것은 진심이었어요. 사고가 나기 전에 저는 수술실 간호사로 쭉 일해왔는데, 제가 이렇게 아파 보니 수술실에서 했던 일이 얼마나 소중한지 알게 되었거든요.

"그거 말고 다른 소원은 없어요?"

"네……."

이것 역시 저의 진심이었어요. 사고 전에는 하고 싶은 것도 많고 바라는 것도 많았죠. 그런데 제가 이렇게 죽음의 문턱을 넘나들고 보니, 그렇게 뭘 하고 싶고 바라던 것들이 모두 덧없는 욕심이란 걸 알게 되었거든요. 이젠 아주 사소하고 작은 것에도 감사하는 마음이 앞서요. 지금도 왼쪽 손발을 못 쓰지만, 오른쪽 손발을 쓸 수 있는 것이 감사하고, 말할 수 있고 들을 수 있고 냄새 맡을 수 있는 것이 모두 감사해요. 사실 사고 전에는 이런 생각조차 해본 적이 없었거든요.

얼마 전에는 친구가 찾아와, 호스피스 봉사로 평생을 살았던 분이 쓴 책을 읽어 보라며 주고 갔어요. 많이 읽지는 못 했지만, 앞부분에 이런 말이 쓰여 있더군요.

"우리는 저마다 배움을 얻기 위해 이 세상에 왔다."

이 글귀를 보고 저는 참 많은 생각을 했어요. 큰 사고 이후 엄청난 시련을 거쳐 다시 살아나는 기적을 경험했는데, 아픔과 기쁨, 고통과 희열이

이젠 아주 사소하고 작은 것에도 감사하는 마음이 앞서요.
극한의 고통을 견디며 배운 것들이야말로 진정 저를 저답게 살게 하는
참 배움인 것 같습니다.
권사님이 저에게 준 변함없는 사랑 때문입니다.

겹쳐지는 이런 경험을 통해 우리는 비로소 삶이 무엇인가를 배우는 거라고. 우리가 지녔던 소유가 무엇이든, 그것을 상실함으로써 사람은 무엇이 소중한 것인지를 배우고, 자기가 지녔던 것을 남과 나누게 되는 거라고. 그러니까 제가 학교에서 배우고 교회에서 배웠던 것들이 단지 머릿속의 관념이라면, 극한의 고통 속에서 제가 몸의 아픔을 견디며 배운 것들이야말로 진정 저를 저답게 살게 하는 참 배움인 거라고 말입니다.

사실 제가 의식을 회복한 지 얼마 되지 않아 이런 소중한 배움에 눈뜨게 된 것은, 권사님이 저에게 준 변함없는 사랑 때문입니다. 무려 8개월 이상을 저와 함께하셨는데, 권사님의 사랑은 변함이 없었지요. 그동안 이런 제 마음을 직접 말씀 드리고도 싶었지만, 차마 쑥스러워 이 지면을 통해 말씀을 드립니다. 저는 권사님을 통해 몸의 재활만이 아니라, 정신의 재활까지 덤으로 받게 되었어요. 정말 감사합니다.

신정화 권사님, 이제 손놀림이 많이 자유로워져 주저리주저리 늘어놓다 보니, 제 편지가 무척 장황해졌죠? 이제 저도 빨리 나아서 권사님처럼 아픈 이들 곁으로 가렵니다. 그것이 제가 권사님에게 받은 사랑에 조금이나마 보답하는 길이겠지요. 그것이 곧 생존가능성 1%의 기적을 허락하신 하나님의 은혜를 갚는 길이기도 하고요.

밤이 늦었네요. 오늘밤도 편히 쉬세요. 권사님, 사랑해요!

조민정 님은 강남세브란스병원 간호사로서, 현재 재활병원에서 치료 중이다.

내가 그토록
소중한 생명이라니!

백여경 님의 이야기

이 글은 세브란스병원에서 위암수술을 했던 백여경 님과 연세의료원 교
목실장인 한인철 목사님이 대담한 내용이다. 이런 대담을 기획한 것은, 연
세의료원에서 수술환자들을 위해 시도한 '기도로 함께하는 의사' 프로젝
트에 백여경 님이 최초로 참여하였기 때문이다. 백여경 님은 이 대담에서,
수술에 들어가기 전에 의사가 기도해 준 것이 어떤 느낌이었고 어떤 치료
의 효과를 가져왔는지 자세하게 밝히고 있다.

한인철 목사(이하 한)   백여경 선생님, 안녕하세요. 제가 듣기로는 대수술을 하셨
다고 들었는데, 오늘 뵈니까 대수술을 받으신 분답지 않게 굉장히 건강해 보
이십니다.

백여경 님(이하 백)   그렇습니까? 이게 다 기독교 정신으로 환자를 돌보는 세브
란스 의료진들 덕분이죠. 그리고 하나님의 은총 때문임은 말할 것도 없고요.

한   오늘 선생님과 이런 인터뷰를 하게 된 건, 우리 세브란스병원에서 수술
환자를 대상으로 시작한 '기도 프로젝트'에 선생님이 첫 환자가 되셨기 때문

입니다.

백 네, 저는 그런 점에서 세브란스로부터 정말 큰 선물을 받은 것 같아요.

한 기도와 관련한 이야기는 조금 나중에 하도록 하고, 먼저 어떻게 그런 대수술을 받게 되셨는지 말씀해 주실래요?

백 저는 의류점을 운영하고 있는데, 어쩌다 보니, 작년 3월부터 커피에 맛을 들였어요. 손님들과 어울리면서 보통 하루에 커피를 세 잔 이상 마셨지요.

한 무슨 커피를요? 원두커피?

백 아니, 봉지커피요. 그런데 그렇게 여러 달 마시다 보니, 어느 날부터 커피를 마시면 속이 쓰리고 아픈 거예요. 그래서 그렇게 좋아하는 커피를 끊었지요. 그러다가 4월 초쯤인가 시동생이 갑자기 세상을 떠났어요. 이제 나이가 겨우 50세밖에 안 됐는데! 충격 속에 장례를 치르고 집으로 돌아왔는데, 그날 저녁부터 또 속이 쓰리고 심하게 아픈 거예요. 그래도 장사는 해야 하니까, 참고 계속 일을 했지요. 그 무렵에 일본으로 시집을 간 딸이 다니러 왔어요. 딸과 같이 밥을 먹는데, 제가 속이 안 좋다며 잘 못 먹으니까, 딸이 그러는 거예요.

"엄마, 오늘 나랑 밖에서 저녁 먹자. 맛있는 거 사 줄게. 그리고 내일은 병원에 가서 건강검진도 해 보자. 검진비도 내가 쏠 테니."

"네가 사 주는 밥은 먹겠지만, 검진은 사양할게. 엄마는 돈 벌어야 돼."

제가 이렇게 대꾸했더니, 딸이 그러는 거예요.

"엄마는 그동안 우리 자식들을 위해 할 일을 다 했어. 아빠를 위해서도. 이젠 엄마의 건강을 챙길 때야."

한　그래서 건강검진을 받으러 가셨겠군요?

백　그랬죠. 딸이 하는 말이 너무 고맙기도 하지만, 사실 그 무렵 제가 많이
아팠거든요. 그래서 집에서 멀지 않은 병원을 찾아가 건강검진을 했는데, 의
사 선생님이 내시경 결과를 보며 깜짝 놀라시는 거예요.

한　왜 놀랐지요?

백　암인 것 같다고. 자기 판단으로는 80% 이상 암으로 보인다는 거예요.
그리고 악성인 것 같다는 말씀도 덧붙여서!

한　그래서 어떻게 하셨어요?

백　악성인 게 거의 확실하니까, 수술을 서둘러야 한다고 하시더군요. 그래
서 제가 일산의 B병원으로 보내달라고 했죠. 그랬더니 기왕이면 서울의 세
브란스병원으로 가라고 권하더군요. 거기 가면 우리나라 위암수술의 권위자
가 계시다고!

한　그렇게 해서 세브란스로 오시게 된 거군요.

백　네. 그래서 수술날짜를 잡고 수술을 하게 되었는데, 복잡한 일이 생겼습
니다.

한　복잡한 일이라뇨?

백　본래는 위만 절제할 예정으로 수술을 했는데, 막상 열어 보니까, 이미 전이가 많이 된 거지요. 그래서 위만 아니라, 비장 100%, 췌장 40%를 절제하고, 그 뭐더라, 아, 림프절요. 림프절에도 전이가 되어, 아홉 개를 긁어냈다고 하더라고요.

한　정말 말 그대로 대수술을 하신 거네요. 처음에 암에 걸렸다는 말을 들었을 때는 어땠어요?

백　충격이었죠. 온몸이 부르르 떨릴 정도로! 그러면서 먼저 고등학교 3학년인 아들 생각이 났어요. 딸들도 그렇지만, 아들과는 좀 더 각별했거든요. 서로 끌어안고 뽀뽀하고, 그러는 사이인데……. 아마도 늦둥이이기 때문에 더 그럴 거예요. 지금도 기억하는 건, 엄마가 암에 걸려 수술받게 되었다고 하니까, 이 녀석이 그러는 거예요.

"엄마는 꼭 나을 거야. 만일 엄마가 잘못되면, 난 하나님도 안 믿을 거야."

이렇게 말할 정도로 엄마를 많이 의지하는 아이이기 때문에, 그 아들 생각이 먼저 났던 것 같아요. 저는 이 아들에 대한 애착 때문에, 꼭 살아야겠다는 의지를 더 갖게 된 거지요.

한　이제 수술실에서 기도받으신 이야기를 좀 하지요. 서두에 이야기한 것처럼, 선생님은 우리 세브란스병원에서 시작한 기도 프로젝트의 첫 번째 수술환자셨어요. 아마 수술실에서 의사로부터 기도를 받으신 것은 처음이실 텐데, 그날 기도받으시면서 어떤 느낌이 들던가요?

백　그날 수술실에는 저를 마취하신 신양식 교수님뿐만 아니라, 의료원장님, 세브란스병원장님, 수술실 간호팀장님, 원목님, 교목실장님 등 여러 분이 오셨더라고요. 수술실장이신 신양식 교수님이 누워 있는 제 어깨에 손을 얹고 기도해 주셨죠.

"하나님, 백여경 님을 위해 기도드립니다. 이제 편안한 마음을 갖게 하시고, 수술을 잘 받을 수 있도록 돌보아 주시기를 바랍니다. 의료진의 손길 위에도 함께하시고, 최선을 다할 수 있도록 이끌어 주시기를 바랍니다. 예수 그리스도의 이름으로 기도합니다. 아멘."

그렇게 기도를 받고 나니까 먼저 두려움이 사라졌죠. 사실 수술날짜를 받고, 엄청 불안했거든요. 그런 불안과 두려움이 사라지면서, '오늘 수술이 잘 되겠구나!' 하는 믿음이 생기더라고요.

그리고 이런 생각도 들었어요. 제 몸에 손을 얹고 기도해 주신 선생님에 대한 깊은 신뢰와 내가 그토록 소중한 생명이구나 하는 생각. 그러면서 수술실에 누워 있는데, 제 속에서 뜨거운 게 막 올라오더라고요.

한   뜨거운 게 올라오다뇨?

백   글쎄, 말로 설명하기는 어렵지만, 내가 이렇게 사랑받는 소중한 존재구나 하는 생각. 의사 선생님은 아주 친한 가족이나 교우도 아니잖아요. 여기 와서 처음 뵙는 분인데! 그래서 하나님의 사랑이 가족 사랑보다도 더 크구나 하는 뜨거움이 막 올라왔던 거죠.

한   무슨 말씀인지 알 것 같습니다. 그렇다면 본인이 느끼시기에, 의사 선생님이 드린 기도가 백 선생님의 치료에 영향을 미쳤다고 생각하시는지요?

백　굉장한 영향이죠. 우선은 제가 기도를 받은 후, 수술에 대한 불안감이 사라졌고, 의사 선생님에 대한 깊은 신뢰도 생겼고, 수술이 잘 되리라는 이상한 확신도 생겼으니까요. 그리고 무엇보다, 저의 생사를 하나님에게 맡길 수 있었죠. 신앙생활을 오래했지만, 제가 전에는 그러지 못했거든요.

한　그러니까 선생님에게는 이번에 몸이 아픈 것이 큰 변화의 계기가 된 것 같군요.

백　네, 생각의 변화랄까, 내면의 변화랄까, 그런 걸 경험했죠. 사람이 참 어리석은 것 같아요. 죽을 정도로 아프고 나서야 깨달으니 말이죠. 치료받은 분들이 다 그렇겠지만, 저도 항암치료를 받으면서 정말 제 인생에서 가장 큰 고통을 겪었다고 생각해요. 너무 힘들어 도망칠 수 있으면 도망치고 싶은, 그 고통스런 항암치료를 전부 여덟 번을 받았으니까요. 그렇게 지독한 치료의 고통을 겪으면서, 저의 지나온 삶을 돌아보게 되더군요.

　제가 아프기 전에는 그야말로 일 중독자였어요. 완전히 장사에 미쳐 살았죠. 주일도 예배를 마치면, 곧바로 가게로 달려가 문을 열고 돈을 벌었으니까요. 물론 변명할 말은 있지요. 제가 집안경제를 꾸려가야 하는 형편이었으니까. 그렇게 일에 미쳐서 살 땐, 제가 일 중독자인 줄도 몰랐죠. 그런데 아프고 보니까, 일 중독자로 살아온 제 어리석은 모습이 보이더군요. 언젠가 목사님이 설교하시면서 이런 말씀을 하셨어요. 하나님은 철야와 단식과 기도는 거들떠보지도 않으시고, 오로지 안식만을 살피신다고. 하나님은 우리가 고요한 마음을 바치는 것 외에는 아무것도 필요로 하지 않으신다고요. 한데 저는 기도나 예배에는 참석했지만, 안식은 거들떠보지도 않았던 거죠. 안식이 소

수술실에서 의사 선생님에게 기도를 받고 나니까
먼저 두려움이 사라졌죠. 그리고 이런 생각도 들었어요.
제 몸에 손을 얹고 기도해 주는 선생님에 대한 깊은 신뢰와
내가 그토록 소중한 생명이구나 하는 생각.

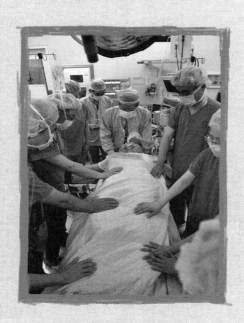

중하고, 제 영혼의 건강이 소중한데 말이지요!

한 정말 귀한 걸 깨달으셨네요. 다른 변화도 있었나요? 예를 들면, 가족 간에…….

백 물론 가족들의 삶에도 변화가 생겼지요. 제 자식들도 그래요. "이젠 엄마도 자기 건강을 잘 챙기세요. 우린 이제 다 커서, 엄마 손길이 없어도 살 수 있으니까."

　　제가 3남매를 두었는데, 딸 둘은 이미 독립했고, 아까 말씀 드린 막내아들도 이젠 대학을 갔거든요. 그리고 남편도 저 때문에 책임감이 전보다 강해져서, 자기가 집안을 책임지겠다고 해요. "당신은 살아서 옆에 있어만 줘요. 그럼 돈은 내가 벌 테니."

　　정말 획기적으로 변한 거죠. 요즘엔 남편이 제게 존대를 해요. 전엔 안 그랬거든요. 이젠 대화를 해도, 전과는 달리 제 의견을 존중해 줘요. 그러니 대화를 하다가 서로 감정이 상하고 다툴 일이 없어졌어요. 이것도 우리 가정에 생긴 큰 변화죠.

　　그리고 제가 아프고 나서 깊이 생각하게 된 건, 무엇보다 몸을 잘 돌봐야겠다는 거예요. 제 몸이 사실은 제 것이 아니잖아요. 성령이 거하시는 성전인데! 제가 몸을 잘 돌보지 않아 아프니까, 가족 전체가 다 힘들어지더라고요. 아프면 저만 힘든 게 아니라, 다른 사람에게도 피해를 주게 돼요.

한 선생님은 신앙생활도 오래하신 것 같은데, 신앙적으로는 어떤 변화가 있으셨는지요?

백　아프기 전에는 그야말로 수박 겉핧기식이었죠. 예배를 드리고 말씀을 들어도, 그냥 건성으로 했던 것 같아요. 겉으로는 신심이 있는 척했지만, 정말 하나님이 살아 계시다는 확신도 없이 예배당 문턱만 닳게 했죠. 예수님이 제일 싫어하신 위선을 떨며 살았던 거죠. 하지만 제 장기(臟器)의 많은 부분을 도려낼 정도로 큰 수술을 하고 고통을 겪으면서, 인생을 좀 더 깊이 들여다보게 된 것 같아요. 앞서 말씀 드렸지만, 제 생사를 하나님에게 맡길 수 있게 되었으니까요.

　이렇게 되니까, 삶을 바라보는 눈이 이전보다 긍정적이 된 것 같아요. 이제 눈앞에 있는 죽음에 대한 불안에서는 놓여났지만, 그렇다고 제 삶에 고통스런 순간이 또 없겠어요? 우리 인간의 삶은 즐거움과 괴로움이 반반인 것 같아요. 그래서 지금은 즐거움은 즐거움대로 누리고, 제 의지와 상관없이 닥쳐오는 괴로움 또한 기꺼이 받아들이며 살겠다, 이런 긍정의 마음을 갖게 되었어요.

한　그런 긍정의 맘을 지니고 살기가 쉽지 않은데, 큰 선물을 받으셨네요.

백　정말 놀라운 선물이죠. 만일 제가 그토록 큰 아픔을 겪지 않았으면 얻을 수 없는 귀한 선물이죠. 요즘 제가 자주 생각하게 되는 건, 삶은 정말 사람의 머리로 헤아릴 수 없는 신비인 것 같아요. 제가 아는 것, 제가 이해할 수 있는 것은 아주 작아요. 티끌만큼이나 작다고 할까요. 제가 하나님을 안다고 하는 것도, 하나님을 이해한다고 하는 것도 아주 작아요.

한　그 작다는 걸 어떻게 설명할 수 있을까요?

백 목사님, 가방끈이 짧은 제가 그걸 어떻게 설명할 수 있겠어요. 다만 저는 하나님 앞에, 그 헤아릴 수 없는 신비 앞에 무릎을 꿇을 수밖에 없죠.

한 제가 보기엔, 참 멋진 설명이네요. 그런 태도로 사시면, 건강하게 사실 수 있을 거예요. 더도 말고 백 세까지만 건강하게 사세요. 그리고 오늘 해 주신 이야기들은 병으로 고통받는 많은 분에게 큰 도움이 될 것 같습니다. 긴 시간 좋은 말씀 감사합니다.

백 아닙니다. 제가 감사드려야죠.

백여경 님은 현재 사업에서 손을 떼고, 건강회복에 전념하고 있다.

끝까지 포기하지
않은 사랑

신지홍 님의 이야기

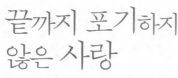

꽃다운 나이 스무살, 나는 대학교 3학년이 되자, 통기
타 동아리의 총무를 맡아 열심히 활동하고 있었다. 내가 통기
타 동아리 활동을 한 것은 음악을 그만큼 좋아했기 때문이었다. 봄의 꽃
들이 만화방창 흐드러진 5월, 학교에서는 축제가 열렸다.

나는 밤이 늦도록 공연을 준비하는 통기타 동아리 친구들에게 커피를
타 주고 있었다. 밤이 되면 기온이 내려가 쌀쌀했기 때문이었다. 친구들
에게 커피를 타서 돌리고 의자에 앉아 좀 쉬고 있다가 나는 까닭도 없이
쓰러졌다. 평소 빈혈 같은 증세도 전혀 없었는데!

그렇게 쓰러진 나는 정신을 잃었다. 나중에 들으니, 동아리 선배들이
얘가 장난을 치는 모양이라고, 어서 일어나라고 소리쳤다고 한다. 그런데
내가 쓰러진 채 일어나지 못하자, 사태가 심각하다고 깨달은 선배가 나를
둘러업고 포항에 있는 병원 응급실로 내달렸다.

응급실에 도착해 나를 침대에 눕히자, 얼마 후 나는 거짓말처럼 깨어났다. 눈을 뜨니 걱정 가득한 엄마의 얼굴이 나를 들여다보고 있었다. 엄마는 친구들의 연락을 받고 부리나케 병원으로 달려온 것이었다. 그런데 친구들이 돌아가고 난 후, 나는 다시 정신을 잃었다. 따라서 이제부터 하는 이야기는 내가 의식이 깨어난 후 엄마에게 들은 것이다.

지홍이 넌 어릴 적부터 병원 한 번 가지 않고 건강하게 자랐어. 몇 살 땐지 기억도 어렴풋하지만, 감기가 심해 병원을 몇 번 다녀온 것과, 아주 어릴 적에 중이염을 잠깐 앓은 것 외에는! 그래서 네가 쓰러졌다는 연락을 받았을 때는, 도무지 믿어지지 않았지.

네가 응급실에서 다시 혼절한 후 초음파를 찍었는데, 아무 이상 증세가 나타나지 않는다고 했어. 의사가 너에 대해 이것저것 물었지. 네가 뭐 하느냐고! 그래서 간호학과 3학년에 재학 중이며, 요즘 양호실습을 나가고 있다고 대답했지. 그랬더니 의사가 "아마도 스트레스 때문인 것 같다. 그러니 집으로 데리고 가서 안정을 취하면, 깨어나지 않겠느냐?"고 해서 너를 데리고 집으로 왔어.

하지만 너를 집에 데려다 눕혀 놓고 나니 걱정이 몰려왔어. 저러다 영원히 깨어나지 못하면 어쩌나 해서 말이야. 병원에서 의사에게 들은 '스트레스'란 말이 생각나서, 나는 네 일기장을 꺼내 보았지. 혹시 양호실습을 하며 무슨 근심스런 일들이 있었나 하는 생각도 들고, 엄마 모르게 사귀던 남자가 있어서 그 때문에 무슨 상처를 받았을지도 모른다는 생각이 들었어. 그런데 아무리 일기장을 뒤져 보고 친구들에게 전화해 물어도, 그런 것은 전혀 없다는 거야.

　며칠이 지나도 너는 깨어날 기미를 보이지 않았어. 그래서 큰 병원으로 가서 MRI라도 찍어 봐야겠다는 생각이 들어, 대구에 있는 K병원으로 갔지. 검진 결과는 역시 아무 이상이 없다는 거였어. 하지만 의사는 일단 입원을 한 후 경과를 보자고 했지. 그렇게 입원을 하고 나서 둘째 날 밤인가, 하두 답답해서 내가 식물처럼 누워 있는 네 귀에 대고, "뭐든지 좋으니 엄마한테 얘기해 봐!"라고 속삭였지. 그리고 나서 네 곁에 누워 자다가 무슨 소리에 잠이 깼는데, 네가 이렇게 중얼거리는 거야.

　"예수님, 예수님, 나 좀 내려 주세요."

　그래서 내가 물었지.

　"지금 너 어디에, 어디에 있는데?"

　"산 위에요, 산 위에……."

　그 말을 끝으로 너는 다시 혼수상태로 들어갔지. 그날 오전 회진을 온 의사 선생님이 병명도 알 수 없고 자기 소관이 아닌 것 같다며, 집으로 가라고 했지. 그러면서 야속하게도 엄마 가슴을 도려내는 애기를 했는데, 며칠 후에 네가 깨어나도 소용이 없을 거란 거였어. 설사 깨어난다 해도 중증장애인밖에 안 된다는 거야. 그 말이 무슨 뜻이겠니? 차라리 죽는 게 낫다는 말 아니겠어. 의사의 그 말을 듣고, 엄마는 정말 많이 울었단다. 그래도 나는 네 병명이라도 알아야겠다 싶어서, 너를 차에 싣고 서울 세브란스병원으로 오게 된 거야.

그런데 중환자실에 입원한 지 열흘째 되는 날, 놀라운 일이 벌어졌어. 네 외숙모가 너를 보겠다고 와서 면회시간에 혼자 들어갔는데, 금방 들어간 네 외숙모가 갑자기 바깥으로 뛰어나오면서, "고모야, 애기 깨어났다!" 하고 병실 밖에 기다리고 있던 내게 소리쳤어. 멍하니 넋을 잃고 앉아 있던 나는 네 외숙모 고함소리에 정신이 번쩍 들어 뛰어갔지. 정말 네가 깨어나 있었어. 간호사의 연락을 받고 신경과의 네 담당의사도 달려왔지.

그런데 네가 깨어난 것에 대한 기쁨도 잠시, 의사가 엄마를 알아보겠냐고 했더니, 넌 고개를 끄덕거리고는 다시 혼수상태로 들어가고 말았지.

내가 세브란스로 오게 된 것은 목사님인 삼촌 때문이었다. 그러나 삼촌이 목사님이긴 하지만, 우리 모녀가 신심이 돈독했던 것은 아니었다. 나의 혼수상태가 지속되자, 병문안을 왔던 지인들은, "이렇게 그냥 눕혀만 놓고 있으면 어떡하느냐, 어디어디에 용한 사람이 있다는데, 찾아가 보기라도 해야 하지 않느냐?"며 엄마를 재촉하곤 했다.

그저 막막하고 답답했던 엄마는 그들의 말에 마음이 동해, 소위 용하다는 이들을 찾아나서기 시작했다. 엄마 얘기로는, 그땐 아무것도 보이지 않았다고! 나를 살릴 수만 있다면, 뭐든지 못할 게 없었다고! 그래서 엄마는 용하다는 무당이나 점쟁이를 찾아다니며, 많은 돈을 허비했다고 한다.

그런데 놀랍고 신기한 것은, 그렇게 점집이나 무당을 찾아가면, "이 집에 십자가가 있네", "이 병을 고치려면 목사인 삼촌은 오지 못하게 하라"

고 하나같이 말하더라는 것이다. 그래서 엄마는, '무당이나 점쟁이가 떠받드는 신이 예수란 분보다 높으면, 왜 목사인 삼촌을 오지 말라고 할까. 상관없이 해야 할 것 아니냐. 그렇다면 내 딸을 살리지 못하더라도, 차라리 교회를 가자. 예수의 정신으로 환자를 고친다는 세브란스병원에서 고치자'라는 생각이 들어, 용하다는 이들의 유혹을 뿌리치고, 병원치료에 전력을 쏟게 되었다고 했다.

그때 내가 만난 분이 중환자실 담당 교역자이신 이이남 전도사님이었어. 어느 날 병실을 순회하시던 전도사님을 붙잡고 내가 물었지.

"아직도 마음속에는 용하다는 점쟁이들에 대한 미련이 있는데, 우리 애가 주님의 은총으로 깨어날 수 있겠습니까?"

전도사님이 빙긋이 웃으며 말씀하셨어.

"일단 주님에게 맡겨 보세요. 지금 우리가 할 수 있는 일은 기도밖에 없는 것 같습니다."

답답한 마음을 견딜 수 없어, 엄마는 거침없이 속을 털어놓았어.

"그동안 온갖 노력을 다했는데, 이젠 기운이 빠져 어찌해야 좋을지 모르겠어요. 돈은 돈대로 너무 많이 들어가고, 막연히 무얼 믿는다는 것도 너무 힘들어요. 이젠 가정생활도 엉망이 되어가고 있습니다."

나는 아무 죄 없는 전도사님에게 떼를 쓰듯 내 심정을 쏟아놓았는데, 전도사님은 내 얘기를 들으며 눈물까지 흘리셨지.

그 무렵, 나는 정말 답답한 마음에 다시 의사 선생님을 만났어. 이병인 교수님이었지. 교수님 역시 답답해하기는 마찬가지였어. MRI를 세 번 네 번 찍어도 아무런 이상이 발견되지 않았으니까. MRI 상에 뇌가 조금도 줄거나 늘거나 한 것도 없이 다 정상이라는 거였어. 그때 교수님은 답답한 마음을 이렇게 토로했어.

"지금의 제 심경으로는 신지흥 씨의 뇌를 떼어 조직검사라도 해 보았으면 좋겠어요. 그러나 조직검사를 한다 해도 쓸 약이 없어요."

교수님의 얘기를 듣고, 엄마는 정말 미칠 것만 같았어. 그래서 간호사 몰래 바늘을 사가지고 와서 네 열 손가락을 다 찔렀지. 넌 미동도 하지 않았어.

그렇게 일 년쯤 지난 어느 날, 주치의 선생님이 이제 도저히 어쩔 도리가 없으니, 지방병원으로 가서 생명이 있는 동안은 그냥 산소호흡기만 연결하고 있으라고 하시더구나. 의사 선생님의 권고대로 너를 데리고 내려가려고 시골의 병원을 알아보기도 했지만, 끝내 나는 내려가지 않았어. 시골의 병원으로 내려간다는 건, 너를 포기하는 것이란 마음 때문이었지. 이렇게 널 포기한다면, 난 어미가 아니란 생각 때문이었어.

어느 날, 여느 때와 다름없이 중환자실 옆에 붙어 있는 보호자실에 앉아 있는데, 이이남 전도사님이 오셔서 말씀하셨어. 함께 금식을 하지 않겠느냐고! 참 뜻밖이었고, 그렇게 고마울 수가 없었어. 전도사님은 가정생활을 꾸리시며 병원으로 매일 출근하시는 분인데, 같이 금식하겠다고 하시니 말이야. 사실 나도 금식은 처음이었어.

그렇게 금식을 하고부터 나는 너를 온전히 하나님에게 맡기고 기도에 몰입할 수 있었지. 새벽예배는 병원에서 가까운 교회로 가서 드리고, 낮에는 병원예배실에서, 그리고 오후에는 매일 찾아오시는 이이남 전도사님과 함께 보호자실에서 예배를 드렸지. 그 무렵 나는 너를 완전히 내려놨어. 나는 아무것도 할 수 있는 것이 없다는 생각에 너를 완전히 하나님에게 맡겼지. 그러면서 다른 한편으로는 네가 이렇게 식물인간처럼 살다가 그냥 가면 안 되니, 혹 튼튼한 장기가 있으면, 네 장기를 기증이라도 해야겠다고 생각했어.

내가 너를 온전히 내려놨기에 그랬을까? 네 의식은 돌아오지 않았지만, 어느 날부터인가 네 호흡이 좋아지는 거야. 그리고 얼마가 지나자, 인공호흡기가 필요 없어지고, 너는 자연호흡을 하게 되었지. 그래서 내가 담당의사에게 떼를 써서, 너를 일반병실로 옮겼어. 물론 네 상태가 조금 심해지면, 곧바로 중환자실로 옮긴다는 단서를 달고!

그러던 어느 날 기도하기 위해 예배실을 다녀왔더니, 네 옆에 있던 환자가 말하는 거야. 지홍이가 자기와 눈을 맞췄다고! 그리고 얼마 지나지 않아, 너는 나하고도 눈을 맞췄지. 정말 거짓말 같았어. 며칠 후 어떤 분이 딸기를 사가지고 왔길래, 딸기를 씻어서 너에게 보여 주며 "이거 먹을 래?"했더니, 놀랍게도 네가 입을 딱 벌리는 거야. 그때의 놀라움이란!

하루는 오후에 담당의사가 회진을 들어오셨는데, 네가 옆 병상에 있는 아줌마를 따라 "반짝반짝 작은 별" 노래를 하니까, 의사 선생님도 눈을 휘둥그레 뜨며 기뻐하셨지. 그리고 얼마 후엔, 이제는 시골의 공기 좋은 곳에 가서 재활을 하는 것이 더 좋겠다고 담당의사가 말씀해 주셔서, 퇴원수속을 밟게 되었단다.

그렇게 시골로 가서 1년간 재활과정을 거친 후, 나는 의식이 거의 돌아와 학교에 복학할 수 있었다. 졸업 후 병원원무과에 근무하면서 공부를 하여, 간호사시험에 합격하는 기쁨을 맛보았다. 시험에 합격하자, 나는 곧 같은 병원의 간호사로 발령이 나, 환자들을 섬기는 일을 하게 되었다.

이렇게 하여 내가 주치의로부터 완치판정을 받은 것은 처음 학교에서 쓰러진 후 꼭 7년 만이었다. 그때 주치의 선생님은 MRI를 찍고 나서, 뇌에는 아무런 흔적이 없고 정상인과 똑같다, 그토록 혼수상태를 겪으며 고생한 원인은 아마도 〈바이러스성 뇌염〉인 것 같다고 말씀하셨다. 바이러스성 뇌염은 기계에는 잡히지 않는다는 것이었다.

완치판정을 받고 얼마 안 있어, 나는 결혼을 하게 되었다. 그리고 곧 임신을 하였는데, 몸에 이상증세가 발생해 유산을 했다. 다시 임신한 지 석달이 되어 가는데, 아기가 잘 자란다니 고맙기만 하다.

이제 잘 쓰지 못하는 글이지만, 꼭 남기고 싶은 말이 있다. 나는 정말 여러 번 죽을 고비를 넘겼다. 그런 고비를 넘기며 내가 살아난 건 무엇보다 엄마의 지극한 간호와 기도 덕분이라고 생각한다. 살아날 가망이 없다고 의사가 손을 떼었을 때도, 엄마는 끝내 손을 놓지 않았다. 아니 엄마니까 포기할 수 없었을 것이다. 만약에 엄마가 너무 힘에 겨워, 절망이 깊어져, 손을 떼었으면, 오늘의 나는 없다.

내가 의식을 회복한 후, 엄마가 이이남 전도사님과 함께 금식하셨다는 말을 듣고, 나는 엄마를 붙들고 펑펑 울었다. 중환자실에 누워 있는 나를 돌보는, 그 힘겨운 생활 속에서 금식하신 얘기를 듣고, 엄마의 사랑에 눈물을 흘리지 않을 수 없었다. 엄마가 나를 포기하지 않고 그러실 수 있었

만약에 엄마가 너무 힘에 겨워, 절망이 깊어져,
손을 떼었으면, 오늘의 나는 없다.
그런데 엄마가 나를 포기하지 않고 그러실 수 있었던 데에는,
이이남 전도사님의 기도와 정성을 빼놓을 수 없다.

던 데에는, 이이남 전도사님의 기도와 정성을 빼놓을 수 없다. 그렇다. 나를 살린 건 엄마지만, 엄마를 살린 건 바로 이이남 전도사님이셨다. 포기할 수 있는 상황에서도 포기하지 않도록 해 주셨으니까.

내가 완치판정을 받은 후 병원의 원목님 한 분을 만날 기회가 있었는데, 이런 말씀을 들려주셨다.

"기적이라는 게 이유를 알면 기적이라고 안 그래요. 이것 때문에, 혹은 저것 때문에 내가 나았다고 하면 기적이라고 안 하죠. 그러니까 기적이라고 이야기하는 이유는, 아픈 게 있고 나은 게 있는데, 아픈 것에서 나은 것 사이에 설명이 안 될 때, 그걸 기적이라고 하는 거지요. 무엇이 지흥 씨를 낫게 했을까요? 어머니의 지극한 사랑과 기도? 네, 맞아요. 그러나 제가 병원에 있으면서 경험한 바로는, 누가 기도한다고 죽을 사람이 다 살아나는 건 아니에요. 기도를 했는데도 불구하고, 무수히 많은 사람이 죽어요. 매일같이. 그런데 동시에 또 하나의 진실이 있어요. 틀림없이 죽을 사람이라고 생각했던 사람인데, 그 사람을 위해서 끝까지 포기하지 않고, 그 당사자가 어머니든 전도사님이든, 아니면 의사나 간호사든, 아무튼 누군가가 포기하지 않고, 그 사람을 위해서 정성을 다해 드린 기도가 그 사람을 낫게 한다는 것도 또한 진실이라는 거예요. 이 두 가지가 동시에 진실이에요. 이런 점에서 지흥 씨는 어머니와 이이남 전도사님의 정성과 사랑을 늘 기억하셔야 할 거예요."

비록 짧은 만남이었지만, 나는 원목님의 말씀에 깊이 공감할 수 있었다. 도무지 인간의 언어로 설명할 수 없는, 기적이라고 말할 수밖에 없는, 내게 그런 신비로운 기적으로 새로운 생을 선물로 허락하신 분을 나는 하나님이라 부른다. 아, 이제 나는 새로 받은 내 인생을 어떻게 살아야 할까? 분명한 것은, 간호사인 내가 환우들의 생명을 내 몸처럼 돌보아야 한다는 것이다. 엄마와 이이남 전도사님이 내 목숨을 당신들 목숨인 양 극진한 맘으로 돌보며 기도하신 것처럼!

신지홍 님은 현재 전업주부로서, 출산을 준비하고 있다.

단 5분만이라도
내 몸에 통증이 없기를

김은철 교목의 이야기

방에 걸린 달력에 나는 빨간 동그라미 하나를 더 그렸
다. 금식기도 열흘째. 하지만 아무런 기적도 일어나지 않았
다. 안쓰러운 눈길로 수척한 나를 바라보는 아내의 시선을 받으며 다시
예배당으로 갔다. 강단 아래 놓인 기도방석에 무릎을 꿇는데, 갑자기 눈
물부터 쏟아졌다.

"하나님, 하나님, 저는 어찌해야 좋습니까?"

오직 이 말밖엔 나오지 않았다. 그렇게 얼마 동안 더 앉아 울부짖었을
까. 뱃가죽이 등가죽에 붙을 정도로 홀쭉한 아랫배에 통증이 다시 시작되
었다. 도저히 참을 수가 없었다. 아랫배를 움켜쥐고 간신히 일어나 집으
로 갔다. 내가 문을 열고 들어서자, 고통으로 일그러진 내 모습을 보고 아
내가 말했다.

"이제 괜한 고집 부리지 말고 큰 병원으로 가세요."

나는 아내의 말에 고개를 끄덕였다. 아내는 교인 중에 운전할 사람을 수소문하더니, 대뜸 서울에 있는 세브란스병원으로 데려다 달라고 부탁했다.

서울로 가는 차창 밖엔 봄꽃들이 한창이었다. 길가에 선 벚나무들은 연분홍 꽃을 활짝 피우고 서 있었다. 흔들리는 차 뒷좌석에 앉아 계속되는 통증을 견디면서도, 창밖의 풍경이 참 아름답다고 생각했다. 저 아름다운 풍경을 다시 볼 수 있을까? 나는 속으로 중얼거렸다. 어쩌면 이 길이 돌아올 수 없는 마지막 여행일지도 모른다는 생각이 불쑥 들었기 때문이다. 그 순간, 내가 이 태백지역에 와서 교회를 개척하며 보낸 몇 년의 시간이 아름다운 풍경에 겹쳐 떠올랐다.

88올림픽이 열리던 해, 나는 결혼과 동시에 태백시로 와서 교회를 개척했다. 정부의 석탄산업합리화 조치로 탄광산업이 사양화되면서 폐광이 속출하던 때였다. 탄광산업 때문에 성장했던 도시 태백도 점차 인구가 줄어들어, 새롭게 시작한 교회개척은 힘들었다. 하지만 교인이 몇 명 없는 상황에서도, 나는 사명과 의욕을 불태우며 최선을 다했다. 2년쯤 지나자 교회가 조금씩 부흥되기 시작했다. 교인들이 늘어나자 신바람이 났다. 조금만 더 노력하면 더 부흥될 것 같아, 나는 몸도 돌보지 않고 선교에 열정을 쏟았다.

교회를 개척한 지 3년쯤 지난 어느 날, 내 몸에서 이상을 감지했다. 오른쪽 아랫배가 봉긋하게 느껴지고 간헐적으로 통증이 시작되더니, 시간이 갈수록 통증이 점점 심해지는 것이다. 가까운 병원을 찾아가서 진단을 받았는데, 〈장결핵〉이라고 했다. 그 후 1년여 동안 병원에서 처방한 결핵

약을 복용했다. 하지만 몸의 상태가 크게 호전되는 것 같지 않았다. 어느 날 새벽기도를 하는데, 문득 이런 생각이 들었다.

'어쩌면 내 몸에 생긴 병은 하나님이 나에게 주시는 시험일지도 몰라. 그렇다면 약으로 치료하려 할 것이 아니라, 하나님의 능력으로 치유를 받아야 하는 게 아닐까?'

그래서 나는 열흘이라는 날짜까지 정해 놓고, 금식하며 기도에 몰입했던 것이다.

세브란스병원에 도착해 입원수속을 밟은 후 바로 검사에 들어갔다. 진단을 마친 의사는 다짜고짜 서둘러 수술을 해야 한다고 말했다. 대장부위에 염증과 궤양이 심해 매우 위독한 상태라는 것. 나는 모기소리만큼 힘없는 목소리로 의사에게 물었다.

"대체 무슨 병입니까? 그동안 지방병원에서 장결핵으로 진단받고 치료해 왔는데……."

의사가 대답했다.

"장결핵이 아닙니다. 목사님의 병은 정말 흔하지 않은 병입니다."

"네?"

"〈베체트〉라는 이름의 병입니다."

베체트병? 난생 처음 듣는 병명이었다. 의사가 친절하게 설명을 이어갔다. 베체트병이란 자가면역체계의 혼란으로 발생되는 병으로, 주로 실크로드 주변 국가들에서 많이 나타나는 질병이라 〈실크로드 병〉이라고도 한다고 했다. 이 이상한 병명도 이 병을 처음으로 규명한 터키의 의사

이름을 따서 '베체트병'이라 명명된 것이라고. 이 병은 주로 혈관주변에 염증이 생기는 병으로, 가볍게는 피곤할 때 생기는 구내염 정도이지만, 심해지면 각 장기나 신경세포, 시신경 등에 염증을 유발하는 치명적인 증상을 보이기도 한다고. 베체트병은 발병 원인이 정확하게 규명된 것은 아니지만, 스트레스나 환경, 성격, 유전적 체질 등에 기인하는 것으로 알려져 있다고 했다.

수술을 받은 후 경과가 좋아, 나는 집으로 돌아와 요양에 들어갔다. 다행히 빠르게 호전되어 예전과 같은 건강을 회복했다. 그 당시는 베체트병에 대한 자세한 지식이나 정보가 없어서, 건강이 회복되고 나면 그것으로 병이 완치된 것이라고 믿었다. 그리하여 병 때문에 소홀했던 것을 만회하기 위해 더 열심히 일을 했다. 그동안 내가 당한 시련을 하나님이 사랑하는 자에게 주셨던 섭리로 생각하니, 목회에 대한 열정도 더 크게 살아났다. 쉽지 않은 수술경험을 인생의 무용담 삼아 사람들에게 떠벌리기도 했다. 교회는 날이 갈수록 부흥되었고, 교회가 비좁아 2, 3층을 사용하는 건물로 이전까지 했다. 조금만 더 열심히 하면, 세입자 신세를 면하고 새 성전을 지을 수 있을 것 같았다. 극심한 통증 때문에 고통받으며 수술했던 사실은 점점 잊혀지고, 분주한 나날이 계속되었다.

그렇게 1년이 지난 어느 날, 정신없이 바빴던 부활주일 행사를 마치고 저녁 잠자리에 들려고 하는데, 갑자기 수술 부위에 통증이 느껴졌다. 급성으로 찾아온 통증은 참을 수 없을 정도였고, 담즙과 같은 시퍼런 액체를 입으로 토해내기 시작했다. 동네 의사의 권유로 급히 세브란스병원 응급실에 도착했을 때는, 정신을 잃을 정도로 통증이 심했다. 이번에는

〈장 천공으로 인한 급성 복막염〉이라는 진단이 내려졌다. 나는 곧 응급수술을 받았다. 수술 도중 가족들에게 보여 준 나의 대장에는 여러 곳에 구멍이 뚫린 상태였다고. 2회에 걸친 대장수술로 인해 대장의 많은 부분이 잘려 나갔다. 베체트병 발병의 가장 큰 원인이 피로누적과 스트레스라는 것, 그리고 이 병은 한 번 활성화되면 걷잡을 수 없이 진행된다는 사실을 나중에야 알게 되었다.

나는 지금도 두 번째 수술을 잊을 수 없다. 고통 속에 수술실에 도착한 순간, 내 혼미한 기억으로는 수술대가 마치 십자가를 뉘어 놓은 것 같았고, 내 사지가 십자가 위에 묶여 있는 것 같았다. 오랜 시간의 수술이 끝나고 극심한 고통과 오한으로 심하게 떠는 가운데, 내 뇌리에 불쑥 떠오른 것은 십자가에 달리신 예수의 모습이었다. 그리고 "내가 목마르다"라고 말씀하시는 그분의 고통에 찬 외침이 들렸던 것 같다. 그 순간 나는 형언할 수 없는 고통과 외로움이 밀려와 사시나무처럼 떨었다.

바로 그때 수술실 간호사 한 분이 "환자를 그냥 이렇게 보내면 어떡해!" 하면서, 와들와들 떨고 있는 내 몸을 정성껏 닦아 주기 시작했다. 마치 어릴 때 어머니가 내 몸을 어루만져 주시듯, 내 몸을 닦아 주는 그 손길이 얼마나 따뜻했던지! 그 순간 고통과 오한과 슬픔이 눈 녹듯이 사라지고 온몸에 온기가 퍼지며, 나는 깊은 잠에 빠져들었다. 지금도 그 순간을 생각하면 마음이 따뜻해진다.

그때부터 나는 의사와 간호사를 하나님이 보내 주신 천사들로 믿게 되었다. 하루에도 몇 번씩 간호사가 와서 피검사를 위해 주사기로 내 팔뚝을 찔러대도 그냥 감사했다. 이런 마음이 없었으면, 그 오랜 병원생활을 견딜 수 없었을 것이다.

퇴원하던 날, 의사 선생님이 당부했다.

"이제부터는 무리한 활동을 자제하셔야 합니다. 정상적으로 영양과 수분을 섭취하는 일과 배변하는 일이 어렵기 때문에……."

나는 의사의 권유를 받아들여, 새 성전을 짓기 위해 구입한 터에서 드린 기공식 예배를 마지막으로 교회를 사임하고, 부모님 집에서 요양하며 건강을 추스르기 시작했다. 그런데 두 번의 수술은 내 몸만 아니라 마음까지도 피폐하게 만들었다. 다른 사람들을 위로하며 기도해 주어야 할 목사가 병상에 누워 있다는 것에 무척 자존심이 상했다. 부실한 건강 때문에 목회를 못한다는 자괴감도 나를 괴롭혔다. 하나님을 모르는 사람들도 저렇게 건강하게 제 할 일을 다 하는데, 하나님의 종이라는 내가 이렇게 주저앉아 있다고 생각하니, 괜한 혐오감마저 들었다. 교인들과 가족들에게 끼친 걱정과 실망감, 경제적 부담은 미안한 마음을 넘어 참담함으로 밀려왔다.

요양 중에도 통증은 계속되었고, 어쩌다 거울을 보면 퀭하게 들어간 눈과 홀쭉해진 몰골, 노인처럼 허리가 굽어진 내 모습이 그렇게 낯설 수 없었다. 성격은 예민해지고 스스로에 대한 혐오감마저 커지니, 사소한 일에도 나는 격한 반응을 보이곤 했다. 기도하며 마음의 안정을 위해 노력했지만, 혼란만 가중될 뿐이었다.

그러나 그런 시간들도 그리 오래 가지 않았다. 어느 날 옆구리에 종기가 생겼는데 잘 낫지 않았다. 종합병원에 입원해 치료받아도 전혀 호전이 없었다. 의사의 말이 옆구리가 새는 것 같으니, 다시 세브란스병원에 입원해 검사를 받으라는 것이었다.

나는 그날로 바로 상경해 세브란스병원 응급실에 입원했다. 그날 밤 응급실 화장실에 앉아 용변을 보려고 힘을 주는 순간, 뭔가 잘못되었다는 느낌이 들었다. 왼쪽 옆구리가 갑자기 따뜻해지는데, 한 번 더 힘을 주니, '툭!' 하면서 대변이 터진 옆구리로 쏟아지는 것이었다. 너무도 기가 막혀 아내를 부르니, 그런 내 모습을 본 아내도 한동안 얼벙어리가 되어 말도 못하고 우두커니 바라만 보았다.

그렇게 해서 다시 입원절차를 밟았다. 내 상태를 진단한 의사가 말했다.

"이미 두 번의 수술로 짧아진 장은 더 이상 잘라낼 수 없으니, 금식하면서 살이 차올라 구멍이 막히기를 기다려야 합니다."

그날부터 나는 링거주사만 맞으며 40일 정도를 금식하였다. 의사의 말대로 40일이 지나자, 정말 살이 차올라 구멍이 막혔고, 실낱 같은 희망 속에 퇴원하였다. 그러나 그것도 잠시, 한 달 만에 다시 옆구리가 새기 시작했고, 이번에는 배꼽 밑 부분에도 염증이 생기며 두 곳이 새기 시작했다. 다시 입원하여 또 40일 정도를 금식했지만, 양쪽 옆구리에서 새는 것을 막을 길이 없었다. 참 어처구니없고 기가 막힌 현실에 이젠 기도도 나오지 않았다. 그냥 처참한 내 모습을 보면서 혼자 중얼거릴 뿐이었다.

"하나님, 이제 또 어쩌시려구요?"

더 이상 금식할 수도 없어, 결국 다시 수술하기로 결정했다. 몸은 이미 극도로 쇠약해졌고 면역력이 떨어진 상태이지만, 별 뾰족한 방법이 없었던 것. 어려운 시도였지만, 다행히 수술은 잘 되었다.

그러나 설상가상으로, 회복치료를 받던 중 급성 패혈증에 감염되어, 중환자실로 옮겨져 사경을 헤매게 되었다. 세균에 감염된 몸이 터질 듯이 붓고, 혈압은 매우 위험할 정도로 가파르게 오르고, 모든 구멍에서 피가 쏟아지는 절체절명의 상황까지 치달았다. 이 상황에서 내가 할 수 있는 것은 하나님 앞에 울부짖는 것밖에 없었다. 의식은 혼미했고, 눈만 감으면 끝없는 나락으로 떨어져 잠들지도 못 하고, 환상과 현실을 혼동하여 헛소리를 하기 시작했다.

"주님, 언젠가 하늘나라에 가긴 갈 테지만 지금은 아닙니다. 왜냐하면 부모님이 아직 생존해 계시고, 키워야 할 어린 자식도 있고, 아직 주님에게 내놓을 만한 일을 한 것도 없으니, 아직은 때가 아닙니다. 조금만, 조금만 더 기다려 주세요."

전쟁과 같은 날이 20여 일 지난 후, 기적적으로 상태는 호전되기 시작했다. 그리고 다시 일반병실로 옮겨졌다. 하지만, 80일 넘는 동안 음식 없이 링거액에만 의존했고, 수술과 패혈증 치료로 몸이 너무 약해져, 음식물은 물론 물도 소화시키지 못하고 계속 토했다. 그래도 물을 마시고 토하는 것이 조금이라도 도움이 된다고 하여, 계속 물을 마시고 토하면서 10여 일을 지냈다. 음식냄새가 싫어, 식사시간이 되면 예배실에 가 있을 정도였다. 이제는 너무 지쳐 기도할 힘도 원망할 힘도 남아 있지 않았다. 허공에 매달린 십자가만 말없이 바라보며, 옆에서 불러 주는 찬송소리를 듣는 것이 전부였다. 울부짖을 기력조차 없었다.

생사를 넘나드는 8년 간의 투병생활은, 나는 누구이며,
내가 진정 두려워해야 할 것은 무엇이며, 진정한 사랑은 무엇인지를
터득할 수 있는 큰 배움의 기회였다. 아직도 나를 완전히 떠나지는 않았지만,
손님처럼 찾아와 내 몸에 머무는 베체트병을 친구 삼아 지내고 있다.

그러던 어느 날!

예배실에서 병실로 돌아와 침상에 올라가 앉는 순간, 갑자기 머리끝부터 발끝까지 온몸에 전기가 흐르듯, '찌리릿!' 하는 번개 같은 전율이 흘러 그만 주저앉고 말았다. 놀란 마음에 '또 다시 뭔가 잘못되어 재발되는 것 아닌가?' 하는 두려움이 엄습했다. 그러나 잠시 후 몸과 마음이 안정되며 평상심을 찾았다.

"도대체 내게 무슨 일이 일어난 것이지?"

옆에 계시던 어머니는 내가 이렇게 중얼대는 소리를 듣고는 외치셨다.

"하나님, 치료해 주셔서 감사합니다!"

어머니의 외침을 듣는 순간, 내 마음에도 이상한 확신이 생겼다.

'그래, 하나님이 나를 치료해 주셨어!'

잠시 후 나는 목이 말라 물을 마셨다. 5분 정도가 지나면 반드시 토했는데, 이번에는 토하지 않았다. 잠시 후 또 마셨다. 아무 일도 일어나지 않았다. 그때부터 몸에 생기가 돌기 시작했다. 이후로 물만 아니라 미음과 죽을, 그리고 며칠 뒤부터 밥도 먹게 되었다. 그리고 보름 만에 퇴원했다.

퇴원하는 나에게 의사 선생님이 주의를 주셨다.

"당신은 대장이 1/3밖에 없으니 영양과 수분 섭취에 어려움이 있을 것이고, 평생 설사를 하면서 살게 될 것입니다."

하지만 그런 일이 전혀 걱정되지 않았다. 몸은 허약했지만, 마음에는 알 수 없는 생기가 돌고 있었기 때문이다. 나는 곁에 있는 가족들이 놀랄 정도로 빠르게 회복되기 시작했다. 오랫동안의 투약으로 머리카락은 매일 한 움큼씩 빠졌지만, 나는 그것에 전혀 개의치 않았다. 아주 길고 어두운 터널을 지나, 새로운 세상에 들어섰기 때문이었다.

베체트병으로 투병하는 8년 동안, 내가 품은 소원은 단 5분만이라도 내 몸에 통증이 없는 평안을 누리는 것이었다. 언젠가는 끝나겠지 하는 막연한 기다림 속에, 얼마나 많은 날을 통증으로 몸부림치며 밤을 지새웠던가! 이제 나는 통증 없이 잠자리에 들면서, 그것이 얼마나 큰 축복인지를 실감한다. 내가 무엇을 꼭 해야 한다는 사명이나 목표는 이제 그렇게 중요하지 않다. 그저 하루하루 통증 없이 편안하게 숨 쉬며 지내는 것만도 나와 가족에게는 행복한 일이고 감사한 일이다. 내가 그 이상을 바란다면, 그건 사치이다.

나는 이 긴 고통의 터널을 지난 후, 나와 더불어 사는 가족과 이웃, 교우들, 그리고 나에게 주어진 시간이 당연한 것이 아님을 절실히 깨달았다. 혼미한 의식으로 수술대에 오를 때마다, 어쩌면 다시 살아나지 못할지도 모른다는 생각을 하곤 했다. 만일 다시 살아난다면, 정말 하늘이 내게 선물로 주신 생을 값지게 살아야지 하는 생각도 했었다. 생사를 넘나드는 8년 간의 투병생활은, 나는 누구이며, 내가 진정 두려워해야 할 것은 무엇이며, 진정한 사랑은 무엇인지를 터득할 수 있는 큰 배움의 기회였다.

1994년도에 퇴원하고 건강이 좀 회복되자, 소일거리로 어머니와 냉면 장사를 시작했고, 동네 통장 일도 보게 되었다. 그리고 세브란스병원 원목실의 부탁으로 틈나는 대로 환자들을 방문하여 기도하고 위로하는 일을 했다. 오랜 투병의 경험을 들려주기도 하고, 그들의 아픔에 공감하고 위로하며, 절망적인 상황에서도 하나님의 놀라운 섭리가 있음을 믿고 치료받을 수 있도록 돕고 있다. 그 후 IMF가 터졌던 1997년 9월, 내가 필요하다는 학교의 연락을 받고, 그때부터 지금까지 16년째 교목으로 활동하고 있다.

아직도 나를 완전히 떠나지는 않았지만, 손님처럼 찾아와 내 몸에 머무는 베체트병을 친구 삼아 함께 잘 지내고 있다.

김은철 님은 현재 배화여자중학교 교목이다.

욥의 고통보다 더한
고통을 아시나요

서현희 사모의 이야기

"여보, 오늘 밥은 제대로 먹었소?"

남편은 운전을 하면서 옆자리에 앉은 나에게 말했다. 우리는 충북 보은의 벽촌에 있는 교회에서 예배를 마치고, 집으로 돌아오는 길이었다.

"거의 못 먹었어요. 잇몸이 헐고 입안에 생긴 수포 때문에……."

"당신, 내일은 좀 더 큰 병원에 가도록 하구려."

"그래야겠어요."

"이번 주엔 나 혼자 올 걸 그랬소. 당신은 집에서 좀 쉬고!"

"교인들도 몇 명 안 되는데, 제가 빠지면 당신 설교할 기분이 나겠어요?"

그랬다. 남편은 육군 계룡대의 군무원으로 일하면서, 주말이면 보은의 궁벽한 시골교회에서 담임목사로 일하고 있었다. 교인들은 대부분 노인들이었고 몇 사람 되지도 않아, 교회로서는 제대로 목회자를 모실 형편이 못 되었다. 우리는 당연히 일체 사례비를 받지 않고, 시골 노인들 섬기는 걸 사명으로 여기면서, 몇 년 전부터 토요일이면 그곳으로 가서 예배를 드리고, 주일 오후에 돌아오곤 했다.

차창 밖으로는 봄꽃들이 만개하여 바람결에 꽃잎을 흩날리고 있었지만, 그날 나는 몸 상태가 좋지 않아 매우 울적했다. 그동안 나는, 입에 꽈리 같은 수포가 생기고, 입안이 헐고, 상처가 생겨 힘들었지만, 과로 때문에 생긴 가벼운 질환으로만 여기고 가까운 병원들에서 치료를 해 왔다. 피부과, 내과, 이비인후과, 치과 등 여러 과를 찾아다니며 무려 1년간 치료했는데 별 성과가 없었다. 요즘 들어서는 잇몸이 점점 더 헐어 밥 먹기도 힘들어지고, 입 주위에 생긴 수포가 잘 아물지 않아 거울을 보면 무척 흉했다.

다음 날 나는 지방의 한 대학병원을 찾아갔다. 의사는 내 증상을 살펴보더니, 조직검사를 하자고 했다. 며칠 후 검사 결과를 보러 갔더니, 의사가 심각한 표정을 지으며 말했다.

"지금까지 환자를 괴롭혀 온 질환은 〈천포창〉이라 부르지요."

처음 듣는 병명이었다. 동네 병원들을 1년간 다녔지만, 어떤 병원에서도 이런 병명을 입에 올린 적이 없었다.

"희귀질환인가요?"

"그렇습니다. 피부와 점막에 수포를 형성하는 만성적인 질환인데, 옛날에는 이 병에 걸리면 그대로 죽는 사람이 많았던 매우 위험한 병이죠."

간단한 피부병인 줄만 알았는데, 목숨을 잃을 수도 있는 위험한 병이라고 하니 덜컥 겁이 났다.

집으로 돌아와 남편에게 말했더니, 자기 직장동료가 피부병에 일가견이 있는 병원을 추천해 주었다며, 내일은 거기를 가보라고 했다. 주로 악성피부병만 치료하는 H병원이었다.

그런데 그날 밤부터 병세가 갑자기 악화되었다. 주로 잇몸과 입 주위에만 생겼던 수포가 온몸으로 번지기 시작하더니, 머리부터 발끝까지 수포로 인해 살갗이 빨갛게 변하기 시작했다.

다음 날 나는 아침식사를 마치자마자, H병원으로 달려갔다. 의사는 내 몸을 자세히 살피더니, 대학병원에서처럼 똑같은 진단을 내렸다. 그리고는 내 온몸을 붕대로 친친 감더니 말했다.

"매우 위험한 병이니, 당장 서울에 있는 세브란스병원으로 가세요."

의사 선생님은 소견서를 써 주며, 강남세브란스병원에 있는 김찬수 교수님을 찾아가 보라고 했다. 두 병원에서 모두 같은 진단 결과가 나오고 또한 매우 위험한 병이라고 말하니, 나는 더 이상 지체해선 안 된다는 생각이 들었다.

남편은 나를 위해 휴가를 내고, 다음 날 직접 운전을 하여 서울로 향했다. 고속도로 변에는 봄이 만개해 있었다. 노랑 분홍 하양 꽃들이 봄바람에 흩날리며 화사한 꽃비를 뿌리고 있었다. 남편은 일부러 휘파람까지 불며 울적해하는 나를 달래려 애썼다. 하지만 내 머릿속에는 숱한 두려움의 상념들이 계속 떠올랐다.

'오늘은 남편과 함께 이 길을 가는데, 과연 남편과 함께 이 길을 돌아올 수 있을까?'

머릿속에 스치는 어두운 상념들을 떨치려 나는 눈을 감고 기도했다.

강남세브란스병원에 도착하니, 오후 4시 반이 넘어 있었다. 남편과 함께 응급실로 갔다. 예약을 하지 않은 상태라 담당의사가 안 계시면 어쩌나 우려했는데, 그것이 그만 현실이 되었다.

응급실 의사는 내 상태를 보더니, 피부과에서는 오늘 진료가 다 끝났으니, 내일 오라고 말했다. 남편은 의사에게 H병원 의사 선생님의 소견서를 내밀며, 내 상태가 아주 좋지 않아서 급히 왔으니, 김찬수 교수님에게 연락을 좀 해달라고 간곡히 부탁했다. 의사도 내 상태가 몹시 위중함을 간파한 듯, 곧 김 교수님에게 연락을 넣었다. 통화를 마친 의사가 나에게 말했다.

"다행히 아직 퇴근하지 않으셨네요. 피부과 외래로 가 보세요."

그 순간 나는, 하나님이 김찬수 교수님을 붙들어 놓으신 것 같다고 생각했다. 휠체어를 타고 간호사의 안내를 받아 2층 피부과로 올라갔다. 잠시 후 김 교수님도 진료실로 들어오셨다.

나와 눈인사를 나눈 김 교수님은 소견서를 읽은 뒤, 내 몸에 감긴 붕대를 풀기 시작했다. 온몸에 번진 수포를 꼼꼼히 살핀 교수님이 말했다.

"상태가 몹시 안 좋군요. 왜 이렇게 늦게 왔어요?"

이렇게 말한 김 교수님은 남편을 진료실 밖으로 불러냈다. 나중에 남편이 들려준 말로는, 그 당시 내가 걸린 병은 H병원에서 진단한 대로 희귀질환인 천포창이 맞는데, 생명까지 위험한 상태라 긴급처방을 해야겠다고 했다는 것이다. 생명까지 위험하다는 말에 남편이 놀라서 물었다.

"치료될 가능성이 희박하다는 말씀입니까?"

"아직 환자가 젊으시니까 희망을 가지고 최선을 다해 보겠지만, 확률은 반반입니다."

"만일 치료가 된다면, 얼마나 걸리겠습니까?"

"두 달은 족히 걸릴 겁니다."

그 당시 나의 상태는 정말 심각했다. 얼굴과 온몸 곳곳에 수포가 번져 색깔이 벌겋게 변하고, 건드리면 진물이나 피가 솟구쳐 나왔다. 어디 닿거나 스치기만 해도 견딜 수 없이 쓰리고 아팠다. 그래서 나는 눕거나 의자에 앉을 수도 없었다. 너무 아파서 24시간 내내 한숨도 자지 못하는 날이 허다했고, 내 이불과 베개는 눈물과 진물과 피와 약으로 얼룩졌다.

그렇게 잠 못 이루는 날이면, 나는 성경의 욥을 생각했다. 어느 날 나는 너무 힘들고 고통스러워 남편에게 〈욥기〉를 읽어 달라고 했다. 욥이 피부병에 걸려 고통당하는 장면을. 남편은 눈물을 글썽이며 읽어 주었다.

사탄은 주님 앞에서 물러나 곧 욥을 쳐서, 발바닥에서부터 정수리에까지 악성 종기가 나서 고생하게 하였다. 그래서 욥은 잿더미에 앉아서, 옹기조각을 가지고 자기 몸을 긁고 있었다. 〈욥기〉 2:7~8

남편이 읽어 주는 대목을 듣고 나서, 내가 남편에게 말했다.

"내가 당하는 고통이 욥보다 훨씬 더 심한 것 같네요. 욥은 옹기조각으로 자기 몸을 긁었다고 했는데, 나는 긁기는커녕 어디 닿기만 해도 이렇게 칼로 도려내는 듯이 아프니 말이에요."

내가 이렇게 앙칼지게 말하자, 남편은 나를 위로하려는 듯, 〈욥기〉의
앞 구절을 읽어 주었다.

주님이 사탄에게 말씀하셨다. "그렇다면, 그를 너에게 맡겨 보겠다. 그러나
그의 생명만은 건드리지 말아라!" 〈욥기〉 2:6

나는 남편이 읽어 주는 이 구절을 듣고 흐느껴 울었다. 그러자 곁에 있
던 남편이 내 손을 잡고, 나직한 목소리로 속삭이듯 기도해 주었다.

"악성종기로 고통받게 하시면서도 그 생명만은 아무도 건드리지 못하
도록 하신 하나님, 욥에 비할 바 없지만, 제 아내에게도 그런 은총을 베풀
어 주십시오."

하지만 눕지도 앉지도 못 하면서 꼬박 밤을 지새운 날이면, 이러다 죽
을 수도 있겠다는 생각이 자주 들곤 했다. 이런 절망감에 사로잡힐 때는
자포자기의 상태에 빠져 허우적거렸다.

그런데 세브란스에서 계속 치료를 받으면서 조금씩 희망이 움트기 시
작했다. 김찬수 교수님의 처치방법이 달랐기 때문이었다. 지방의 병원에
서는 생긴 병을 쫓아가며 치료했다면, 여기서는 병의 나아가는 방향을 내
다보고 병을 앞서가는 치료를 했다. 내 소견으로는 그것이 예방치료가 아
닐까 여겨졌다.

남편은 긴 휴가를 내고, 무려 3주 동안 나와 함께했다. 틈틈이 내 상처

에 소독약과 연고를 발라 주었다. 매일 병원에서 가까운 매봉산 공원으로 산책했고, 벤치에 앉아서 내 손을 잡고 기도해 주었다. 휴가를 더 이상 낼 수 없어 남편이 내려간 뒤에는, 딸이 와서 간호해 주었다. 병원생활을 하면서 가장 위로와 힘이 되었던 성경말씀은 병원본관 접수실 큰 액자에 걸려 있던 말씀이다. 나는 남편이나 딸의 손을 붙잡고 피부과로 오고 가면서 늘 그 말씀을 읽곤 했다.

> 믿음으로 간절히 드리는 기도는 병든 사람을 낫게 할 것이니, 주님이 그를 일으켜 주실 것입니다. 〈야고보서〉 5:15

내 병이 점차 호전되어 55일째 되던 날, 김찬수 교수님이 오시더니 붕대를 풀어 보자고 하셨다. 먼저 상체부터 붕대를 풀었다. 진물과 피로 범벅이었던 상처는 잘 아물어 있었다. 하체의 붕대도 풀었다. 허벅지며 다리에 번진 수포로 말할 수 없이 흉측하던 상처도 다 아물어 있었다.

붕대를 다 풀고 나서 새 환자복을 갈아입었다. 간호사가 입혀 준 옷을 입고 나오자, 김 교수님이 물었다.

"느낌이 어때요?"

"옷이 살갗에 닿을 때의 느낌이 너무 부드러워요."

"아프고 쓰린 데는 없고요?"

"네, 정말 날아갈 것 같아요."

나는 이렇게 말하며 또 눈물을 쏟았다. 울고 있는 나를 보고 김 교수님이 빙그레 웃으며 말했다.

"날아갈 것 같다면서 울긴 왜 울어요?"

나만 운 것이 아니었다. 곁에서 지켜보던 딸도 울고, 그동안 나의 고통스런 치료과정을 함께 한 간호사들도 울었다.

퇴원하던 날, 나는 원목실의 정명희 목사님을 찾아갔다. 내가 문을 노크하고 들어가자, 성경을 읽고 계시던 목사님이 달려 나와 나를 꼭 끌어안아 주었다.

"서현희 사모님, 축하해요."

나의 퇴원을 자기 일처럼 기뻐하는 목사님은 내가 입원해 있는 내내 매일같이 찾아와 기도해 주셨다.

"감사합니다, 목사님!"

손수 차를 끓여 대접해 주시는 목사님과 마주앉아 잠시 후일담을 나눈 뒤, 남편이 운전하는 차를 타고 집으로 향했다.

병원으로 오던 날, 이 길을 남편과 함께 돌아갈 수 있을까 생각했는데, 이렇게 남편이 운전하는 차를 타고 돌아가니 정말 감회가 새로웠다. 차창 밖에 짙푸르게 펼쳐지는 여름 산야도 새롭고, 길과 가로수와 집, 그 사이를 오가는 사람들도 새로워 보였다. 내가 죽을 고비를 넘기고 새 삶을 얻은 것처럼, 세상을 바라보는 내 시선도 바뀌었기 때문일 것이다.

남편이 모는 차가 충청도 땅으로 접어들더니, 고속도로 휴게소에 잠시 멈춰 섰다. 남편은 나에게 휴게소 한 켠에 세워 놓은 정자에 가 앉아 있으라고 하더니, 내가 좋아하는 차를 사 가지고 왔다. 내 앞에 앉아 차를 마시던 남편이 물었다.

"제가 겪은 것처럼 지독한 아픔은 아니더라도,
사람들은 저마다 아픔을 겪고 살잖아요.
그처럼 아파하는 이들 곁에 같이 있어 주는 사람으로 살겠다고요,
제 남은 생을!"

"이렇게 기쁜 날, 당신 소감 한마디 듣고 싶은데."

남편의 음성엔 조금 장난기가 묻어 있었다.

"평소 어눌한 제가 그걸 한마디로 표현할 수 있겠어요?"

"허허 참, 그래도 한마디만 듣고 싶은데!"

나는 남편의 장난기에 농으로 대답할 만큼 아직 마음의 여유가 없었다.

"병원에 있으면서 너무 아플 때는 아무 생각도 못 했고요, 병이 많이 호전되어 삶의 희망을 갖게 되었을 때 이런 생각은 했지요."

"그게 뭔데요?"

"제가 겪은 것처럼 지독한 아픔은 아니더라도, 사람들은 저마다 아픔을 겪고 살잖아요. 그처럼 아파하는 이들 곁에, 같이 있어 주는 사람으로 살겠다고요, 제 남은 생을!"

남편은 내가 너무 진지하게 말하자 웃으며 말했다.

"역시 당신답구먼, 누가 목사 부인 아니랄까 봐!"

다시 나를 부축해 차에 태운 남편은 운전하는 내내 휘파람을 불었다. 남편의 휘파람소리는 꾀꼬리 소리처럼 맑고 상쾌했다.

서현희 님은 현재 산외교회 담임목사의 부인이다.

로봇다리 세진이가
세계적인 수영선수로

양정숙 님의 세진이 이야기

"어쩜 아기 눈망울이 이렇게 맑고 고울까?"

나는 포대기에 싸여 있는 세진이를 보고 첫눈에 반했다. 겨우 18개월 된 아기. 크고 해맑은 눈망울, 유난히 우렁찬 아기의 울음소리가 내 가슴을 뭉클 적셨다. 1997년 봄, 나는 대전에 있던 늘사랑보육원으로 자원봉사를 갔다가, 처음으로 세진이를 만나게 되었다.

보육교사는 내가 세진이에게서 눈을 떼지 못하고 있자, 포대기에 싸여 있는 아기를 내 품에 덥석 안기며 말했다.

"베테랑 엄마, 세진이 좀 안아 주실래요?"

엉겁결에 나는 세진이를 품에 안았는데, 아기는 갑자기 울음을 뚝 그치고 똘망똘망한 눈망울로 나를 쳐다보았다. 한참 동안 어르며 놀고 있는데, 세진이가 갑자기 칭얼거렸다. 옷을 벗겨 보니 기저귀가 젖어 있었다. 그리고 그때 나는, 세진이가 두 다리 모두 무릎 아래가 없고, 오른손이 없는 아이인 걸 알게 되었다.

함께 갔던 엄마들이 곁에서, "이 애기 불쌍해서 어쩌나, 어쩌나!" 하며 혀를 끌끌 차는데, 내 눈에는 세진이의 무릎 끝에 붙어 있는 살덩이가 그렇게 예쁠 수가 없었다. 요 조그만 살덩이에 보행기 신발을 신기면 얼마나 예쁠까 하는 엉뚱한 생각도 들었다.

그날 나는 세진이를 처음 보며, 마치 산부인과에서 의사로부터 '임신입니다!'라는 축하의 말을 듣는 것만 같았다. 저녁때가 되어서야 집으로 돌아온 나는 식구들과 밥을 차려 먹은 후 자려고 누웠는데, 세진이의 샛별 같은 눈망울이 어른거려 밤이 이슥하도록 잠을 이룰 수 없었다.

그 후에도 나는 매주 보육원을 찾아가, 세진이와 신나게 놀다 오곤 했다. 세진이를 만나고 오는 날은 그렇게 마음이 기쁠 수가 없었다.

'왜 이렇게 기쁜 거지? 나는 세진이와 무슨 인연일까? 혹 하나님이 나와 세진이를 떼려야 뗄 수 없는 운명의 줄로 묶어 놓으신 걸까?'

이런 생각이 불쑥불쑥 고개를 내밀던 어느 날, 예배당에서 기도하는데, 갑자기 이런 기도가 툭 튀어나왔다.

"저는 아무래도 세진이를 아들로 입양해야겠습니다. 어려움이 많겠지만, 하나님이 도와주십시오."

이렇게 세진이를 입양하기로 결심하고, 그날부터 태교를 시작했다. 내 태로 낳은 아이는 아니지만, 장애가 심한 아기를 데려다 잘 키우기 위해서는 내 가슴으로 다시 낳아야 했기 때문이었다. 그렇게 세진이를 1년간 가슴에 품고 태교를 한 후, 공개입양을 했다.

그러나 세진이를 입양하는 일은 간단하지 않았다. 주위 사람 중 어느 누구도 찬성하는 사람이 없었다. 딱 한 사람의 지지자가 있었는데, 열 살배기 딸이 세진이의 누나가 되고 싶다고 했다.

"너 정말 세진이의 좋은 누나가 될 수 있겠어?"

내가 이렇게 묻자, 딸이 방긋 웃으며 대답했다.

"엄마는 그동안 나를 십 년간이나 사랑했잖아. 이제 엄마는 세진이를 딱 십 년간만 사랑해! 난 동생 세진이가 꼭 필요해."

어린 딸의 이런 말은 내가 세진이를 입양하는 데 적잖은 힘이 되었다.

시댁 어른들이 반대할 거라고 예상은 했지만, 그 벽은 생각보다 무척 높았다. 그래도 남편은 이해해 주겠지 하고 내심 기대했으나, 남편 역시 내 뜻을 받아 주지 않았다. 그러나 나는 그 엄청난 벽 앞에서 좌절하거나 물러서지 않았고, 결국 세진이를 입양하기 위해 남편과의 이혼도 불사했다.

세진이를 어렵게 입양하긴 했지만, 호적에 올리는 일도 쉽지는 않았다. 장애아를 입양하겠다고 하니까, 어떤 이들은 '아이를 앵벌이로 부려 먹으려고 입양하는 거 아니냐?' 하는 오해의 시선으로 바라보기도 했다. 편견을 가지고 그런 눈길을 보내는 이들을 만날 때는 정말 견디기 어려웠지만, 이를 악물었다. 이런저런 힘든 일들을 겪으면서도 포기하지 않고 노력한 결과, 집으로 데려온 지 5개월 만인 1999년 12월경 드디어 세진이를 어엿한 아들로 호적에 올릴 수 있었다.

장애아를 둔 엄마들이 대부분 경험하는 일이겠지만, 두 다리와 한 손이 없는 세진이를 키우는 것은 결코 쉽지 않았다. 세진이에게 무릎으로 기는 것을 가르치기 위해, 나는 딸과 함께 방안을 엉금엉금 기어 다니기도 했다. 내가 돈을 벌기 위해 나가면, 딸이 집에서 세진이를 돌보았는데, 딸은 무릎이 아프도록 기어 다니며 세진이를 계속 훈련시켰다.

세진이가 말을 익히고 조금씩 자라자, 다른 아이들처럼 밖에 나가 놀고 싶어했다. 어느 날은 세진이 혼자 동네 놀이터로 기어 나가 아이들과 어울려 놀기도 했다. 그런데 그렇게 나가서 놀면, 울면서 오는 경우가 많았다. 직접 보진 않았지만, 동네 아이들이 세진이를 놀려대었을 것이다. 세진이를 강한 아이로 키우기 위해 독한 엄마가 되기로 결심했다. 지금은 조금 나아졌지만, 신체적 장애에 대한 사회적 편견이 너무 심했기 때문이었다.

나는 세진이가 말을 시작할 때부터 모진 말을 견뎌내는 법을 가르쳤다. 앞으로 세상이 세진이에게 안겨 줄 아픔과 상처를 받아들이는 훈련을 미리 준비시켜야 했던 것이다. 그래서 나는 어린 세진이에게 독하게 말하곤 했다.

"너는 장애인이야. 너는 병신, 바보라고 놀림을 받을 것이고, 이보다 더 지독한 욕도 들을 수 있어. 그럴 때마다 너는 '응!'이라고 대답하면 되는 거야. 알았지!"

아니나 다를까. 세진이는 아이들은 물론 심지어 선생님들로부터도 왕따를 당하거나 무시를 당했다. 어린이집을 무려 열일곱 번이나 옮겨야 했고, 어떤 유치원은 딱 하루만 다니고 만 적도 있었다. 초등학교도 다섯 번이나 전학을 했고, 그렇게 옮길 때마다 학교에서는 세진이의 전학을 받아

주는 조건으로 각서를 요구했다.

어느 날, 세진이가 친구들에게 시달리다가 돌아와 엉엉 울며 말했다.

"엄마, 난 왜 이렇게 태어난 거야? 나도 친구들처럼 걷고 싶고 뛰고 싶은데, 왜 난 다리가 없는 거야?"

"그만 징징거려, 세진아! 이 엄마가 널 걷게 해 줄게, 반드시!"

그날부터 다리가 없는 장애인들 가운데 걷는 사람이 있는지 웹사이트에 들어가 검색하기 시작했다. 그렇게 웹사이트를 뒤지다 보니, 세진이 같은 장애를 가진 아이들이 의족을 신고 걸을 수 있다는 걸 알게 되었다. 그래서 그날부터 여러 병원을 찾아다녔는데, 병원에서 만난 의사들마다 세진이는 앞으로 휠체어를 타고 살아야 한다고 실망스럽게 대답하곤 했다. 하지만 나는 포기하지 않았다, 세진이에게 의족을 신기고 싶은 간절한 소망을!

드디어 하나님은 내 기도를 들어주셨다. 어느 날 세브란스병원의 재활의학과를 찾아갔는데, 거기서 나는 내 소망을 이룰 수 있었다. 재활의학과의 신지철 교수님. 세진이를 검진하더니 친절한 음성으로 말씀하셨다.

"세진이도 의족을 신고 걸을 수 있습니다!"

나는 그 말씀이 너무도 반가워서, 눈물을 뚝뚝 흘리며 물었다.

"정말요?"

"물론입니다. 하지만 세진이가 의족을 신으려면, 여러 번의 수술과 고통스런 재활과정을 거쳐야 합니다."

그렇게 해서 세진이는 큰 수술을 네 번이나 해야만 했다. 오른쪽 무릎 부분에 발 모양으로 달려 있는 살덩이를 제거해야 했고, 발가락이 하나

달려 있는 그 사랑스런 발마저 의족을 신기 위해 제거해야 했으며, 뭉쳐 있던 손도 가르는 수술을 해서 집게손으로 잡을 수 있도록 해야만 했다. 뼈를 깎아내는 수술은 어린 세진이가 견디기엔 말할 수 없이 고통스러웠다. 오죽하면 뼈를 깎는 고통이라 하겠는가! 겨우 네 살배기 세진이가 그 지독한 고통을 견딜 수 있었던 것은 걷고 싶은 강한 의지 때문이었을 것이다.

큰 고통은 또 기다리고 있었다. 수술을 하고 난 뒤 의족을 끼우는데, 세진이가 너무 아파했다. 송곳으로 살을 쑤시는 듯한 고통이었을까, 세진이는 비명을 지르며 병원이 떠나가라고 울부짖었다.

그런 고통을 겪으며 의족을 신기기는 했는데, 재활 또한 만만치 않았다. 세상에 태어나 한 번도 걸어보지 못한 세진이. 나는 세진이가 스스로 일어나 걷도록 하기 위해 혹독하게 훈련을 시켰다. 방안에 이불을 깔아놓고, 세진이가 일어서면 일부러 넘어뜨리고 또 넘어뜨리기를 반복했다. 무려 6개월간이나!

그렇게 재활훈련이 계속되던 어느 날, 세진이가 울면서 물었다.

"엄마, 왜 자꾸 그렇게 넘어뜨리는 거야?"

내가 정색을 하고 대답했다.

"세진아, 걷다가 넘어졌을 때 일어나는 법을 모르면, 두려움 때문에 못 걷게 돼! 알았지?"

"네."

"그리고 걷는 건 중요하지 않아. 네가 걷다가 넘어졌을 때, 다시 일어날 줄 아는 게 중요해. 혹 못 일어날 경우, 누군가에게 손을 내미는 것도 큰 용기야."

6개월간의 재활을 통해 스스로 일어나 걷기 시작하자, 세진이는 하고 싶은 것이 많아졌다. 나는 세진이가 하고 싶다고 한 것은 한 번도 거절하지 않고 다 들어주었다. 하고 싶은데 못하게 되면 좌절할까 싶어! 그렇게 해서 세진이는 수영, 승마, 축구, 골프, 볼링, 드럼, 기타, 라틴댄스까지 배웠다.

이렇게 여러 가지를 하긴 했지만, 그중에 세진이가 가장 꾸준히 한 것은 수영이었다. 걷기 위해 가장 좋은 재활운동은 수영이라고 의사 선생님이 권한 것이기도 했다. 처음 수영장을 가던 날, 나는 독한 엄마답게 세진이를 번쩍 들어서 물속에 집어던졌다.

그렇게 시작한 수영을 꾸준히 한 결과, 세진이는 세계적으로 널리 알려진 수영선수가 되었다. 선수생활 7년 동안 이런저런 대회에서 세진이가 딴 메달만도 150여 개. 그중에 금메달이 120개나 된다. 특히 기억에 남는 대회는 뉴욕 허드슨 강에서 열렸던 10km 수영마라톤이었는데, 300여 명이 출전한 대회에서 세진이는 전체 31위를 차지했고, 18세 미만 선수 중에는 1위를 차지하는 영광을 안았다.

이제 대학생이 된 세진이는 자기처럼 걷지 못하는 장애아들을 돕겠다는 꿈을 갖고 있다. 몇 년 전에는 인도네시아의 넬리라는 소년을 만났는데, 오토바이 사고로 오른쪽 다리를 잃은 어린아이였다. 물도 전기도 들어오지 않는 작은 섬에 사는 넬리는, 평소 소원이 튼튼한 다리와 든든한 형을 만나는 것이었다. 넬리의 간절한 소원을 하나님이 들으셨던지, 그

소년은 세진이와 만나게 된 것이다.

비행기를 타고 직접 넬리를 찾아간 세진이는 자기가 어떻게 장애를 극복하고 세계적인 수영선수가 되었는지를 직접 들려주고, 또 여러모로 경제적 후원도 아끼지 않았다. 그 후 1년이 지나, 다시 넬리를 찾아간 세진이가 물었다.

"넬리야, 만일 네가 이 형을 안 만났으면, 지금 어떻게 지내고 있을까?"

넬리가 웃으며 대답했다.

"내가 형을 못 만났으면, 아마 지금쯤 누워서 잠만 자고 있을 거야. 그리고 아무 꿈도 못 꾸었을 테고."

"꿈이 생겼단 말이지. 무슨 꿈인데?"

"내 꿈은 말이야, 의사가 되어 아픈 아이들의 병을 고쳐 주는 거야."

넬리의 이야기를 듣고, 세진이는 물론 나도 말할 수 없이 기뻐서 그를 꼭 끌어안아 주었다.

세계적인 수영선수가 된 세진이는 꿈쟁이답게 더 큰 꿈을 꾸고 있다. 앞으로 자기가 마흔 살이 되면 IOC 회원이 되고 싶다는 것이다. 그래서 '힘든' 세상을 '힘낼' 세상으로 만들고, 자기처럼 아프고 힘든 더 많은 아이들에게 무지개 같은 다리가 되고 싶다고.

이런 꿈을 꾸게 된 계기가 있었다. 몇 해 전 해외에서 열린 수영대회에 참석하여, 금메달 세 개를 따고 나서 시상대에 올랐는데, 우리나라 태극기가 올라가지 않는 어처구니없는 일이 발생했다. 같은 시상대에 선 선수들의 국기는 올라가는데, 우리나라 태극기가 올라가지 않자, 세진이는 무

세계적인 수영선수가 된 세진이는 꿈쟁이답게 더 큰 꿈을 꾸고 있다.
'힘든' 세상을 '힘낼' 세상으로 만들고,
자기처럼 아프고 힘든 더 많은 아이들에게 무지개 같은
다리가 되고 싶다고.

척 황당해하였다. 그동안 숱한 국제대회에 참석했지만, 이런 일은 처음이었다. 나는 곧 사회자에게 달려가서 따져 물었다.

"왜 한국의 국기가 올라가지 않고, 국가도 연주되지 않는 것입니까?"

사회자가 난처한 표정으로 대답했다.

"한국이라는 조그만 나라에서 선수와 엄마 단둘이 와서 메달을 딸 줄은 예상하지 못했습니다. 미리 준비하지 못해 죄송하게 됐습니다."

나는 사회자가 들고 있던 마이크를 들고, 가방에 있던 종이를 꺼내 즉석에서 태극기를 그린 후, 시상대에 선 세진이 등 뒤에서 태극기를 들고 애국가를 불렀다. 그렇게 애국가를 부른 후 시상대에서 내려오자, 그 자리에 있던 모든 사람이 일어나 기립박수를 쳤다. 이런 사건이 있은 후, 세진이는 IOC 회원이 되어야겠다는 꿈을 갖게 되었다.

돌이켜 보면, 나는 참 나쁜 엄마고 독한 엄마였다. 내가 이렇게 된 건, 생각해 보면, 돌아가신 아버지 때문이다. 어려서부터 나를 자립적인 인간이 되도록 키워 주신 아버지는 돌아가시기 얼마 전, 어린 세진이와 나를 부르더니 조용히 물으셨다.

"너는 어릴 때부터 국모가 되고 싶다고 했는데, 아직도 그러냐?"

"네, 아버지."

그렇다. 나의 어릴 적 꿈은 거창하게도 나라의 어머니가 되는 것이었다. 내 대답을 듣고 난 아버지가 빙그레 웃으시며 말씀하셨다.

"넌 이미 국모다. 국모란 나라의 어머니가 아니라, 나라를 대표할 수 있는 자식을 가진 어머니를 말하는 것이기 때문이다."

    그동안 장애를 딛고 세계에 우뚝 선 세진이와 더불어 숱한 고통을 함께
해 왔지만, 그런 고통을 잘 감내할 수 있었던 것은 아마도 아버지의 소중
한 가르침 덕분이 아닌가 싶다. 이제 나의 유일한 바람은, 세진이가 '세상
에 기대하지 않고, 세상에 기대지 않고, 세상이 기대하는 사람'이 되는 것
뿐이다.

양정숙 님은 현재 전업주부로서, 세진이의 든든한 후견인 역할을 하고 있다.

한 톨의 기도도 떨어뜨리지 않으신 하나님

채수정 무용가의 이야기

2011년은 내 생애에 잊을 수 없는 한 해였다. 어린 시절부터 무용을 하며 늘 꿈꿔 왔던, 동아콩쿠르 금상을 타는 영광을 안았기 때문이다. 그날 시상식장에서 그동안 곁에서 늘 보살펴 주시고 격려하며 지원해 주신 부모님이 나를 부둥켜안고 얼마나 기뻐하시던지! 나 역시 부모님 품에 안겨 환희의 눈물을 흘렸다. 대학에서 나를 지도해 주신 교수님, 친구들, 친지들 역시 기뻐해 주셨음은 말할 것도 없다. 그런데, 호사다마好事多魔라 했던가. 그 기쁨이 채 가시기도 전, 나는 예기치 않은 교통사고로 사경을 헤매는 신세가 되었다.

이런 불행한 사고가 나기 전, 나는 누구보다도 부모님의 사랑을 듬뿍 받고 자랐고, 물질적으로나 정신적으로 아무런 어려움 없이 성장했다. 어려서부터 무용을 좋아했다. 특히 한국무용을! 부모님은 일찍이 나의 재능을 알아보시고, 무용의 길을 가도록 열성을 다해 뒷바라지하셨다. 덕분

116

에 예술에 재능을 지닌 아이들이 가는 예원학교, 서울예고를 거쳐, 이화여대 무용과에서 나의 꿈을 키울 수 있었다. 어찌 보면, 나는 좋은 부모님과 선생님들을 만나 탄탄대로의 길을 걸어왔다고 말할 수 있다. 이처럼 어떤 결핍감도 느끼지 않고 성장했던 나는, 나에게 주어진 이런 행운에 대해 특별히 고마워하지 않고, 당연한 것으로 여기며 살아왔다.

교통사고가 난 날은 대학원 신입생 오리엔테이션이 있었다. 나는 이제 대학원생이 된다는 설렘에 신나게 차를 몰고 학교로 내달렸다. 차가 막 사직터널을 벗어날 때였다. 갑자기 눈앞에 뭔가 거대한 것이 달려들었다. 눈 깜빡할 사이였다.

쾅!

내 차는 마주 달려오던 버스와 정면충돌했다. 물론 나는 그 순간 내 차와 부딪힌 것이 버스라는 것도 알지 못했고, 그 후의 일들도 알지 못했다. 버스와 부딪쳐 부서지고 구겨진 자동차처럼 처참한 몰골이 되어 의식을 잃고 말았으니까.

나중에 의식이 회복되고 난 뒤에 들은 얘기. 사고가 나자, 119 구급차가 달려와 피투성이가 되어 늘어진 나를 싣고, 근처에 있는 세브란스병원 응급실로 갔다고 한다. SBS와 YTN 뉴스에도 나올 정도로 큰 사고였다. 그 당시의 내 상태는 차마 형언하기 어려운 몰골이었다. 두개골 골절, 광대뼈 함몰, 코뼈와 눈썹뼈 골절, 어깨뼈와 견갑골 골절, 그리고 갈비뼈가 골절되어 폐를 찌르는 등 매우 위중한 상황이었다. 특히 머리부상이 심해 피가 멈추지 않고 뇌압이 계속 올라 수술을 할 수도 없었다. 그렇게 한동안내 상태를 지켜보던 의료진은 뇌압이 조금 떨어지자 수술에 들어갔는데, 5시간이 넘는 대수술이었다. 수술하는 동안 외할아버지가 수술실 밖에서 기도하며 기다리셨다. 긴 수술이 끝나고 집도의가 나오자, 초초하게 기다리던 할아버지가 달려가 물었다.

"선생님, 우리 수정이 수술이 잘 됐습니까?"

의사가 이마에 맺힌 땀을 닦으며 심각한 표정으로 대답했다.

"네, 잘 됐습니다. 그런데……."

"그런데 안 좋은 징후라도 있습니까?

"솔직히 말씀 드리겠습니다. 수술이 잘 되었지만 살아날 확률은 10% 정도로 낮고, 만일 살아난다 해도, 뇌사상태의 식물인간이 될 가능성이 높습니다."

외할아버지는 의사의 수술 뒤 소견을 듣고, 기절할 듯 낙담할 수밖에 없었다.

사고 당시 부모님은 결혼 25주년 기념으로 동유럽을 여행하고 있는 중이었다. 외할아버지는 곧 나의 위급한 상황을 부모님에게 알렸고, 부모님은 모든 일정을 취소하고 급히 귀국하셨다. 공항에 도착하자마자 내가 누워 있는 중환자실로 달려온 부모님은 외할아버지에게서 나의 상태를 전해 듣고 눈물을 쏟으셨다. 그 후 하루 두 번의 면회시간을 애타게 기다리시며, 깨어 있는 거의 모든 시간을 하나님의 말씀을 읽으며 기도로 주님에게 매달리셨다.

나는 중환자실에서 3주 동안 있었다. 의식이 없는 혼수상태로. 그렇게 식물인간처럼 누워 있는 나를 위해 부모님이 할 수 있는 일은 아무것도 없었다. 오직 기도! 하나님에게 간곡히 기도를 올리는 것 외엔 할 수 있는 일이 없었다. 다른 가족들, 선생님, 친구들, 교회의 교우들도 마찬가지였다. 그런데 하나님은 그들의 기도를 한 톨도 땅에 떨어뜨리지 않고 들으셨던 것일까?!

기적이 일어났다!

3주가 지나도 내 의식이 돌아오지 않자, 주치의 선생은 부모님을 불러서 말했다.

"수정 양의 의식이 돌아오지 않아 걱정이군요. 그래서 드리는 말씀인데, 하루 두 번밖에 면회를 할 수 없는 중환자실보다는, 차라리 일반병실로 옮겨 가족과 함께 있는 것이 더 낫지 않을까 하는 생각이 듭니다."

부모님도 의사의 판단이 좋다고 생각해 나를 일반병실로 옮겼다. 일반병실로 옮긴 후 부모님은 내 병상 곁에서 더욱 간절히 나를 위해 기도했다. 내가 듣기라도 하는 양 틈틈이 성경말씀도 읽어 주셨다.

그렇게 며칠이 지난 어느 날 새벽, 병실 보조침대에서 주무시던 어머니가 잠이 깨어 나를 보니, 내가 가늘게 눈을 뜨고 있더라는 것이다. 어머니는 놀란 표정으로 내 눈을 들여다보다가 나에게 물었다.

"수정아, 정신이 드니?"

3주가 지나 겨우 의식이 돌아왔지만, 나는 어머니를 알아볼 수 없었다. 나는 그저 눈만 껌벅였다. 눈도 뜨지 않고 식물인간처럼 누워만 있던 내가 눈을 껌벅거리자, 어머니는 눈물을 흘리며 소리쳤다.

"수정아! 너 어미를 알아보겠어?"

나는 다시 한 번 눈을 껌벅였다. 어머니는 붕대에 감긴 내 얼굴을 조심스레 쓰다듬으며 울먹였다.

"하나님, 감사합니다. 우리 수정이가 의식이 돌아왔어요, 의식이!"

어머니는 아버지와 가족에게 전화를 했다.

"여보, 수정이가 깨어났어요!"

얼마 지나지 않아 아버지와 가족이 달려오고, 아침 해가 돋자 주치의 선생님도 오셨다. 기뻐하는 우리 가족에게 주치의가 말했다.

"기적입니다. 제가 살아날 확률이 10%라고 말씀 드렸잖아요? 수정이 부모님의 간곡한 기도를 하나님이 들으셨네요!"

그렇게 의식이 돌아오고도, 나는 한 달간 사람을 제대로 알아보지 못했다. 당시 나의 인지능력은 3∼4세 수준에 불과했다. 하지만 하루가 다르게 상태가 호전되었다. 한 달이 지나자, 나는 부모님은 물론이고, 내가 의식이 회복되었다는 소식을 듣고 찾아온 친구들, 교우들의 얼굴을 모두 알아볼 수 있었다. 그들은 내가 의식이 깨어난 것을 보고 하나같이 기뻐했다. 그들이 기뻐하는 것을 보며, 나도 기뻤다. 내가 그들에게 그렇게 소중한 존재라는 것을 기뻐하는 그들의 표정을 통해서 알 수 있었다. 나는 "한 생명이 천하보다 귀하다"고 하신 예수님의 말씀을 마음 깊이 이해할 수 있게 되었다.

드디어 재활치료를 받기 시작했다. 물리치료, 바로 서서 중심잡기, 작업치료, 뇌자극 치료, 전산화 인지치료, 전기자극 치료, 통증치료, 언어치료, 심리치료, 근력운동 등, 다양한 재활치료를 이른 아침부터 늦은 밤까지 매일 받았다. 재활치료는 쉽지 않았다. 의식이 완전히 돌아오기 전에는, 내 인지능력이 현저히 떨어져 있었기 때문에, 부모님과 간호사, 치료사의 도움으로 겨우 치료에 임할 수 있었다.

그렇게 재활치료를 시작한 뒤, 상태가 조금씩 호전되는 것에 고무된 부모님은 주치의를 만나 물어보았다.

"우리 수정이가 다시 무용을 할 수 있을까요?

부모님은 내가 의식이 돌아온 사실만으로도 감사하셨다. 하지만 의식이 완전히 돌아온 뒤 재활치료를 받고도 무용을 할 수 없게 된다면, 내가 얼마나 절망할까 염려하셨던 것이다.

"지금으로선 장담할 수 없습니다. 우선은 저렇게 의식이 깨어나 식물인간으로 살지 않게 된 것만도 다행입니다."

어머니가 안쓰러운 마음으로 다시 물었다.

"제발, 무용을 할 수 있으면 좋으련만!"

"사실 수정 양이 뇌를 너무 많이 다쳤어요. 그래서 재활을 한다 해도, 팔을 잘 들 수 있을지 모르겠습니다. 모든 결과는 하늘에 맡기고, 지금은 그저 재활치료에 전념할 때입니다."

부모님은 내가 재활을 통해 팔을 움직일 수 있게 된 후에, 이런 이야기가 오고간 것을 후일담으로 들려주셨다. 나는 무용을 계속해야 하기 때문에, 몸의 균형을 바로잡는 것부터 시작하여, 어깨뼈와 견갑골 골절로 인한 재활치료를 집중적으로 했다. 그렇게 치료를 받으면서, 다시 무용을 할 수 있을 거라는 이상한 확신이 들었다. 그리고 이런 내 상황을 잘 아시는 주치의 선생님과 물리치료실의 전문 치료사들도 내 몸이 무용할 수 있는 몸이 되도록 헌신적으로 도와주셨다.

힘들고 고통스런 재활치료 중에 무엇보다 내게 큰 힘이 되었던 것은, 어머니가 곁에서 틈틈이 읽어 주신 성경말씀이었다. 어려서부터 교회를 다녔지만, 나는 하나님의 현존에 대한 확신이 없었다. 그저 타성으로 성경책만 옆에 끼고 예배당을 들락거릴 뿐이었다. 그처럼 깊이 없는 신앙생활을 하던 내가 죽을 고비를 넘기고 새 생명을 얻은 뒤라 그럴까, 이제는 하나님의 말씀을 들으면 가슴 깊이 스며들었다. 특히 내가 감명받은 말씀은 〈예레미야서〉였다.

너희가 나를 부르고, 나에게 와서 기도하면, 내가 너희의 호소를 들어주겠다. 너희가 나를 찾으면, 나를 만날 것이다. 너희가 온전한 마음으로 나를 찾기만 하면. 〈예레미야서〉 29:12~13

그리고 기독교 선교사들이 설립한 세브란스병원에서 치료받으면서 병원 곳곳에서 드렸던 기도가 큰 힘이 되었다. 재활병동 기도실에서 십자가를 바라보며 드린 기도와 찬양은 무엇보다 큰 힘이었다. 어느 날은 "귀하신 주여 날 붙드사"라는 찬송을 부르는데, 이때껏 느끼지 못했던 감동이 내 가슴 밑바닥까지 뜨겁게 적시는 것이었다. 그때 내가 뼛속 깊이 깨달은 것은 하나님의 가없는 사랑을 성취하기 위해 십자가에 못 박히신 주님의 현존이었다. 2천 년 전에 계셨던 분이 아니라, 지금 내 곁에 현존하신

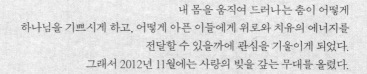

내 몸을 움직여 드러나는 춤이 어떻게
하나님을 기쁘시게 하고, 어떻게 아픈 이들에게 위로와 치유의 에너지를
전달할 수 있을까에 관심을 기울이게 되었다.
그래서 2012년 11월에는 사랑의 빚을 갚는 무대를 올렸다.

분으로!

그해 11월, 재활치료가 다 끝나고, 퇴원해도 좋다는 주치의의 허락이 떨어졌다. 얼마나 기쁘던지! 나는 집으로 돌아와 건강을 회복하기 위해 열심히 먹고, 틈만 나면 밖으로 나가 걷고 또 걸었다. 그리고 팔도 하늘로 들어올리며 몸의 유연성을 길렀다. 나는 어서 무용할 수 있는 몸을 만들어 무대에 서고 싶어서 좀이 쑤셨던 것이다.

새해가 밝았다. 나는 학교 무용연습실로 나가, 굳어진 관절과 근육을 풀며 연습에 박차를 가했다. 그렇게 몸을 만들면서 나를 살리신 하나님의 놀라운 계획이 무엇인지 궁금했다. 그리고 내가 어떻게 주님의 도구로 사용될 수 있을까에 대해 생각을 많이 하게 되었다.

이전에는 내 무용을 보며 관객들이 치는 환호의 박수소리에 관심이 있었지만, 이제는 내 몸을 움직여 드러나는 춤이 어떻게 하나님을 기쁘시게 하고, 어떻게 아픈 이들에게 위로와 치유의 에너지를 전달할 수 있을까에 관심을 기울이게 되었다. 그래서 2012년 11월에는 나를 치유해 준 세브란스병원에서 고마운 사랑의 빚을 갚는 무대를 올렸다. 〈주님이 나를 일으켜 주시기에〉라는 제목의 헌무獻舞를 서울예고 동기동창생 5명과 함께 올린 것이다. 안무와 음악 등 모든 과정을 감사함으로 준비하면서, 살아 계신 하나님을 증거하고 만날 수 있었던 의미 있고 뜻깊은 자리였다.

사람에게는 누구에게나 예기치 못한 시련이 닥쳐올 때가 있다. 그런 시련과 고통을 겪다 보면, 한치 앞도 내다 볼 수 없는 동굴에 갇힌 느낌이 들기도 한다. 그러나 죽음의 문턱까지 다녀온 나의 경험으로는, 우리는 출구 없는 동굴에 갇힌 것이 아니다. 단지 긴 터널을 지나고 있을 뿐이다. 그

터널은 반드시 시작이 있고 끝이 있다. 출구 없는 동굴에 갇힌 듯한 절망적인 상황 속에서도, 쉬지 않고 기도하면서 빛을 향해 힘차게 걸어 나가야 할 것이다.

채수정 님은 현재 이화여자대학교에서 무용실기 석사과정 중이다.

내 앞에서 웃고 있네

생사가 불투명했던 아이가
내 앞에서 웃고 있네

이고운 님의 희성이 이야기

첫째 아이의 이름은 정인찬이었다. 결혼 5년 만에 하늘
이 주신 선물로 품에 안게 된 소중한 우리 아기. 어느 부모인
들 안 그렇겠는가만, 나 역시 그 아이의 인생이 찬란하길 바랐다. 어디에
가 있어도 빛나는 아이로 성장하길 소망하며 '인찬'이라고 이름을 지었
다. 하지만 그 이름은 한 번도 불리어 본 적이 없다.

나는 그 아이를 스무 시간이 넘는 진통 끝에 결국 제왕절개로 출산했
다. 그런데 수술 후 아직 마취에서 깨어나지 못했던 나 대신, 회사에 출근
할 수밖에 없었던 남편 대신, 막 세상에 나온 인찬이를 처음 만났던 사람
은 친정엄마였다. 엄마는 아기의 새카만 눈동자가 너무 커서 정말 천사
같았다고 이야기하셨다. 하지만 인찬이는 자기 이름 한 번 제대로 불리지
못한 채, "이고운 님의 아기"라고 6일 동안 불리다가 하늘나라로 갔다.

"할 수 있는 의학적 노력을 다했지만, 아기를 살릴 방법이 없었습니다."

의사 선생님의 말을 들으며 하염없이 울고 있을 때, 떨리는 손으로 나의 어깨를 잡아 주던 남편에게 절규하듯 말했다.

"여보, 아직 젖 한 번 물려 보지 못했고, 가슴에 안아 보지도 못 했어요. 그런데 어떻게 우리 아기를 이리 허망하게 보내죠?"

나는 이렇게 울부짖으며 하늘을 원망했다. 왜 하필 나냐고, 왜 하필 인찬이어야 했냐고, 수도 없이 묻고, 수도 없이 가슴을 치며 통곡했다. 가슴에 시퍼렇게 멍이 들어도, 찢어지는 마음보다 아프지는 않았다.

이렇게 한동안 힘들었던 우리 부부를 다시 일으켜 주신 분은 결국 하나님이셨다. 세상의 그 어떤 위로의 말보다도 더 큰 위로를 받으며, 인간의 심정으로는 도저히 측량할 수 없는 하나님의 절대적 주권 앞에 무릎을 꿇었다. 후에 우리 부부는 성경공부를 하던 중, 한 목사님으로부터 질문을 받았다.

"집사님에게 하나님은 어떤 분이십니까?"

함께 공부를 하던 다른 분들은 사랑의 하나님, 권능의 하나님, 위로의 하나님이라고 고백했다. 남편과 나는 마주보며 고백했다.

"저희에게 하나님은, '그리 아니하실지라도'의 하나님입니다."

그리고 더 많은 시간이 흐른 후에, 나는 친구에게 이렇게 말할 수 있었다.

"아마도 우리 가족에게 너무 예뻤던 그 아이가 하나님 보시기에도 너무 예뻐서 그렇게 빨리 데려가셨던 것 같아."

그로부터 2년이 지난 후, 나는 희성이를 낳았다. 거룩하신 하나님의 기뽐이 되라고 남편이 지어준 이름이었다. 이미 큰 아픔을 겪었기에, 나는 임신과 출산 과정에 특별한 관심과 노력을 쏟았다. 일도 그만두고, 매일 같이 운동하고, 유기농 식재료로 음식을 해 먹었다. 커피와 탄산음료, 인스턴트 혹은 패스트푸드의 섭취를 극도로 자제했다. 그런 노력들이 쉽지는 않았다. 하지만 내가 잘못해서 첫째 아기 인찬이를 하늘나라로 보낸 것은 아닐까 하는 자책과 아쉬움, 그리고 똑같은 아픔이 반복될 수도 있다는 큰 두려움이 있었기에 나는 현실적인 어려움을 이겨낼 수 있었다. 예배는 물론이고 기도회에도 열심히 참석했다. 그렇게 내가 할 수 있는 모든 것을 하며 만반의 준비를 했다.

하지만 희성이가 태어나고 몇 시간이 되지 않아, 똑같은 영상을 돌리는 것처럼, 모든 일이 다시 반복되고 있었다.

"오, 주님, 어찌하여 또 이런 일이 반복됩니까?"

아기를 받아준 산부인과병원의 의사는 희성이의 호흡이 좋지 않다며 더 큰 병원으로 가보라고 했다. 그리하여 희성이는 곧 큰 병원으로 이송되었고, 그곳에서 만난 전문의 선생님은 아기의 혈액검사 결과 심각한 문제가 발견되었다며, 〈담도폐쇄증〉이 의심된다는 진단 결과를 알려 주었다.

그날 밤, 남편은 잠도 자지 않고 새벽까지 인터넷을 검색하며 담도폐쇄증에 대해 알아보더니, 담도폐쇄증과 관련해 가장 권위 있는 전문의가 세브란스병원에 있다는 것을 알아냈다. 남편은 바로 그 의사에게 이메일을 보냈다. 그 메일을 나는 보지 못했지만, 남편이 쓴 한 글자 한 글자에 어떤 마음이 담겨 있었을지 짐작할 수는 있었다. 메일을 보낸 다음 날, 세브란스병원의 그 전문의는 친절하게도 직접 우리에게 전화를 걸어, 서둘러 아기를 데리고 오라는 뜻을 전했다. 그 의사 선생님은 벼랑 끝에 서 있던 우리 가족에게 희망의 동아줄을 던져 주신 것이었다.

우리는 짐을 꾸려 서울로 출발했다. 출산한 지 얼마 되지 않은 나를 걱정하여 친정어머니도 동행해 주셨다. 그렇게 도착한 세브란스병원 47병동의 한 병실에서 희성이의 치료가 시작되었다.

정확한 진단을 위해 혈액검사를 다시 했다. 3.14kg의 아이에게서 채혈을 한다는 것은 채혈을 하는 분에게나 채혈과정을 지켜봐야 하는 가족에게나 쉬운 일은 아니었다. 더욱이 세브란스병원에서 실시한 혈액검사를 통해 담도폐쇄가 아니라는 것을 알게 되었고, 또 다시 희성이의 병명을 알기 위해 많은 검사가 시작되었다. 그 과정은 한 달이 넘도록 계속되었다. 계속되는 채혈과 수혈, 각종 검사 때문에 지치고 힘들었지만, 마침내 희성이를 괴롭히는 병이 무엇인지 알게 되었다. 〈타이로신혈증〉이라는 난생 처음 듣는 병명이었다.

그런 와중에 주치의가 바뀌었다. 소아청소년과와 소화기내과를 담당하고 있던 주치의를 처음 만나던 날, 선생님은 병실입구에서부터 두 손을 맞잡고 걸어들어 왔다. 누구인지 의아해하던 내게 아무런 말도 없이, 선생님은 짧은 시간 눈을 감고 계셨다. 친정어머니가 내게 속삭이듯 말했다.

"기도하시나 보다."

왠지 마음이 든든해졌다. 하나님을 아는 분을 만나 다행이라는 안도감도 밀려왔다. 이제와 돌이켜 보면, 세브란스병원에서 보낸 시간은 결코 짧지도 쉽지도 않았다. 하지만 희성이가 회복될 거라는 흔들림 없는 확신을 심어 주신 의사 선생님이 있었기에, 그 시간들을 견딜 수 있었던 것 같다. 그날 주치의 선생님은 희성이를 괴롭히는 병에 대해 소상히 설명해 주셨다.

"아기가 앓고 있는 타이로신혈증은, 단백질의 일종인 타이로신이 정상적으로 대사되지 않아 독성물질이 쌓이면서, 간에 손상을 입혀 사망에까지 이를 수 있는 흔하지 않은 병입니다."

타이로신혈증으로 진단되는 신생아가 가끔 있으며, 대부분 사망하는 경우가 많다는 걸 나중에 알게 되었다. 희성이는 출생 직후부터 빌리루빈 수치가 높고 황달이 심했으며, 간기능에 심각한 장애가 있고, 신장기능과 폐기능도 저하되어 있었을 뿐 아니라, 혈액응고 인자가 급격히 저하되면서 지속적으로 수혈을 받아야 했다. 또 복수가 차올라 계속 물을 빼야 했으며, 차오른 복수 때문에 고환이 있는 곳까지 장이 밀려 내려와 탈장이 생기기도 했고, 발작적인 복통으로 밤을 새우는 날도 부지기수였다.

다시 주치의가 바뀌고 병동도 37병동으로 옮기게 되었다. 하루 종일 우는 희성이 때문에 다른 환자 아이들이 쉴 수 없는 것 같아, 매일 밤이면 희성이를 안고 복도로 나왔다. 힘들어하는 딸과 불쌍한 손자를 두고 집으로 돌아갈 수 없었던 친정어머니는 나와 교대로 희성이를 안아 주곤 했다. 복수가 차 만삭의 임산부 같았던 희성이의 배 때문에 안고 있는 것조차 힘들기는 했지만, 37병동과 34병동 사이의 공간에서 동요나 찬양을 불러 주며 그렇게 시간을 보냈다.

희성이는 참으로 잘 울었다. 한 번 울면 오랜 시간을 줄기차게 울었는데, 그 소리 또한 우렁찼다. 나는 우렁찬 울음소리 때문에, 괜스레 다른 보호자들에게 미안해져서 미안하다는 말도 자주 했다. 하지만 마음 한편으로는 그 우렁찬 울음소리를 들으며 안도하기도 했다.

"그래, 희성아! 엄마는 네가 그렇게 씩씩하고 힘차게 울면서, 지금 이 고통의 시간을 이겨 내리라 믿어!"

희성이를 병원에 입원시켜 치료하면서 경제적인 어려움도 많았다. 타이로신혈증에 걸린 아기들이 먹는 분유는 특수분유였기 때문에, 값도 만만치 않았다. 400g에 9만 원 정도 했다. 먹성이 좋았던 희성이 때문에, 한 달 분유 값만 70만 원 정도가 들어갔다. 하루는 많이 먹는 희성이 때문에 울기도 했다. 분유 값 때문이 아니라, 우연히 먹어본 분유의 맛 때문이었다. 한 스푼을 떠서 입에 넣었는데, 나도 모르게 헛구역질이 났다. 사실 그 분유는 너무나 쓰고 맛이 없었다. 그런데도 희성이는 너무나 맛있게 잘 먹었다. 쓰디쓴 우유만 먹는 희성이가 불쌍해서 울었고, 너무 잘 먹는 것이 고마워서 울었고, 그렇게 열심히 살고자 하는 아이를 두고 불평했던 엄마가 못난 존재라는 생각이 들어서 울었다.

그런데 타이로신혈증은 난치성 질환이기는 하지만, 치료제가 개발되어 있었다. 스웨덴의 올판사에서만 제조·판매되는 타이로신혈증 치료제는 희귀의약품센터를 통해 구입할 수 있었다. 하지만 20일 분의 약값이 220만 원 정도로 비쌀 뿐 아니라, 시간을 다퉈 투약해야 하는 치료제임에도 불구하고 통관조차 쉽지 않았다. 주치의 선생님이 제약회사에 직접 전화까지 해서 힘들게 약을 구했을 때는, 희성이의 증세가 매우 악화된 상태라 그런지, 희성이는 그 약을 먹고도 병세가 호전되지 않았다.

생후 4개월이면서 입원한 지 4개월이 다 되어가던 즈음, 희성이는 식도 정맥류 때문에 헛구역질과 함께 많은 양의 피를 토했다. 붉은 피를 보니 온몸이 사시나무처럼 떨렸다. 피를 토하는 아이가 가여워 부둥켜안았던 나와 외할머니의 옷은 온통 피투성이가 되었다. 나는 계속 쏟아지는 선혈에 놀라, 나도 모르게 소리를 질렀다. 옆에 서 있던 간호사가 나에게 정신 차려야 한다고, 아이가 더 놀라니 엄마가 안정시켜 주어야 한다고 날 다독였다. 이렇게 피를 토했던 희성이는 곧 간이식수술을 받아야만 했다.

이틀 동안 중환자실에서 보낸 후, 이른 아침에 희성이와 나는 나란히 수술대기실에 누웠다. 내 간의 일부를 잘라 희성이에게 이식하기 위해서였다. 보호자 대기실에서 기다리는 남편과 어머니의 마음은 암담하였겠지만, 나는 아무것도 모르고 잠이 들었다.

8시간 후, 나는 중환자실에서 깨어났다. 희성이는 아직 수술 중이었다. 남편의 얼굴을 잠깐 보았다. 다시 자다 깼다 반복하기를 몇 번. 어머니가 희성이의 수술이 끝났으며, 남편은 희성이를 보러 갔다고 했다. 다음 날, 나는 이식병동으로 병실을 옮겼다.

수술 다음 날이지만, 나는 침대에서 몸을 일으켰다. 희성이가 출혈 때문에 약 22시간에 걸쳐 두 번의 수술을 받았다는 이야기를 듣고, 그냥 누워 있을 수가 없었다. 희성이는 중환자실 C구역에 있었는데, 면회시간이 하루 두 번으로 제한되어 있었다. 희성이가 누운 병상은 푸른 커튼에 햇살이 너울거리는 창가에 있었다. 가까이 다가가니, 침대 때문이었을까, 희성이가 너무 작아 보였다. 희성이는 면역력이 저하되어 유리방에 격리

되어 있었는데, 조금이라도 가까이에서 보려고 코가 유리창에 닿도록 바짝 붙어 창문 너머에 있는 희성이를 보았다.

저렇게 조그마한 몸으로 어떻게 견디었는지! 힘든 수술 후에도 희성이는 평온한 표정으로 자고 있었다. 그렇지만 희성이는 기도 삽관을 한 채, 몸에는 중심정맥 카테터, 피주머니, 담즙주머니가 연결되어 있었고, 의료장비 때문인지 손발이 묶여 있었다. 나중에는 코줄까지 연결했으니, 면회 갈 때마다 아무 말도 못하고, 면회시간 내내 울다가 돌아오곤 했다.

일주일이 지나 몸이 회복된 나는 퇴원을 했다. 하지만 희성이는 24시간 투석기를 돌리고 있었다. 수술이 끝나고 8일 동안 소변이 나오지 않는 것이었다. 이후에도 중환자실에서 42일을 보낸 희성이는 여러 차례 생사의 기로에 서야 했다.

어느 날 새벽에는, 패혈증 때문에 심장이 느리게 뛰다가 짧은 시간 멈추기도 했다. 나는 아무것도 모르고 잘 잤다가, 그 소식을 듣고 너무 놀랐고 또 미안했다. 그런데 바로 그날 아침 한 친지에게서 문자가 왔다.

"우리 교회에 기도특공대가 있는데, 희성이를 위해 릴레이기도를 하고 있어요. 힘내요."

돌이켜 보면 항상 그러했다. 병원생활이 낯설어 힘들었을 때, 자신의 아이도 난치성 질환으로 힘들었던 상황 속에서 나에게 이것저것 챙겨 주고 알려 주던 보호자가 있었다. 병원에서 맞는 백일이 서러웠을 때, 일부러 시간을 내어 찾아와 선물을 주고 문자로 응원하던 전공의 선생님이 있었다. 계속되는 검사에 지치고 불안했을 때, 병실로 찾아와 기도하고 말씀을 전해 준 목사님이 있었다. 아픈 아이에 대한 죄책감으로 가슴이 먹먹했던 어느 날, 수요예배에서 욥의 이야기로 위로해 준 목사님이 있었다.

이식수술이 끝난 후, 쉽게 회복되지 않는 아이 때문에 원망하고 불평했던 내게 "내 구주 예수를 더욱 사랑"이라는 찬양을 불러 주고 갔던 찬양단이 있었다. 수술이나 담도조영술이 있을 때마다, 우리의 불안함과 초조함을 어떻게 알고 오시는지, 찾아와 위로하고 격려해 주던 전도사님이 있었다. 중환자실, 내가 아이와 함께할 수 없었던 그곳에서, 퇴근 후에도 틈만 나면 딸랑이를 흔들어 주고 말을 걸며 놀아 주던 간호사 선생님이 있었다. 암울했던 중환자 보호자 대기실, 당신의 남편 혹은 아들이 중환자실의 침대 위에 누워 있지만, 남편과 나의 끼니까지 걱정해 챙겨 주던 여러 분의 어머니가 있었다.

아이가 경기를 심하게 할 때, 한 시간이 넘도록 함께 옆을 지켜준 외과 교수님이 있었다. 아이를 돌보다 지쳐 나도 모르게 잠들었을 때, 아이의 기저귀를 대신 갈아 준 간호사가 있었고, 잠들어 있는 나 대신 깨어 우는 아이를 안고, 내가 조금 더 잘 수 있도록 배려해 준 간호사도 있었다. 또한 11개월간의 입원기간 동안, 남편도 모르고 나도 모르고 희성이도 모르지만, 기도해 준 수많은 교회와 성도들이 있었다.

길어지는 치료기간 앞에서, 조금씩 무너져 내리던 우리 가족이 결코 주저앉을 수 없도록 우리를 지켜 준 너무나 고마웠던 분들. 이 모든 분은 그저 우연하게 혹은 당연하게 있는 분이 아니었다. 하나님은 그렇게 항상 희성이와 우리 가족 곁에 계시며 용기를 주셨고, 우리 가족이 울고만 있지 않도록, 아니 고통 중에서도 웃을 수 있도록 해 주셨던 것이다.

그리고 희성이가 있다. 잘 웃는 희성이, 수다쟁이 희성이.
한때 생사가 불투명했던 아이가 커다란 산을 넘어 내 앞에 서 있다.
지금 이 순간도, 나는 웃는 희성이 속에 살아계신 하나님의 기적을 체험하고,
하나님이 베푸신 가없는 사랑에 감사한다.

희성이의 이야기는 해피엔딩이 아니다. 퇴원 후에도 '열'이나 '두드러기'로 아이를 안고 응급실로 뛰어가길 여러 차례. 아직도 나는 잠들어 있는 희성이의 숨소리를 숨을 죽인 채 들어보곤 한다. 하루에도 서너 번은 희성이의 귀에 체온계를 꽂아 본다. 정상체온임을 확인하면, 나도 모르게 참았던 숨을 내쉰다. 마음속 깊숙한 곳에 있는 불안감이 불쑥 머리를 들이미는 까닭이다.

하지만 이젠 내게도 처방전이 있다. 기도라는 처방전! 그리고 희성이가 있다. 잘 웃는 희성이, 수다쟁이 희성이. 한때 생사가 불투명했던 아이가 커다란 산을 넘어 내 앞에 서 있다. 끊임없이 재잘거리며 무엇이 즐거운지 또 혼자 웃고 있다. 지금 이 순간도, 나는 웃는 희성이 속에 살아계신 하나님의 기적을 체험하고, 하나님이 베푸신 가없는 사랑에 감사한다.

이고운 님은 현재 전업주부이며, 희성이의 완치를 위해 전념하고 있다.

오늘 하루를
내 생의 마지막 날처럼

김재인 대학생의 이야기

벚꽃이 아름답게 피던 4월이었다.

갓 입학한 대학생활에 가슴이 부풀어 정신없이 보내던 어느 날, 느닷없이 고통이 나를 좀먹고 있다는 걸 알게 되었다. 까닭을 알 수 없이 내 등에 느껴지는 통증 때문이었다. 2011년 2월 중순께부터 느꼈던 이 통증을 나는 대수롭지 않게 여겼다. 혹시나 해서 병원을 찾았을 때, 단순히 잠을 잘못 자서 담이 든 것이거나, 가벼운 근육통일 것이라고 의사들도 웃어넘겼으니까.

그러나 시간이 지나며 극심한 고통 때문에 잠에서 깨어나는 날들이 반복됨에 따라, 무언가 크게 잘못되었다는 생각이 엄습했다. 그리고 온 등짝을 베어 내는 듯한 아픔을 견딜 수 없어 급히 찾은 응급실에서, 여러 의사에 둘러싸여 다소 무거운 이야기를 들어야 했다.

"척추 근처에 6cm 정도의 종양이 붙어 있어요."

나는 종양이라는 말에 놀라서 물었다.

"종양이라면 암이라는 말씀인가요?"

"단순한 양성종양으로 보이는데, 떼어 내기만 하면 큰 문제는 없을 겁니다."

의사의 말에 나는 가슴을 쓸어내리며, 다시 학교로 돌아갈 날을 헤아리고 있었다.

수술은 성공적이었고, 나는 친구들에게 만우절에 수술을 받았다고 우스갯소리를 주고받으며 퇴원할 날을 기다리고 있었다. 퇴원날짜가 임박하여 집으로 돌아가기 위해 병실 짐을 꾸리고 있는데, 갑자기 주치의 선생님이 나타나 나의 손목을 붙잡았다. 나는 선생님의 눈빛에서 직감적으로 무언가를 읽을 수 있었다. 그 응급실에서부터, 어쩌면 그럴지도 모른다고 생각했지만, 애써 외면했던 불길한 생각이 사실이 되었던 것이다.

처음엔 믿지 않았다. 무언가 조직검사 과정에서 오류가 있는 것이 분명하다고 단정했다. '암'이라니, 책이나 방송으로만 보던 그 암을 겨우 21살 나이의 팔팔한 내가 가졌다니! 나는 믿기지가 않았다. 그러나 쪼그려 앉은 채로 흐느껴 우시는 어머니를 보는 순간, 모든 것은 부인할 수 없는 현실이 되어 내 목을 졸라왔다.

'왜 나일까? 왜 나였어야 했을까? 내가 무슨 잘못을 했길래 이런 일이 내게 일어나는 것일까?'

나는 도무지 아무것도 이해되지 않아, 조금씩 화가 나기 시작했다. 그러나 가장 화가 났던 것은, 화를 낼 대상이 없다는 것이었다. 애초에 하나님은 내게 있어 큰 관련이 없는 분이었고, 나는 그렇기 때문에 그분 앞에 분노를 털어놓는 것 자체가 우스운 일이라고 생각했다.

항암치료를 시작하며 무기력하고 고된 하루하루를 넘기는 삶에 익숙해진 나는 생각보다 빠르게 현실을 받아들였다. 철저히 내게 남은 시간을 계산하기 시작했고, 내가 앞으로 그 시간 안에 해야 할 일들이 무엇인지 고민했다. 내가 사라지더라도 좋은 흔적들만 남기고 싶은 마음에, 일기장부터 사진첩까지 내 숨이 닿은 물건들을 하나하나 정리했다. 그렇게 나는 아직 죽지 않은 '고인 김재인'의 장례식을 매일같이 준비하고 있는 셈이었다. 그러나 그것은 착각이었다. 나는 현실을 받아들인 것이 아니라, 내 삶을 미리 포기한 것이었다.

충격적이기는 했지만, 내가 받아들이지 않으면 안 되는, 또 받아들일 수밖에 없었던 사실은 내가 〈유잉육종〉 Ewing's Sarcoma이라는 소아암에 걸렸다는 것, 그리고 지금 항암치료를 받고 있다는 것, 이 두 가지가 전부였지, 언제쯤 죽을 거라는 둥 하는 생각은 나 혼자 감상에 빠져 만들어 낸 착각이었던 것이다. 나는 비로소 깨달았다. 내가 살아온 이십여 년의 시간과 또 앞으로 살아가야 할 무수히 긴 시간들, 그 모두가 얼마나 아름답고 소중한 것인지를. 그 아름다운 순간들을 손에서 놓아 버렸을 때, 나는 실상 모든 것을 잃어버릴 수밖에 없다는 것을.

생각의 변화는 기대하지 않은 많은 변화를 가져왔다. 항암제로 인한 신체적 부작용이 현저히 줄어든 것은 물론, 지치고 절망적 감상에 빠졌던 나의 마음이 조금씩 치유되기 시작했다. 내 스스로 삶을 바라보는 시각이 긍정적으로 바뀌게 된 것이다. 어린아이가 어른에게 '고맙습니다!' 인사하는 법을 배우는 것처럼, 나는 아주 작은 것들부터 진심으로 감사하고 또 행복하게 느끼는 법을 배우기 시작한 것이다. 나는 투병을 시작하면서 잃어버린 것도 많았지만, 그에 반해 얻은 것도 참으로 많았다.

네 번의 항암치료를 마치고 방사선치료를 시작하며, 나는 일종의 휴식시간을 갖게 되었다. 이제까지 병원에서만 지내왔고, 또 그 시간이 지나면 다시 병원으로 돌아가야 하기에, 나는 그때만큼이라도 세상을 가득 들이쉬고 싶었다. 곧바로 이곳저곳을 여행하기 시작했고, 오래 보지 못한 친구들도 만나며 내 하루하루에 생기를 불어넣었다. 그러면서 하나님을 향한 마음 역시 나도 모르게 달라졌다. 일상의 소소한 것들에 대한 작은 감사는 내 삶 전체로 번졌고, 삶을 바라보는 관점이 변하면서 하나님에 대한 신앙은 삶의 변화로 나타났다.

물론 치료를 받는 1년 반의 시간이 한결같이 순탄했다고 한다면 거짓말이다. 몸 이곳저곳에 남겨진 수술의 흔적들이나, 아직 덜 자란 머리카락 같은 항암치료의 잔재들은 내가 얼마나 힘든 고비들을 넘어왔는지를 보여 주고 있다. 자꾸만 늘어가는 항암치료 횟수에 치료를 포기하고 싶었던 적도 있었고, 이미 지칠 만큼 지쳐 있는데 또다시 감염되어 힘든 수술 과정을 반복해야 한다고 했을 때에는, 정말 생 자체를 포기하고 싶었다.

무엇보다 나를 힘들게 했던 것은 병원에서 사귄 친구들이 하나둘 먼저 떠나갈 때였다. 나와 함께 이야기를 나누며 고통스런 투병생활을 하던 친구가 밤새 운명을 달리하여 내 곁을 떠나는 것을 경험하며, 나는 사람과 사람이 나누는 관계가 이전과는 전혀 다르게 느껴졌다. 밥 때가 되어 함께 나누는 식사가 마지막 식사일 수도 있고, 함께 울며 함께 웃던 그 순간이 마지막 만남일 수도 있으며, 팔을 벌려 끌어안던 포옹이 마지막 포옹일 수 있다는, 생에 대한 절박한 감정이 가슴을 파고들었다.

그렇게 가까이 있던 이들을 떠나보낼 때마다, 이제 다음은 내 차례일지도 모른다는 불안감과 함께, 죽음에 대한 두려움도 밀려왔다. 내가 알 수 없는 미지의 것. 그 미지의 죽음이 어두운 그림자처럼, 아직 헐떡거리며 숨 쉬고 있는 내 안에 똬리를 틀고 있었던 것이다. 하지만 나는 그렇게 밀려오는 불안과 두려움에도 불구하고, 내 삶을 포기할 수 없었다. 삶만이 아니라 죽음조차도 나보다 크신 이의 장중掌中에 있다는 믿음이 내 안에 살아 있었기 때문이다. 내 안에서 꿈틀대던 그 믿음이 삶을 바라보는 나의 태도를 바꾸게 만들었다.

먼저 내 곁을 떠난 이들에 대한 미안함과 안타까움은 그들의 몫까지 더욱 열심히 살아야겠다는 의지로 바뀌었고, 여기에서 한 걸음 더 나아가, 나는 마침내 질병과 싸워서 이길 수 있음을 나보다 더 아픈 곁님들에게 보여 주고 싶었다. 매일같이 달력에 붉은 동그라미를 치고 자기가 살아온 날수를 헤아리며 산다던 어떤 신부님처럼, 내게 선물로 주어진 오늘을 내 생의 마지막 날이라는 태도로 살아야겠다고 결심했다.

투병생활을 하는 동안 나는 숱한 환우들을 만났다. 치료를 마친 후에도, 나는 한동안 환우들을 보기 위해 병원을 찾아가곤 했다. 그때마다 내

내가 할 수 있는 것이라야 그들의 아픈 이야기를 들어 주는 것,
또 내가 겪은 체험을 나직하게 들려주는 것이 전부였지만,
그것을 통해 그들이 용기를 얻는 모습들을 보면, 기쁨과 보람을 얻을 수 있었다.

가 느낀 것은, 자기를 괴롭히는 병과 자신들의 삶에 대한 환우들의 반응이 참으로 다양하다는 것. 병원생활을 오래 했음에도 불구하고 분노와 우울의 반복으로 감정적인 어려움을 겪는 분도 있었고, 반대로 방금 청천벽력 같은 진단 결과를 통고받고서도 낙천적인 삶의 태도로 살아가는 분도 있었다. 전자의 경우는 세상과 자신의 삶을 비관과 분노의 눈길로 바라보면서, 곁에 있는 사람들과의 사귐 역시 꺼렸다. 후자의 경우는 사람들과의 소통을 즐기며, 지금 자기에게 주어진 것에 감사하는 사람들이었다.

나는 나처럼 병을 앓는 사람들의 고통을 조금이나마 덜어 주고 싶었다. 발병 후, 자신을 옥죄는 가장 근본적인 고통의 원인이 자신 안에 있다는 것을 깨달을 수 있다면, 그들도 분명 조금 더 힘을 내어 싸울 수 있으리라 믿었다. 그래서 암센터의 교역자님들과 함께 여러 환자를 방문하기도 했다. 내가 할 수 있는 것이라야 그들의 아픈 이야기를 들어 주는 것, 또 내가 겪은 체험을 나직하게 들려주는 것이 전부였지만, 그것을 통해 그들이 용기를 얻는 모습들을 보면, 기쁨과 보람을 얻을 수 있었다. 나는 분명 그 시간을 통해 하나님과 더욱 깊이 사귀는 경험을 했고, 내가 앞으로 어떤 목표를 갖고 나의 진로를 정해야 하는지 그 해답을 조금씩 발견할 수 있었다. 그렇기에 나는 치료를 마치고, 벚꽃이 흩날리던 바로 그 봄에 다시 학교로 되돌아 갈 수 있었다.

지금 고백하는 것이지만, 내가 투병의 과정을 통해 깨달은 것은, 하나님이 내게 주신 것은 단순히 병이 아니라는 것이었다. 나처럼 유한한 존재가 나보다 크신 분의 뜻을 어찌 헤아릴 수 있을까마는, 하나님은 나를 통해 내 생의 큰 그림을 그리시기 위해, 나에게 힘들고 고통스런 시간을 감내하게 하셨던 것이다. 이기지 못할 것이라면 주시지도 않으셨을 것이기에, 나는 내게 주어진 순간들을 열심히 헤쳐 나가는 것이 하나님의 뜻과 경륜을 받들어 사는 것이라 생각했다.

세상에 고통 없는 삶을 사는 사람이 어디 있을까. 모두가 각자 크기도 모양도 다른 저마다의 생을 짐 지고, 앞으로 한 발 한 발 내딛는 것이 아니겠는가. 흔하지 않은 병으로 투병했던 나의 짐은 다른 사람들의 짐보다 조금 특별하고 무거웠던 것일 뿐, 그 이상도 그 이하도 아니었던 것.

그때가 언제일지는 모르지만, 내가 생의 긴 여정을 마칠 때가 되어 짐을 내려놓고 뒤를 돌아보았을 때, 나 자신에게 그리고 하나님 앞에, 자랑스럽고 의미 있는 삶을 살았노라고 말할 수 있길 바란다. 그래서 오늘을 내 생의 마지막 날처럼 살되, 만일 내일이라는 시간이 주어진다면, 동전의 양면 같은 삶과 죽음을 주님에게 다 맡기고 힘차고 즐겁게 살아가려고 한다. 내가 앞으로 또 살아갈 날들은 분명 신비롭고 아름다울 것임을 믿기 때문에.

김재인 님은 현재 대학 재학 중으로, 하루하루를 최선을 다해 살고 있다.

나와 함께
울고 계시던 주님

최인석 논술학원장의 이야기

암에 걸렸다는 걸 처음으로 알게 된 건 2010년 12월이었다.

당시 마흔을 갓 넘긴 나는 그때까지 단 한 번의 건강검진도 받지 않고 살았다. 건강에 자신이 있었기 때문에 건강검진 같은 것은 무시하고 지냈다. 그러다 나이 마흔이 넘자, 주변의 권유도 있고, 국민의료보험공단에서 두꺼운 건강검진표도 자꾸 날아오고 해서, 못이기는 척 가까운 동네 병원에서 종합검진을 받게 되었다. 그러니까 그 검진은 내 생애 처음으로 받아 본 종합검진이었다.

종합검진 중의 한 코스로 위와 대장 수면내시경을 진행했다. 그런데 위 내시경 후 수면마취가 깨면서 피를 많이 토하게 되었다. 당연히 기분이 좋지 않았다. 내시경을 하면서 피를 토한다는 말을 들어본 적이 없어 의아했다. 그래서 조직검사를 의뢰했고, 일주일 뒤에 결과를 보며 얘기하자고 담당의사는 말했다.

그리고 일주일 뒤, 이마에 와 닿은 따사로운 겨울 햇살을 기분 좋게 받으며 병원으로 향했다. 속으로 '별일이야 없겠지?' 자기 최면을 걸면서 나는 병원문을 들어섰다. 내과를 찾아가 담당의사를 대면했는데, 그 표정이 심상치 않았다.

"검진 결과 〈위암〉으로 판명되었습니다."

"네? 위암이라고요?"

"그렇습니다. 초기인 것 같지 않아서 걱정이네요."

담당의사는 하루 빨리 대학병원으로 가는 것이 좋을 것 같다며, 친절하게도 위암과 관련하여 여러 가지 조언을 해 주었다. 의사의 말을 들으며, 나는 마치 꿈을 꾸고 있다는 기분이 들었다.

그날부터 잠들지 못하는 불면의 날이 시작되었다. 아내와 가족들은, 위암은 심하지만 않으면 그리고 수술만 잘 받으면 괜찮더라면서 나를 위로했다. 좀 더 큰 대학병원에서 정밀검사를 받으면 어쩌면 초기일지도 모른다고, 아니 오진일지도 모른다며 나를 위로했던 것이다. 하지만 그런 일방적 기대와는 아랑곳없이, 정밀검사를 진행한 서울 O병원의 위암전문의는 나에게 더 충격적인 말들을 쏟아냈다.

"CT검사 소견으로는 위암이 너무 심각하게 진행되어 있군요. 암세포가 위벽을 뚫고 나와 췌장과 간으로 넘어간 것 같습니다. 따라서 현재 상태로는 수술을 진행할 수 없고, 항암치료를 먼저 진행해서 경과가 좋으면, 그때 수술 가능여부를 다시 타진하는 게 좋을 것 같습니다."

의사의 말을 들으면서도, 나는 이것이 얼마나 심각한 상황을 말하는 것인지 이해할 수 없었다. 그래서 내가 물었다.

"교수님, 그럼 제가 몇 기라는 건가요?"

"사진으로는 위암 4기로 보입니다."

어쩌면 초기일 것이고 수술만 잘 받으면 별일이 없을 거라는 기대를 안고 병원을 찾았던 나와 가족들은 할 말을 잃고 말았다.

'위암 4기? 그러면 죽는다는 말 아닌가?'

집으로 돌아오는 차 안에서 말없이 창밖만 내다보고 오는데, 등골이 오싹했다. 죽음이 서서히 그 실체를 드러내는 것 같았다. 그날은 크리스마스 이브였다.

며칠이 지났다. 나는 수술조차 되지 않는다는 진단을 받아들일 수 없었다. 그래서 위암수술의 세계적 권위자가 있다는 신촌세브란스병원을 찾아갔다. 모든 검사를 처음부터 다시 진행해 볼 수밖에 없었다. 검사 결과가 나오던 날, 위암수술의 권위자인 노성훈 교수님도 이전 병원과 동일한 견해를 보였다.

"위의 암세포가 췌장까지 전이된 것으로 보이고, 수술을 하게 되더라도 위 전체를 절제해야 할 상황입니다. 그러니 일단 항암치료를 먼저 진행해 경과를 보면서 수술에 들어가는 게 좋을 것 같네요."

결국 수술받을 기약조차 없게 된 나는 종양내과 전문의 라선영 교수에게 넘겨졌다. 나는 이제 앞뒤 가릴 것 없이 세브란스병원에서 치료를 받기로 마음먹고, 다급하게 입원날짜를 잡았다. 그리고 몇 주의 시간을 기다리는 동안, 닥치는 대로 위암과 관련된 정보를 찾아보았다. 하지만 책을 읽고 인터넷을 뒤질수록, 병과 싸워 이기겠다는 생각보다는 암과 항암 치료에 대한 공포만 늘어갔다. 특히 5%에도 미치지 못한다는 4기 위암환자의 생존율을 생각할 때면, 가슴이 먹먹해져서 숨이 잘 쉬어지지 않았다.

나는 온종일 약에 취한 듯 정신이 몽롱했고, 밤이면 쉽게 잠을 이룰 수 없었다. 어쩌다 잠이 들어도, 악몽에 시달리다 식은땀을 흘리며 깨어나는 날들이 반복되었다. 잠들지 못하는 밤이면, 아내와 딸아이가 자는 방에 들어가 넋을 놓고 앉아 있곤 했다. 사랑하는 아내와 딸을 바라보면서, 나는 내가 처한 현실을 받아들일 수 없었다. 어쩌면 딸아이가 초등학교에 들어가는 걸 못 볼 수도 있겠고, 일찍 아버지를 여의었던 아내는 30대 중반에 남편을 잃는 가련한 팔자가 될 수도 있을 것이며, 사랑스런 딸이 아내보다 훨씬 더 어린 나이에 아버지 없는 인생을 시작하게 될지도 모르는 이러한 불안한 상황 앞에서, 나는 전전긍긍할 뿐이었다.

'이거 어떡하지? 이 어린 녀석을……. 아, 어쩌지 어떡하나……. 이 사람이 혼자서 이놈을 어떻게 키운다? 아, 정말 어떡하나 어떡해?'

그렇게 홀로 미친 사람처럼 중얼거리다 보면, 가슴이 쇠망치로 짓이겨지는 것 같았다. '절망'이라는 단어가 괴물의 형상을 하고 나타나, 눈앞에서 커다란 입을 벌리고 있는 것만 같았다.

이처럼 깊은 절망 속에서 홀로 몸부림치던 어느 날, 나는 문득 하나님을 떠올렸다.

사실 나는 이미 20대 때 교회에서 세례를 받은 적이 있었다. 하지만 몇 년도 되지 못해 교회를 떠나, 근 15년을 불신자와 다름없이 살고 있었던 것이다. 나는 참으로 오랜만에 죄에 찌든 영혼과 죽을병에 걸린 몸뚱이를 가지고, 다시 하나님을 만나겠다고 집 근처에 있는 한 낯선 교회를 찾아갔다. 그때 내 심정은 이루 말할 수 없이 비참했다.

'결국 이렇게 돌아올 걸, 이 꼴이 도대체 뭐람?'

이렇게 생각하며 예배당 문을 열고 들어가는데, 헛되게 지나버린 젊은 날들이 한심하고 죄스러워, 차마 눈을 들어 십자가를 바라볼 수조차 없었다. 그날 아버지 품으로 돌아온 탕자가 되어 예배를 드리는 동안, 후회와 연민과 회개가 뒤섞인 눈물이 걷잡을 수 없이 흘러내렸다.

그렇게 흐르기 시작한 눈물은 암치료를 받는 기간 내내, 거의 1년 동안 멈추질 않았다. 주일예배뿐 아니라 수요예배, 철야예배, 또 세브란스병원의 아침예배 등, 참석하는 거의 모든 예배마다 주체할 수 없이 눈물이 쏟아졌다. 본래 10년 동안 한두 번 울어볼까 말까 했던 나로서는 당황스럽고 창피하기도 해서 참아보려고 애를 썼지만, 의지대로 되지 않았다. 지금 돌아보면, 하나님은 이렇게 눈물의 예배를 통해서 내 육신보다 영혼을 먼저 치료하셨던 것 같다.

다시 교회에 나가 하나님을 만나고 기도를 하기 시작하자, 좋은 징조들이 나타나기 시작했다. 본격적인 항암치료에 들어가기 전, 검사를 위해 복강경 수술을 받았는데, 뜻밖에도 위와 췌장이 잘 떨어져, 위 절제 수술을 받을 수도 있겠다는 집도의의 소견이 나온 것이었다.

수술을 집도하신 의사 선생님은 매우 특별한 경우라며 축하해 주셨고,

나는 수술을 받을 수 있다는 소식에 하나님에게 감사했다. 아내와 가족들 역시 무척 기뻐하며 하나님에게 감사했다. 어쩌면 하나님이 위를 뚫고 나간 암세포가 다른 곳으로 번지지 않도록 손으로 감싸고 계시는 것 같다는 생각이 들었던 것이다.

하지만 종양내과 라선영 교수는 복강경 검사 결과만으로 수술을 결정하는 것에 반대했다. 긍정적인 신호를 얻은 것은 사실이지만, 여전히 수술하기에 적합한 상황이 아니니 충분한 항암치료를 선행해야 한다는 것. 나는 전문의의 의학적 판단을 완전히 이해할 수는 없었지만 받아들이기로 했다. 모두 여섯 차례의 강력한 항암치료로 암세포를 축소시켜 수술할 수 있는 몸의 상태를 만드는 것을 목표로, 본격적인 항암치료에 들어갔다.

익히 보고 들어 짐작은 하고 있었지만, 직접 경험한 항암치료는 정말 형언할 수 없이 고통스러웠다. 사람에 따라 또는 항암제의 종류에 따라 부작용의 정도는 차이가 나겠지만, 나의 경우는 항암제 주사를 맞으면 거의 4~5일 동안 고통 때문에 아예 잠을 잘 수 없었다.

한 달을 주기로 진행되는 치료에서, 입원하여 항암제를 투여받는 데 1주일, 극심한 부작용에 시달리는 데 1주일, 그것에서 벗어나는 데 1주일의 시간이 지나고 나면, 사람답게 먹을 수 있고 움직일 수 있는 시간은 고작 1주일밖에 안 되었다. 그렇게 세 차례의 항암치료가 끝나자, 포기하고 싶다는 생각이 들기 시작했다. 처와 자식을 위해서라도 의연하게 견뎌야 한다는 것을 알고 있었지만, 고통은 내 빈약한 의지를 비웃는 것 같았다.

하나님은 이처럼 유약한 정신과 몸을 지닌 내게 큰 힘이 되어 주셨다.

고통 속에서 잠들지 못하는 밤이면, "잠잠하고, 고요하라!"는 말씀을 들려주셨고, 병을 이기지 못할 것 같다는 두려움이 커질 때면, "이 병은 죽을병이 아니라 하나님이 하시는 일을 보여 주기 위한 병"이라고 말씀해 주셨다. 병상에 누워 기도할 때마다, 힘든 몸을 추슬러 예배에 참석할 때마다, 하나님은 "내가 너를 굳세게 하리라. 참으로 도와주리라", "네가 믿으면 하나님의 영광을 보리라"고 끊임없이 위로하고 격려해 주셨다.

어느 날부터인가 하나님은 내 마음에 직접 성령으로 말씀해 주시기도 했다. 특히 새벽예배를 드리다가, 항암치료의 고통으로 예배당 의자에 쓰러져 울고 있던 나에게 속삭이듯 말씀하셨던 그분의 음성은 지금도 잊을 수가 없다. 언제까지 견딜 수 있을지 모르겠다며 울던 나에게, "내가 너의 눈물을 모두 보면서도 이처럼 참고 견디고 있으니, 너도 조금만 참고 견디거라, 견디거라!"고 말씀하셨다. 주님의 음성은 울먹이듯 떨리고 있었다.

'아, 주님이 나와 함께 울고 계시는구나. 홀로 고통받게 버려두지 않으시고, 내 고통을 느끼시며 함께 아파하시는구나!'

그날 새벽 하나님의 음성은 투병기간 내내 내 생명의 원천이었다. 하나님의 말씀이 있었기에, 그 말씀을 들을 수 있는 예배가 있고, 기도와 찬양의 시간이 있었기에, 나는 목표했던 항암치료 과정을 무사히 마칠 수 있었다. 게다가 항암치료의 결과도 매우 좋게 나와서, 다섯 차례의 항암치료로 종양을 제거하기 위한 수술을 받을 수 있었다.

위 수술을 받기 전날, 집도를 담당한 김형일 교수는, 수술 중 상태가 좋지 않은 경우, 암을 제거하지 못하고 수술을 마칠 수도 있다고 말씀하셨다. 하지만 수술하던 날 새벽, 하나님은 "너는 두려워하지 말고 가만히 서서, 내가 오늘 너를 위하여 행하는 구원을 보라. 네가 오늘 본 죽음의 세력을, 암덩어리를 다시는 보지 못하리라"고 말씀하여 주셨다. 그리고 그 말씀대로 수술은 성공적으로 진행되어, 암세포를 모두 제거했을 뿐 아니라, 전부 절제하는 줄 알았던 위의 일부를 살릴 수도 있었다.

성공적으로 수술을 마친 후에도, 나는 림프절 전이가 많이 되어 네 차례의 항암치료를 더 받았다. 수술 후의 항암치료는 그 부작용이 더 심해서, 한 차례 치료를 중단하는 우여곡절을 겪어야 했다. 하지만 변함없는 하나님의 도우심으로, 예정된 모든 치료과정을 마칠 수 있었다. 항암치료를 마치고 퇴원할 때쯤, 종양내과 주치의 선생님은 2~3년 내에 재발할 확률이 높은 편이니 조심해야 한다고 말했다. 그러나 하나님은 성령을 통해 이미 여러 차례 내 병이 완치되었다고 말씀해 주셨다. 위 수술을 마친 지 벌써 2년 4개월이 지나고 있지만, 현재까지 나는 건강하다. 지속적인 추적관찰의 결과도 매우 좋게 나오고 있어, 주치의 선생님과 교회와 가족 모두가 기뻐하고 있다.

힘들고 고통스러웠던 투병시간은 많은 것을 깨닫게 했지만, 그중에서도 교회의 중요성에 대해 깊이 생각하는 계기가 되었다. 나는 성공적인 암치료가 세브란스병원의 전문적 의료기술로만 얻어진 것이라고 생각하지 않는다. 생명은 하나님에게 달린 것이고, 하나님의 역사를 일으키는 것은, 교회의 간절한 기도이기 때문이다. 나에게 임했던 하나님의 첫 번째 음성도 "내가 너를 교회에서 만나리라"는 것이었다. 그리고 하나님의

언제까지 견딜 수 있을지 모르겠다며 울던 나에게,
"내가 너의 눈물을 모두 보면서도 이처럼 참고 견디고 있으니,
너도 조금만 참고 견디거라, 견디거라!"고 말씀하셨다.
주님의 음성은 울먹이듯 떨리고 있었다.

말씀대로 나의 암치료는 철저하게 교회와 신앙을 중심으로 이뤄졌다. 그 어떤 치료보다 먼저 시작된 것이 주님이 예비하신 교회에 출석하는 것이었고, 그곳에서 말씀을 듣고 찬양을 하고 안수기도와 중보기도를 받는 것이었다. 또 항암치료로 인한 부작용이 본격화될 쯤, 하나님은 아내에게 특별한 은사를 주셔서, 아내가 성령의 임재 속에 굳건한 신앙을 갖고 나를 위해 기도할 수 있게 인도하셨다.

세브란스병원도 마찬가지. 내가 이곳을 주님이 예비하신 병원으로 여기는 것은, 좋은 의사 선생님들을 만날 수 있었기 때문이기도 하지만, 무엇보다 이곳에서 예배와 기도를 병행할 수 있었기 때문이다. 아침마다 암병동 예배실에서 예배를 드리고, 저녁이면 그곳에서 간절하게 기도할 수 있었기 때문에, 또 입원할 때마다 담당교역자이신 이경희 목사님과 대화하고 기도받을 수 있었기 때문에, 고통스런 치료과정을 무사히 견디고 좋은 치료의 결과도 얻을 수 있었다고 생각한다. 예배를 드릴 수 있는 병원, 말씀을 들을 수 있고, 찬양을 부를 수 있고, 기도할 수 있고, 기도받을 수 있는 병원, 그래서 하나님의 도우심과 역사가 있는 병원! 세브란스병원이 각별한 것은 그곳에 교회가 있기 때문이다.

요즘도 추적관찰을 위해 세브란스병원에 갈 때면 가끔 암병동 예배실에 들르곤 한다. 고통 속에서 드리던 예배와 그 가운데 임했던 하나님의 은혜를 생각하면, 이곳은 내게 성지와 다름없기 때문이다. 3년 전 마지막 항암치료를 위해 세브란스병원에 입원했을 때, 항암치료 부작용을 견디기 위해 항암제를 주렁주렁 매달고 병원 여기저기를 걸어 다니면서 하나님에게 이런 말씀을 올린 적이 있다.

"주님, 차라리 병원에 와 있는 게 좋은 것 같아요. 이곳에서는 이렇게 하루 종일 주님의 이름을 부르게 되니까요."

그러자 잠시 후 주님의 음성이 들렸다.

"나도 여기가 좋구나!"

이것이 세브란스병원에서 들은 주님의 마지막 음성이었다.

최인석 님은 현재 서해랑 국어논술학원 원장이다.

남의 아픔이
나의 아픔이 되다

김경아 선교사의 이야기

"얘, 아니야, 물혹일 거야. 요즘 그런 경우가 많대. 나
도 병원 가서 검사했더니, 물혹이라고 해서 그냥 제거했어.
걱정하지 마. 아무것도 아닐 거야."

어느 날 샤워를 하다 가슴에 혹이 만져졌다. 책에서 본 유방암 자가검
진법이 생각나, 누워서도 만져 보고 샤워할 때도 만져 보았지만, 혹은 계
속 그 자리에 있었다. 왠지 불안했다. 그래도 의료비가 비싼 해외에 살고
있으니, 금방 병원에 갈 생각을 할 수 없었다. 그때 아는 분이 찾아와, '물
혹'일 거라고 애써 위로해 주었던 것이다.

그러나 하루가 다르게 혹이 커지는 듯하고, 만지면 더 딱딱해지는 듯하
여 불안감을 떨쳐 버리기 어려웠다. 정신없이 일을 하는 동안에는 잊고 지
낼 수 있었지만, 가만히 있으면 큰 병이라도 걸린 양 불안한 마음이 나를
짓눌렀다. 몸은 쉬 피로하고 입맛은 없는데도, 체중은 불어나기만 했다.

이제 나이도 마흔을 넘겼으니, 나이 때문이려니 하며 스스로를 달랬다.

그러다가 한국에 있는 언니와 통화를 하며 이 이야기를 하게 되었다. 언니는 얼른 한국으로 와서 검사를 해야 한다고 독촉했다. 주변에 아는 사람도 혹인 줄 알고 병원에 갔다가 유방암수술을 받았다는 이야기를 전했다.

애써 나 자신을 달래던 맘에 소용돌이가 일고, 불안이 떠나지 않았다. 집안에 챙겨야 할 일들이 많았지만, 무엇보다 건강이 중요하다는 언니의 충고를 받아들여, 한국행 비행기에 오르게 되었다.

귀국 즉시 나는 병원으로 향했다. 유방촬영을 하고 초음파검사를 하는데, 검사하시는 선생님이 빙긋이 웃으시며 혹이 예쁘지 않다고, 바로 조직검사를 해야겠다고 말했다. 혹이 예쁘지 않다는 말에 다시 불안감이 밀려왔다. 조직검사를 하는데도 아팠다. 검사 결과는 며칠 기다려야 한다고 했다. 나는 잠시 모든 것을 잊은 채, 오랫동안 보지 못했던 친지들과 동창들을 만나 회포를 풀었다. 동창생들은 하나같이 별일 없을 거라며 위로해 주었다.

드디어 검사 결과가 나오는 날이 되었다. 병원으로 가서 빨리 결과를 보고 난 후, 친구와 함께 서해바다로 바람이나 쐬러 갈 참이었다. 하지만 담당의사가 조심스런 표정으로 내 얼굴을 바라보며 검사 결과를 말하는 순간, 나는 망치로 뒤통수를 맞은 듯 잠시 멍한 상태가 되었다.

"오늘 빨리 입원하시고, 모레 수술하시죠."

순간 나는 내 귀를 의심했다. 의사가 건넨 말이 무슨 말인지 금방 알아들지 못했다. 그래서 내가 물었다.

"모레 수술하라니요?"

"서둘러 해야 합니다. 암덩어리가 많이 자랐어요."

의사의 말에 갑자기 심장이 방망이질 치기 시작했고, 눈에는 별이 빙글 빙글 돌고 있었다. 옆에는 남편과 간호사 등 몇 명의 사람이 있었는데, 아무도 눈에 보이지 않고 어떤 소리도 들리지 않았다. 그리고 간호사가 남편을 데리고 밖으로 나가 입원을 위해 뭐라고 하는 듯한데, 나는 그냥 넋이 나간 채로 우두커니 바라만 보았다. 남편도 정신을 차리지 못하는 것 같았다.

나는 순식간에 환자가 되었다.

'세상이 어쩌면 이리도 쉬이 바뀔 수 있단 말인가. 나와 상관없이 세상은 어쩌면 저렇게 태평하게 돌아갈 수 있단 말인가?'

이렇게 속으로 중얼거리며 병실에 와 앉으니, 눈물이 하염없이 흘러내렸다. 간호사가 환자복을 가져다주며 갈아입으라고 했다. 수술 준비절차를 알려 주는데, 아무 말도 귀에 들어오지 않았다. 오로지 맘 한구석에 오진이었으면 하는 바람뿐이었다.

'왜 하필이면 내가 암이야? 나보다도 더 나쁘게 살고 있는 사람들도 많은데, 내가 왜 암에 걸려야 하지? 내가 정말 악하게 살아서 벌을 받는 건가? 그동안 내가 암에 걸릴 만큼 그렇게 나쁜 인생을 살았단 말인가? 하나님은 내가 어떻게 살았는지 다 알고 다 보고 계셨을 텐데, 왜 암에 걸리도록 내버려 두었을까? 그럼 내가 믿는 하나님은 정말 살아 계시지 않는

건가? 왜 나에게 이처럼 큰 고통이……?'

　나는 하나님 앞에 계속 의문을 제기하고 속으로 울부짖었다. 고통스런 현실을 받아들일 수밖에 없었지만, 며칠 밤낮을 비애에 젖어 지냈다. 나는 분명 버림받은 처량한 인생이었다. 내게 일어난 모든 상황을 부정하고 싶었다.

　눈을 떠 보니 너무 추웠다. 옆에는 남편과 가족들이 서 있었다. 하지만 평소에 사랑하던 가족들도 눈에 들어오지 않았다. 몸은 와들와들 떨리고, 견딜 수 없도록 아프기만 했다. 옆에 있는 가족들을 보면서 짜증만 났다. 마치 곧 죽을 사람을 바라보는 것처럼 나를 바라보는 가족들도 보기가 싫었다. 그때 의사가 곁으로 다가왔다.

　"수술이 잘 되었습니다. 그래도 완전 절제를 하지 않고, 가능한 한 유방을 보존하도록 혹만 제거하고 임파선을 잘라냈지요."

　내 아픔은 아랑곳하지 않은 듯, 감정 없이 설명만 하는 의사는 마치 나의 아픔을 즐기는 것만 같았다. 나는 의사도, 나를 위해 곁에서 애쓰는 간호사도 모두 밉기만 했다. 마치 병든 닭이 제 몸 하나 가누지 못해 쓰러져 있는데, 사람들이 때를 기다려 잡아먹으려고 이리저리 살피는 듯싶었다. 내가 병든 닭처럼 되어버리다니! 돌아보면, 그 당시 내 심정은 사뭇 뒤틀려 있었고, 내 생명의 뿌리조차 까맣게 타들어가고 있었던 것이다.

　남편이 내 아픈 몸을 번쩍 들어 휠체어에 앉히더니, 병원 예배실로 기도하러 가자고 했다. 아무도 없는 예배실에 남편과 함께 앉아 하나님에게 대들며 따졌다.

'하나님, 정말 제가 당신을 잘 못 믿었나요? 내 신앙은 하나님 없는 종교였나요? 하나님이 살아 계시다면, 제가 어떻게 살아왔는지 다 아시면서, 왜 나를 이런 고통에 내던지셨나요? 제 싱싱한 젊음을 드려 지금까지 당신의 일만 하며 살아온 제가 왜 이런 고통을 당해야 하나요? 이것이 당신이 허락한 고통인가요, 아니면 내가 잘못 살아서 받는 벌인가요? 내가 부끄러움을 당하면, 하나님 당신은 어떻게 될까요?'

나는 내 고통의 원인을 알고 싶었고, 묻고 싶었다. 나에게 일어난 상황을 이해하고 싶었다. 나는 고통으로 신음하는 나를 내버려 두는 하나님을 감정적으로 이해할 수 없었다. 다음 날 예배에 참석했을 때도, '하나님도 안 계시는데, 나는 여기 와서 뭐 하나?' 하는 불경한 생각으로 멍하니 앉아 있을 뿐이었다.

이미 생명을 잃은 내 믿음은 꼬이기만 했고, 예배당에 앉아 있으면서도 나는 하나님을 바라보지 않고 오직 나만 바라보았다. 내 자신이 측은하고 견딜 수 없어 펑펑 눈물만 솟구쳤다. 지금까지 내가 믿는 하나님은 사랑하는 자에게 좋은 것을 주시고, 나쁜 것을 주시지 않는 분이었다. 아, 그렇다면 하나님에 대한 나의 이해와 생각이 잘못되었던가? 그렇게 혼돈만 가득 안은 채 병실로 돌아오곤 했다.

수술하고 병원에 입원해 있는 동안, 내가 아는 분들이 병문안을 왔다. 그렇게 오신 분들이 기도도 해 주고, 더러는 위로의 말들도 건넸다. 그런데 그들 가운데는 고통받는 환자의 마음을 깊이 헤아리지 않고, 외려 상처만 안기고 가는 이들도 없지 않았다. "암에 걸린 사람들은 잘못 살아서 하나님이 벌을 주는 것이니 회개해야 한다"고 너무도 진지하게 말하는 이도 있었고, 또 병실의 모든 환우에게 다 들리도록 큰 소리로 "질병의 고통을 통해 회개하게 해 달라!"며 기도하는 이도 있었다. 이처럼 환자를 깊이 배려하지 않는 말 한마디에 하루에도 몇 번씩 천국과 지옥을 왕래해야만 했다.

그러던 어느 날, 뜻밖의 반가운 손님이 찾아오셨다. 처음 뵙는 분이었는데, 원목실에 계신다는 공재철 목사님이라는 분이 예쁜 꽃이 담긴 화분을 들고 병실을 방문하셨다. 목사님은 다른 방문자들과는 달랐다. 목사님은 병상에 누운 나를 따스하게 바라보시더니 조용한 음성으로 말씀하셨다.

"그동안 너무 열심히 일해서, 하나님이 잠시 쉬라고 그러시나 봐요. 그것도 집에서는 쉬기 어려우니까, 병원에서 치료도 받으면서 편히 쉬라고 하시나 봐요."

그동안 나를 위로한답시고 찾아오는 많은 이에게는 내가 무슨 말로 대꾸해야 할지 모를 황당한 경우도 많았는데, 목사님이 하시는 말씀을 들으니 그렇게 편안할 수가 없었다. 그런데 왜 눈물은 그렇게 쏟아지는지.

나는 비로소 평온함을 회복하며 희망의 끈을 붙잡게 되었다. 목사님이 돌아가시고 난 뒤, '맞아. 하나님은 그동안 일에 치여 앞만 보고 달리느라 쉴 틈도 없이 살아온 내게, 잠시 영육을 치료할 수 있는 휴식의 시간을 주신 거야!'라며 혼자 중얼거렸다.

침대에 누워 잠깐 잠이 들었다. 예수님이 십자가에 달려 있었다. 그 모습을 보고 놀란 내가 고백했다. "수술한 나도 몸과 마음이 이렇게 아픈데, 십자가에 달리신 예수님은 얼마나 아프셨을까?" 나는 십자가에 매달려 피눈물을 흘리시는 주님의 아픔이 파도처럼 밀려와 흐느껴 울었다. 눈을 떠 보니 꿈이었다. 그런데 내 눈에서는 눈물이 계속 흐르고 있었다. 목사님의 말씀 한마디에 약해졌던 내 믿음도 다시 기운을 얻어 되살아나기 시작했다. 십자가에 달려 있는 예수님의 모습을 통해 비로소 모든 상황을 받아들일 만한 용기가 생기기 시작한 것이다.

아픈 상황들을 현실로 받아들이고 인정하자, 모든 게 달리 보이기 시작했다. 의사 선생님의 지시를 따라 적극적으로 치료받으려는 의지도 생겼다. 남편은 늘 옆을 지키며, 기도하고, 찬송하며, 따뜻한 말로 내게 힘을 주었다. 함께 누워 있는 병실의 환우들과도 마음의 문을 열고 이야기를 나누었다. 병원에서 나오는 밥도 맛이 있었고. 병원에서 드리는 예배에도 참석했다. 나의 아픔을 들고 기도실을 찾아 하나님에게 도움을 요청하기도 했다. 마음과 생각을 바꾸고 다시 하나님에 대한 신뢰를 회복하니, 담당 간호사들도 예뻐 보였다. 무엇보다, 좋은 시설을 가진 병원에서 최고의 의사 선생님에게 수술받고 치료받게 된 것에 대해서도 비로소 감사한 마음이 피어올랐다. 뛰어난 의술과 훌륭한 인품으로 환자를 돌보시는 정준 선생님이 고마웠다. 이 모든 것이 하나님의 은혜 아래 있음을 깨닫게 되어 입에서 저절로 감사가 흘러나왔다.

수술 후 열흘 동안 입원치료를 받고 퇴원하였다. 그러나 퇴원하는 나에게 의사 선생님은 항암치료와 방사선치료를 해야 한다고 당부하셨다. 항암치료의 부작용에 대해 이미 들은 바가 있어 또다시 두려움이 몰려왔지

죽음의 문턱까지 가 보았기 때문일까. 이제 죽음은
두려움의 대상이기보다는 하루하루 내 삶을 비춰 보는 거울이 되었다.
어떻게 하면 오늘 지금 이 순간을 값지게 살까
성찰하게 만드는 거울!

만, 강한 의지와 신념으로 말씀하시는 의사 선생님과 남편의 말을 믿고 치료받기로 결심했다.

유방암은 항암주사를 맞기 시작하면 머리가 다 빠진다. 머리카락이 빠지는 모습을 보면 또다시 좌절과 절망 속으로 빠져들까 봐, 미리 미용실에 가서 머리도 밀고 가발도 맞춰 썼다. 예쁜 모자를 선물 받았고, 예쁜 스카프도 따로 샀다. 나의 머리에는 검정 머리 대신, 예쁜 모자와 스카프가 씌워졌다.

그렇게 마음의 준비를 했는데도 항암치료는 힘겨웠다. 임산부처럼 입덧도 느끼고, 구토증세로 음식을 먹기가 힘들었다. 음식을 못 먹으니 당연히 몸을 가누기조차 어려웠다. 어지럼증 때문에 응급실로 가서 링거를 맞아야 했다. 먹으면 토하고, 먹으면 토하고……. 나는 기력이 쇠진할 대로 쇠진하여, 또다시 죽음의 문턱에 가까이 다가선 듯싶었다. 그러다 구급차에 실려 응급실에 입원하기도 했다.

그렇게 항암치료가 끝난 후, 방사선치료를 시작했다. 여전히 몸은 나른하기만 하고, 쉽사리 입맛을 찾을 수 없었다. 가족들은 온갖 몸에 좋은 음식들을 구해다 주며, 빨리 기운 차리기를 빌었다. 이런 가족들의 정성에도 나는 음식을 먹지 못해, 몸은 싸릿가지처럼 앙상하게 말라만 갔다.

마침내 32회의 방사선치료를 마쳤다. 나는 병원에서 일러 준 대로, 먹는 것을 조심하고 스트레스를 피하려고 애썼다. 그리고 운동을 하면서, 5년 동안 약을 먹고, 6개월에 한 번씩 정기검진을 받았다. 그리고 여기까지 오게 되었다.

오랜 투병과정을 통해 나는 이전의 것들과 결별하고 새로 태어나는 은총을 입었다. 전적으로 하나님의 은혜였다. 아프기 전에는 아픈 사람을 보면, 그냥 형식적으로 위로의 말을 했을 뿐이었다. 이제는 남의 아픔을 내 아픔으로 공감할 수 있게 되었다. 내가 고통의 시간을 통과하며 조금 성숙해진 것일까. 어떤 이가 감옥을 대학이라고 하는 글을 읽은 적이 있었는데, 세브란스병원은 내 인생을 성숙하게 한 대학에 다름 아닌 것이다. 죽음의 문턱까지 가 보았기 때문일까. 이제 죽음은 두려움의 대상이기보다는 하루하루 내 삶을 비춰 보는 거울이 되었다. 어떻게 하면 오늘 지금 이 순간을 값지게 살까 성찰하게 만드는 거울! 벌써 9년 가까운 세월이 흘렀지만, 나는 말할 수 있다. 하나님은 암이라는 고통을 통해서 이전과는 전혀 다른 제2의 인생을 살도록 해 주셨다고.

김경아 님은 현재 인도네시아 선교사이다.

건강에 대한 자만을 참회하다

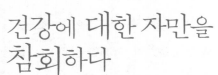

박종화 목사의 이야기

2010년은 내 인생 최대의 위기요 분기점이었다. 그해 12월 13일, 세브란스병원에서 정밀검진을 받은 나는 〈인두 암〉이라는 통고를 받았다. 주치의인 최은창 교수는 내 표정을 살피며 조심스레 말했다.

"목사님이시니, 잘 받아들이시리라 믿고, 있는 그대로 말씀드립니다."

나는 설마 큰 탈이야 있을까 싶었지만, 막상 인두암이라는 통고를 받고 나니 가슴이 덜커덩 내려앉았다. 그래도 애써 담담한 표정을 유지하려 애쓰며 물었다.

"상태가 어느 정도입니까?"

"조금 심각합니다. 3기 정도로 발전된 상태입니다. 서둘러 수술을 받으셔야 하는데, 빠를수록 좋습니다."

인두암 3기라는 통고를 받고 세브란스병원을 나서며, 나는 먼저 하늘을 올려다보았다. 영하의 추운 날씨였는데, 하늘은 구름 한 점 없이 파랬다. 나는 한참동안 하늘을 올려다보다가 혼자 중얼거렸다. "주님은 도적같이 오신다더니, 죽음도 이렇게……?"

택시를 타고 집으로 돌아가는 데, 숱한 얼굴들이 떠올랐다. 사랑하는 아내와 자식들의 얼굴, 교우들의 얼굴……. 이제 내가 집으로 돌아가 이 결과를 가족들에게 얘기하면 얼마나 놀랄까. 교우들은 또 얼마나 놀랄까. 평소 섭생을 잘해 몸과 영혼의 건강을 돌보라고 설교해 온 내가 아닌가! 그런 내가 이토록 엄청난 중병에 걸리다니. 나도 몰래 눈시울이 젖었다.

하지만 나는 남들이 어떻게 보느냐, 교우들이 어떻게 생각할까 하는 문제는 접어 두기로 했다. 주치의의 권고대로, 빠른 시간 내에 수술을 받기로 결심했다. 하지만 코앞으로 다가온 성탄절예배와 행사는 다 마무리하고 수술에 들어가고 싶었다. 처음에 주치의는 수술은 빠를수록 좋다며 성탄 전이 어떻겠냐고 했지만, 교회의 상황을 설명하자 성탄절기를 지나 12월 31일에 수술하도록 배려해 주었다.

목회자인 나는 수술하기 전에 두 가지 일을 결정해야 했다. 하나는 장례식 집전의 문제였다. 평소 사랑하는 교우의 가장이 하루 전에 소천하셔서 세브란스병원 영안실에 안치된 상황이었다. 암환자가 되어 장례식을 집전한다는 것이 소천하신 분보다는 유가족에게 미안한 마음이 들었다. 그래서 장례예배와 묘지에 안장하는 하관식을 마치기까지, 내 병에 대해서는 입 밖에도 꺼내지 않았다. 장례식을 끝낸 이틀 후, 나는 교회 당회원들에게 공식적으로 암진단을 통고받은 사실을 알렸다.

또 하나는 성탄예배 중 베푸는 '영아세례'에 관한 것이었다. 경동교회는 전통적으로 성탄예배 때 항상 영아세례를 베풀어 왔다. 다른 것은 몰라도 영아세례는 내가 꼭 집전하고 싶었다. 그러나 다른 한편 이제 막 신앙의 삶을 시작하는 아기에게 건강상 문제가 있는 목사가 세례를 베푼다는 것이, 어린 수세자受洗者는 말을 못한다 해도, 젊은 부모들의 마음은 어떨까 하는 생각이 마음을 무겁게 내리눌렀다.

이처럼 영아세례를 베풀고 싶은 마음과 베풀지 않는 것이 좋겠다는 마음이 오락가락하는 중에, 당회에서는 중환자가 된 나를 배려하여 모든 목회업무를 중단하는 것이 좋겠다는 의견을 조심스레 전해 왔다. 나는 고마운 마음에 당회의 의견을 존중하여 그 뜻에 따르겠다고 했다. 나는 성탄절에 세례받을 아기들을 위해 주님의 크신 축복을 빌며 마음으로만 기도했다.

암환자가 되고 난 후, 한 인간으로서의 공개적인 자기 고백과 신앙의 결단을 2010년 12월 19일 주일강단을 통해 설교로 전달했다. 성탄을 앞두고 있었기에 "메시아를 기다리며"라는 주제로 설교했다. 아래의 설교문은 꾸밈없는 당시의 내 심정을 그대로 담았다.

성탄을 앞두고 설교를 준비하면서 메시아를 기다리는 우리 마음이 어떠해야 할까, 미리 준비한 게 있었는데, 제 신상에 긴급상황이 발생하면서 뉘앙스에 변화가 생겼습니다. 오늘 설교 중에 제 사적인 고백이 나오더라도, 깊이 양해하시고 들어 주시면 고맙겠습니다.

오늘은 메시아를 기다리는 마지막 주일입니다. 〈누가복음〉에 예수의 어머니 마리아가 아들이 태어나는 것을 찬미하는 노래가 기록되어 있습니다.

성모 마리아의 기도이고, 시이며, 간구입니다. "마리아 찬가"로 잘 알려져 있는 이 본문으로 사람들은 찬미의 노래도 만들고, 시낭송도 하고, 설교도 하지요. 저는 이번에도 마리아 찬가를 읽으면서 깊은 감동을 받았습니다.

마리아는 메시아가 오시는 것을 계기로 이렇게 노래합니다. "주께서는 그 팔로 권능을 행하시고, 마음이 교만한 사람들을 흩으셨으니, 제왕들을 왕좌에서 끌어 내리시고, 비천한 사람들을 높이셨습니다. 주린 사람들을 좋은 것으로 배부르게 하시고, 부한 사람들을 빈손으로 떠나보내셨습니다." 사실 저는 이 대목에서 가슴이 찔렸습니다.

그동안 저는 제 몸에 철갑이 둘러쳐진 줄 알고, 건강에 대한 자만심에 차서 65년을 살아왔습니다. 제 몸에 관해서 무모할 정도로 교만했던 거지요. 아픈 분들을 위해서 기도는 했지만, 나에게는 그처럼 아파서 힘들어하는 일이 없을 거라 여기며 살아왔던 겁니다.

그처럼 교만하게 살아온 제가 이번에 심판을 받게 되었습니다. 메시아가 오시면 교만한 자를 흩으시고 평화의 길로 인도하실 것이라는 그 말씀을 이제 제 몸으로 믿게 되었습니다. 교만, 혹은 오만에도 여러 행태가 있지요. 지적인 오만, 즉 우리가 공부 좀 했다고 얼마나 많은 사람의 가슴을 아프게 합니까! 권력을 차지하여 높은 자리에 앉아 거드름을 피우는 이들의 오만 때문에 얼마나 많은 이가 고통을 받습니까! 부를 축적하여 소유가 많다는 이들의 오만 역시 얼마나 많은 사람을 힘들게 합니까!

교만에 사로잡힐 때 생기는 더 큰 문제는, 우리가 교만해지면 창조주와 대화할 수 없다는 것입니다. 교만이 거대한 절벽처럼 하나님과 우리 사이를 가로막기 때문입니다. 그래서 마리아는, "너희가 메시아를 기다린다면 교만의 죄에서 돌아서라, 하나님 앞에서 겸손하도록 하여라"고 권면하고 있는 겁니다. 저 역시 메시아가 오시기를 기다리는 사람이기 때문에, 저의 오만을 회개하고 싶습니다. 그리고 겸손하고 싶습니다.

두 번째로 메시아를 기다리는 우리가 기억할 것은, 메시아는 도적처럼 오신다는 것입니다. 우리가 만든 달력에 따라서 오시는 게 아니라 하나님의 달력에 따라 오시는데, 우리가 도무지 예상하지 못할 때 오시기 때문에 도적같이 온다고 표현했습니다. 저는 이번에 암이라는 진단을 받고 비로소 그것을 절실히 깨달았습니다. 저한테도 암이 도적같이 왔습니다.

물론 메시아가 오실 때에는 미리 징조를 보여 주십니다. 그러나 사람들은 그 나타난 징조를 알지 못합니다. 그러므로 우리는 때의 징조를 깨달아야 합니다. 세상의 흐름 속에서, 역사의 변화 속에서, 사람의 마음속에서 하나님이 보여 주시는 징조를 헤아릴 줄 알아야 합니다. 저 역시 암이라는 진단을 받기 전에 이미 징조가 있었습니다. 하지만 무지한 저는 그 징조를 깨닫지 못했습니다. 그러므로 우리는 항상 깨어 있어야 합니다. 그리고 깨어서 기도하기를 게을리하지 말아야 합니다.

〈이사야서〉에 보면, 이스라엘 백성도 메시아를 기다렸습니다. 바빌로니아의 포로로 살던 이스라엘 백성은 먹을 것과 마실 것이 부족했고, 부자유의 고통 속에 마음도 몸도 상했으며, 나라를 찾을 희망마저 없었습니다. 그래서 백성들이 묻습니다. 도대체 메시아가 오시면 무슨 일이 생깁니까? 이사야가 하나님의 말씀을 대언합니다. "메시아가 오시면 모든 백성에게 위로를 베풀어 주실 것이다"라고. 여기서 '위로'라는 말은 정치적 변화, 심리적 변화, 세상적 변화, 이 모든 것을 가리키는 의미를 담고 있습니다. 하나님이 역사 속에 들어오셔서 역사에 개입하시면 백성이 위로를 받습니다.

그러나 하나님의 위로가 무슨 벼락처럼 뚝 떨어지지는 않습니다. 만일 하나님의 위로를 받기 원하면, "길을 닦으라"고 하십니다. 하나님은 인간이 닦은 길로 오십니다. 길도 닦아 놓지 않았는데, 메시아가 낙뢰나 번개처럼 오시지는 않습니다. 지식의 오만, 권력의 오만, 재물의 오만이 산처럼 높아 길을 가로막으면, 하나님의 위로를 선물로 주시는 메시아는 우리에게 올 수 없습니다. 오만의 산을 깎고 겸손해지기 바랍니다. 무엇보다 우리의 마음을 비워 메시아가 오실 길을 닦아야 합니다. 길도 안 닦고 준비도 없이, 하나님의 은총이 기적처럼 임해 달라고 기도하면 안 됩니다. 길 없이 하나님은 오실 수 없습니다.

오늘 성가대 찬양을 잘 들었습니다. 다양한 소리가 서로 어울려서 화음을 이룬 찬양이 깊은 감동을 주었습니다. 우리 사회의 모습은 무척 다양한데 서로 화하고 통해야만 아름다운 사회를 이룰 수 있습니다. 여러분의 찬양을 통해 저 자신도 깊이 깨달았습니다. 제 몸 속에 있는 장기들이 서로 화하고 통하고 연결이 잘 되어야 제가 건강할 수 있다는 것을. 이제 저는 암선고를 받고, 막힌 장기를 뚫어야 한다는 것을 깨닫습니다. 물론 그것은 제 의지로만 되는 일이 아닙니다. 의료기술과 치유하시는 하나님의 은총이 함께해 주셔야만 가능한 일입니다.

저는 오늘 말씀을 드리면서 제 잘못의 일단을 고백합니다. 저는 그동안 목회자로서 아프신 분들을 심방하면서 기도도 하고 위로의 말씀도 드리곤 했는데, 제가 몸으로 직접 질병을 앓아 보지 않아서 그랬겠지요, 아픔에 대한 진심어린 공감을 가지고 위로의 말씀을 전하지 못했다는 생각이 듭니다.

아마도 그래서 하나님이 저에게 이런 시련을 주신 것이 아닌가 하는 생각이 듭니다.

"박종화, 너도 최악의 상황에서 아픔이 뭔 줄 깊이 알고, 앞으로 목회를 할 수 있는 기회가 주어진다면 진심어린 마음으로 위로하는 존재가 되어라."

저는 이번에 하나님의 아들 예수가 말구유에 나신 것의 의미를 깊이 깨달았습니다. 왜 수많은 곳을 놔두고 말구유에 태어나셨을까요? 구유는 가장 천한 곳입니다. 가장 밑바닥입니다. 누구도 가기 싫어하는 곳, 질병으로 말하면, 암입니다. 사회적 신분으로 말하면 누구도 쳐다보지 않는 비천한 처지입니다. 하나님은 왜 그런 비천한 곳에 나셨을까요? 하나님은 그런 곳에도 은총을 베푸신다는 것입니다. 더럽고 누추해서 인간은 가고 싶어하지 않는, 아니 인간은 갈 수 없는 최악의 상황, 최악의 장소까지도 가신다는 것입니다. 그리고 우리는 그런 비천한 자리에 나신 분을 메시아라고 고백하는 것입니다.

모든 것을 알고 나서 약속한 것은 아닌데, 사실 한 달 전에 이미 잡혀 있던 특별강연이 지난 주간에 세브란스에서 있었습니다. 제가 발제한 주제는 "죽음을 당하지 말고 죽음을 맞이합시다!"라는 것이었습니다. 이때 저는 이런 이야기를 했습니다. 생명은 자기 안에 죽음을 품고 살고 있다고. 죽음은 외부의 조건에 의해 맞이할 수도 있지만, 우리 존재내부에 감춰져 있다고. 막상 제 형편이 이렇게 되고 보니까, 죽음은 내 안으로부터도 생길 수 있다는 사실이 더 절실히 다가옵니다. 장기 하나가 망가지면 죽음입니다. 죽음이 항상 우리 안에 있습니다. 우리가 자기 내부에 있는 죽음을 무시한 채 살 수는 있지만, 그것은 교만입니다.

우리는 항상 잊지 말아야 합니다. 죽음은 늘 가능성으로 존재한다는 것을. 우리 장기 하나가 죽으면 우리 목숨이 죽을 수 있는 것처럼, 죽음은 항상 우리를 엄습할 수 있습니다. 생명 속에 죽음, 정의 속에 불의, 자유 속에 부자유, 이처럼 둘이 항상 같이 붙어 있는 것이 우리 삶의 현실입니다. 그래서 죽음, 절망, 아픔은 항상 누구에게든지 가능성으로 상존합니다. 그걸 알고 살아가십시오. 따라서 항상 깨어 있어야 합니다.

그런데 생명 속에만 죽음이 존재합니까? 반대로 죽음 속에는 생명의 가능성이 존재하지 않습니까? 그렇지 않습니다. 우리가 믿는 메시아는 죽음 속에도 생명이 있다고 하십니다. 사람의 죽음이 아니고, 예수 그리스도의 죽음 속에 생명이 잉태되었습니다. 메시아는 예수 안에서 죽음을 죽였고, 죽음 속에서 다시 영원한 생명의 길을 열어 놓으셨습니다. 예수의 십자가는 죽음입니다. 그런데 십자가의 죽음 속에 생명이 움터났습니다. 골고다 언덕에서 죽으신 예수의 십자가 속에서 부활생명이 움터나고 있었습니다. 부활생명이 잉태했습니다. 3일 후에 부활생명이 나와서 죽음을 다시 없앴습니다. 죽음을 죽인 것입니다. 이 사실을 보면서 확언할 것이 있습니다. 아무 죽음 속에나 생명이 가능성으로 존재하는 것이 아니라, 그리스도의 십자가 죽음 속에 있어야만 부활생명이 죽음을 뚫고 움터난다는 것입니다.

우리에게 오시는 메시아는 거기까지 보장해 주시는 분입니다. 그 메시아를 믿고 기다리며, 오늘 이 순간에 주어지는 생명의 약속을, 약속된 생명을, 멋있게 누리며 기쁘게 사십시오. 메시아는 지금도 오십니다. 어떻게 기다리시든지, 진심으로 기다립시다. 죽음 속에서도, 아픔 속에서도, 분노 속에서도, 기쁨이 그리고 새로운 생명이 잉태될 수 있습니다. 메시아가 주시는 약속입니다. 약속을 믿으시면 힘 있게 사십시오. 이 나라의 운명, 우리 사회의 운명, 각자의 운명, 그것에 매이지 마시고, 하늘을 향해서 메시아의 빛에서 새로운 삶의 미래를 열어 보십시오. 이렇게 결단하며 '메시아를 기다리는 삶'이 여러분에게 크신 축복으로 임하시길 기도합니다. 아멘.

이런 설교를 한 후 나는 기도하는 마음으로 수술날짜를 기다렸다. 한 해의 마지막 날, 드디어 12월 31일이 되었다.

나는 수술 들어가기 직전 마취주사를 맞았다. 솔직히 불안이나 좌절감은 별로 없었다. 반드시 쾌차하리라는 확신이 있었기 때문이다. 마취주사를 맞는 나에게 주치의 선생님이 말했다.

"힘들고 복잡한 수술이지만, 최선을 다할 터이니 염려하지 마십시오. 그러나 의사인 저의 최선은 목사님 치유과정에 80% 정도의 역할밖에 못합니다. 하나님의 은혜와 목사님의 기도와 의지가 그 나머지를 담당합니다."

주치의의 말은 내게 큰 용기와 감동을 주었다. 나는 마취주사를 맞으며 솔직하고 짧은 기도를 드렸다.

"주님, 만일 제가 수술 후 회복되지 못하게 된다면, 제가 미처 고백하지 못한 저의 죄를 지금 말끔히 용서해 주십시오. 그러나 가능하면 저를 살려 주셔서, 입과 몸으로 사죄하고 사죄받아, 구원에 이르는 축복을 허락해 주십시오. 모든 것을 주님에게 맡기니, 주님 뜻대로 하십시오."

이렇게 속으로 기도하는 사이에 나는 침대에 실려 순식간에 수술실로 옮겨졌고, 그 후 장장 16시간의 수술 끝에 살아 돌아왔다.

수술 이전이나 이후나 나에게는 한 가지 변치 않는 믿음이 있다. 질병

그런데 생명 속에만 죽음이 존재합니까?
반대로 죽음 속에는 생명의 가능성이 존재하지 않습니까?
그렇지 않습니다. 우리가 믿는 메시아는 죽음 속에도 생명이 있다고 하십니다.

과 치료는 생명살기의 한 과정이라는 점이다. 비록 그 과정이 힘들고 괴로운 것이며, 또 치료를 받다가 죽게 된다 해도, 죽음 자체는 생명의 중단이 아니라, 이 땅의 생명에서 저 하늘의 영원한 생명으로 건너가는 다리의 역할이라는 것. 죽음은 인간에게 주어진 생명을 마감시키지만, 동시에 새롭게 주어질 또 다른 생명을 출발시키는 중요한 과정이요 이어주는 교량이라는 것. 그래서 '제대로 죽음,' '뜻있게 죽음,' 아니 흔히 말하는 '웰다잉'Well-Dying이 필요하다는 사실을 알자는 것이다.

물론 이것은 육신의 죽음을 뛰어넘어 신앙의 영역에 속하는, '생명-죽음-생명'의 축복이 담긴 고백적 언어이다. 그리고 이 언어는 이 언어로 표현될 수밖에 없는 고백적 삶을 증언하는 살아 있는 생명언어이다. 남아프리카 만델라 대통령의 죽음 앞에서 노래하고 춤추며 찬양하는 다수의 무리는 자신들의 행위를 통해 만델라의 죽음보다는 죽기 전에 함께했던 아름답고 기쁘고 고마웠던 기억을 되살림으로써, 장례예식에 기쁨의 축제를 담는다는 말을 들으며, 나는 고개가 숙여졌었다. 우리는 장례에서 죽음을 슬퍼하지만, 동시에 죽음이 데려가는 또 한 생명의 약속을 확약받고, 이에 감사하는 미래지향의 장례식을 지내야 할 것이다.

수술 이후의 회복과정에서 생긴 일들을 일일이 다 말할 수는 없다. 다만 몇 가지 남기고 싶은 이야기가 있다. 수술 후 봉합한 목 부위를 잘 보전해야 해서 꼼짝도 않고 침대에 누워 움직일 수 없었던 때가 있었는데, 그것은 정말 감내하기 힘들었다. 그렇게 고통스럽게 누워 있으면서, 푸근한 부자유의 고급 침대보다는 차라리 자유할 수 있는 추운 말구유가 훨씬 좋겠다는 엉뚱한 생각도 했었다. 그러니 정상적으로 걸을 수 있고 먹고 마시며 자유스럽게 일상을 살 수 있는 것 자체가 무한한 생명의 축복인데, 나 역시 이런 시련을 겪기 전에는 그런 일상의 축복에 뜨겁게 감사하며 살지 못했다.

그렇게 움직이지 못한 채 열흘 정도가 지나자, 코에 끼워 목을 관통해 음식과 물을 공급하던 호스를 빼 주었다. 그때의 그 감격을 무어라 표현할 수 있을지! 그런데 그 감격과 기쁨도 반짝, 또 다른 시련이 왔다. 식도가 오랫동안 접착되어 있었기에, 물 한 모금을 삼키는 데 5분이나 걸리는 것이었다. 죽 한 숟가락을 넘기는 데에는 30여 분이나 걸렸다. 그런 고통의 순간마다, 마시고 먹는 데 불편이 없으면 그것 자체가 축복이라는 생각이 내 가슴을 아프게 훑고 지나갔다.

이제 마지막으로 세브란스에 남기고 싶은 감사가 있다. 인두암을 치료하는 동안, 처음부터 마지막까지 아주 물 흐르듯이 이루어진 협진체계는 정말로 고맙고 존경스러웠다. 솔직히 어쩌다 눈 좀 붙이려 들면, 여지없이 깨워 묻고 검진하는 다양한 협진부서의 의사와 간호사들이 야속하기도 했다. 매일 밤낮 지속되었으니까. 그러나 신뢰와 친절의 앙상블에 비하면 아무것도 아니었음을 고백한다.

또 하나, 협진하는 의료진 상호간의 존경과 칭찬이 환자의 마음을 감동시켰고, 그것이 엔돌핀으로 작용하여 치료를 앞당길 수 있었다고 믿는다. 병원의 책임자 되는 분들이 가끔씩 오셔서 격려하고, 담당 의료진에 대한 전폭적 신뢰와 사랑의 마음을 전해 줌으로써, 환자로 하여금 의료진에 대한 믿음을 심는 데 크게 공헌했다고 본다. 실제로 수술을 집도하신 분은 암덩어리를 떼어 낸 공간을 정확하게 성형하여 메꾸어준 분 덕택에 치료가 잘되었다고 칭찬하고, 메꾸신 분은 암덩어리를 제거한 분의 집도가 훌륭해서 그렇다고 칭찬하는 모습을 보며 절로 그런 생각이 들었다.

이런 의사들과 동행하는 간호사들의 웃음 띤 격려와 친절 또한 환자의 마음에 편안함과 신뢰를 선사해 주었다. 이 모든 일은 세브란스 식구들의 독특한 '전문인적 사람됨'에 있겠지만, 세브란스가 내걸고 승부를 거는 공동의 고백, 곧 "하나님의 사랑으로 인류를 질병으로부터 자유롭게 한다"는 세브란스의 결집된 '혼'을 나는 현장에서 뜨겁게 경험했다. 이 '세브란스 혼'이 계속 크게 열매 맺기를 진심으로 기원한다.

박종화 님은 현재 경동교회 담임목사이다.

손발이 없어도 난 아직
가진 것이 더 많아

김미원 님의 이야기

2013년 가을이었다. 하늘이 유난히 높고 푸르던 날, 나는 홍콩행 비행기에 몸을 실었다. 내 옆자리에는, 올해 초 간호대학을 졸업하고 세브란스병원 간호사로 취직한 딸이 새벽근무를 마치고, 곧바로 공항으로 달려와 앉아 있었다. 비행기가 이륙하자, 딸은 밤새 근무한 탓에 피곤했는지, 금세 곯아떨어졌다. 곁에 잠든 딸을 바라보며, 정말 대견하고 감사하다는 생각이 절로 들었다. 며칠 주어진 금싸라기 같은 휴가를 몸이 불편한 엄마를 위해 쓰겠다며 길잡이가 되어 나선 것이다. 아직 얼마 되지 않는 월급으로 비행기 티켓까지 손수 마련하여.

반갑지 않은, 그러니까 참으로 고약한 손님이 나를 찾아온 것은, 바로 내 곁에 잠든 딸이 초등학교 6학년 때였다. 그 당시 내 나이는 40대 초반. 아무런 마음의 준비도 없는 나에게 낯선 손님이 찾아왔다.

〈근육암!〉

결혼 후 시부모 모시고 아이들 키우면서, 가계에 보탬이 되고자 짬짬이 수학과외도 하며 열심히 살던 때였다. 어느 날 발목에 심한 통증을 느껴 병원에서 정밀검사를 받고 근육암이라는 통보를 받았을 때, 그것은 정말 청천벽력(!)이었다. 오른쪽 복숭아뼈에 난 조그만 혹이 나를 인정사정없이 쓰러뜨렸던 것이다.

"암세포가 많이 퍼져 있어서 다리를 절단해야겠습니다."

의사의 진단을 듣는 순간, 나는 꿈이기를 바랐다.

"다리를 절단하다니요? 다른 방법은 전혀 없습니까?"

내가 억울하다는 듯 이렇게 묻자, 의사는 자기가 잘못한 일도 없으면서 미안한 표정을 지으며 나직한 음성으로 대답했다.

"그렇습니다. 현재로선 절단이 최선입니다."

의사가 이렇게 선고한 순간부터, 나는 아무것도 할 수 없는 몸이 되었다. 너무 기가 막혀 눈물도 나오지 않았다. 다만 가족을 위해 열심히 앞만 보고 살아온 내가 너무 불쌍하고, 남겨질 아이들과 남편이 걱정될 뿐이었다.

수술을 앞두고 병상에 누워 있는데, 나는 마치 내일 이승을 하직할, 사형언도가 내려진 사형수 같은 심정이었다. 깜깜한 터널 속에 나 홀로 남겨진 것처럼, 너무나 외롭고 무서웠다. 곁에 붙어선 남편도 진심으로 위로해 주고, 의사들도 친절한 미소를 지으며 치료를 위해 애써 주었지만, 나는 사람에게서 아무런 위로도 얻을 수 없었다. 나는 사람의 위로가 아닌, 절대자의 궁극의 위로가 필요했다.

그런데 아이러니컬하게도 그 궁극의 위로는 사람을 통해 베풀어졌다.

어느 날 병원 원목실의 목사님이 찾아와 성경말씀을 읽고 기도해 주셨는데, 그 말씀과 기도 중에 주님이 나를 에워싸고 계심을 뜨겁게 느낄 수 있었다. 그 순간부터 나는 캄캄한 터널 속에서 빛을 보았고, 그 빛을 보고 나니 내 자신이 새롭게 보이기 시작했다. 나는 눈물을 흘리며 주님에게 감사의 기도를 올렸다.

"주님, 보이는 곳에 발병하여 빨리 발견하게 도와주시고, 또 이렇게 치료받게 해 주신 것을 감사합니다."

수술실로 들어가던 날, 남편이 내 손을 잡으며 말했다.

"여보, 수술실 밖에서 당신 수술이 끝나기까지 기도하고 있겠소."

나는 주님에게 나를 맡기기로 했기 때문에, 수술실로 들어가면서도 마음이 괴롭거나 두렵지 않았다. 그래서 남편에게 웃으면서 말할 수 있었다.

"고마워요. 나 이젠 괜찮아요. 아마 수술도 잘 될 거예요."

이런 내 믿음대로 수술도 잘 끝났다. 물론 수술을 마친 후 절단된 뼈의 고통 때문에 무척 힘들었지만, 나는 십자가에 못 박힌 예수님의 고통을 떠올리며 몸의 고통을 이겨 낼 수 있었다.

그러나 고난은 여기가 끝이 아니었다. 2차 항암치료가 끝난 후 심장마비에 급성신부전까지 겹쳐, 나는 의식을 잃은 채 중환자실로 실려 갔다. 설상가상으로 패혈증까지 오면서 혈압이 곤두박질쳐, 죽음의 문턱까지 가고야 말았다.

나중에 들으니, 의사는 남편에게, 회생할 수 없을지도 모르니 마음의 준비를 하고, 애들을 불러 엄마의 얼굴을 보게 하라고 했었다는 것이다.

그러나 나는 죽음의 문턱에서 다시 깨어났다. 의식이 돌아온 나는 내가 누워 있는 곳이 중환자실이라는 걸 어렴풋이 느낄 수 있었다. 입에는 호흡기가 물려져 있었다. 호흡기 때문에 말을 할 수 없으니 정말 답답했다. 그동안 시간이 얼마나 흘렀는지, 내가 왜 이렇게 중환자가 되어 누워 있는지도 누구에게 물어볼 수 없었다. 의식은 깨어났지만, 몸의 고통은 이루 말할 수 없었다. 극도로 쇠약해져서 그렇겠지만, 나는 이상한 환상에 시달렸다. 그럴 때마다 나는 환상을 떨치려 애쓰며 젖 먹은 힘을 다해 기도했다. 그리고 나의 생사를 주님에게 다 맡기고, 모든 짐을 그분 앞에 내려놓았다.

며칠이 흐르자, 내 몸은 서서히 회복되었다. 잘 듣지 않던 항생제가 효과를 내어, 내가 살아나게 된 것이라고들 했다. 어떤 이는 내가 살아난 것을 기적이라고 말하기도 했다.

하지만 중환자실을 나와 일반병실로 옮기는 날, 나는 내 모습에 경악했다. 심장마비 때문에 원활한 혈액공급을 위해 약을 과도하게 쓸 수밖에 없었다는데, 그 결과 두 손과 나머지 성한 발에 괴사가 와서 모두 시커멓게 죽어 있었던 것이다. 육체적 고통도 말로 형용할 수 없을 정도였다. 진통제 없이는 한 순간도 견딜 수 없었고, 5분 이상 잠을 이룰 수도 없었다. 그러나 나는 다시 살았다는 생각에 고통을 참아낼 수 있었다.

얼마간 몸을 추스린 후, 나는 또다시 수술대에 올랐다. 썩어버린 여덟 개의 손가락과 나머지 왼쪽 발을 절단하는 수술이었다. 수술실로 들어가던 날, 나는 주님에게 기도하며 울지 않으려 이를 악물었지만, 내 몸의 지체들을 잃어버린다는 슬픔을 견딜 수 없어 남편 앞에서 눈물을 쏟고야 말았다. 남편은 내 어깨에 손을 얹고 나직한 음성으로 말했다.

"여보, 난 당신이 살아 있는 것만으로 고맙소. 그러니……."

남편 역시 나를 위로하다 끝내 눈물을 쏟았다. 그렇게 해서 수술을 마친 나는 사지가 멀쩡한 데가 한 군데도 없는 일급 장애인이 되어버렸다. 마음속으로 피눈물을 흘렸을 가족은 내게 살아 줘서 고맙다고 했다. 그렇게 일급 장애인으로 전락한 나를 기꺼이 받아 주는 가족이 고마웠다. 나는 가족의 극진한 배려 덕분에 나 자신을 받아들이고 재활에 집중할 수 있었다.

재활병원에서 의족을 몸에 착용하고 처음으로 서 보던 날, 나는 남편과 아이들 앞에 의연한 모습을 보이고 싶어 웃으며 말했다.

"이렇게 서니까 공기가 다르네."

내 웃음과 농담을 듣고, 남편과 아이들도 활짝 웃었다. 재활을 하는 동안, 오른쪽 손가락이 모두 한 마디씩 없어서 쥐기도 힘들고 아팠지만, 나는 사과껍질도 내 손으로 직접 깎고, 그 밖의 모든 일도 타인의 도움을 빌리지 않고 하려고 노력했다. 머리카락 한 올 없는 까까머리에 얼굴은 퉁퉁 붓고, 환자복 바지는 없는 다리 때문에 덜렁거려도, 나는 화장을 했다. 재활훈련을 위해 손을 쓴다며 없는 눈썹 위에 눈썹을 그리고, 입술에는 삐뚤빼뚤 립스틱도 발랐다. 그렇게 재활을 하며, 나는 홀로 내 자신에게 중얼거리곤 했다.

"하나님이 이런 내 모습을 사랑하시는 것처럼, 나도 이런 내 모습을 사랑해."

중환자실에서 나온 후 한 동안 애기처럼 누워만 있었는데, 의족을 하고 난 후 비로소 일어서서 조금씩 걷기 시작했다. 그렇게 의족에 의지해 걸으면서, 정말 다시 태어난 게 맞다는 생각이 들었다. 사람은 모든 것을 잃은 후에 그 소중함을 알게 되는 모양이다. 손발이 멀쩡할 때, 내가 멀쩡한 손발을 두고 감사한 적이 있었던가!

재활과정이 끝난 후, 나는 곧 퇴원했다. 집에 와 안정을 취하던 어느 날부터, 나는 걸레를 움켜쥐고 방을 닦기 시작했고, 휠체어에 의지해서 식구들의 밥을 지으며 하나님에게 감사했다. 다시 가족을 위해 밥을 지을 수 있게 된 것이 얼마나 감사하던지!

몸의 재활보다 사회의 일원이 되는 재활이 더 어려웠다. 타인의 시선이 부담이 되었다. 무엇보다 동정의 시선이 싫었다. 나는 철저하게 나 자신을 인정하기 위해서 몇 년 동안 병원에서 암 환자들을 만나는 자원봉사를 했다. 환자들에게 나를 당당히 소개하면서, 나를 완전하게 인정하는 계기가 되었다. 내가 스스로 나를 인정하고 사랑할 때, 다른 사람들의 시선으로부터 자유롭고 당당하게 될 수 있었다. 의족을 신어 뒤뚱거리며 걷고, 마디가 없는 불구의 손을 내밀어 물건을 사고 돈을 내미는 내 모습을 더 이상 부끄러워하지 않게 되었다. 어떤 이들이 뒤뚱거리는 나를 보며 의아한 눈빛을 하면, 나는 거침없이 "의족을 해서 그래요"라고 말해 주었다. 그러면 그들이 미안한 표정으로 정말 대단하다고 칭찬하곤 했다.

내가 병상에서 투병할 때, 문병 오시는 분들은 대개 "고난이 축복이다"라며 위로를 했다. 사실 그들은 신체의 일부를 상실한 내 모습을 보면서 어떤 위로의 말도 떠오르지 않았을 것이다. 그리고 솔직히 그때 나는 그들이 말하는 축복이 무슨 뜻인지 잘 몰랐고, 받아들이기도 쉽지 않았다. 그러나 지금은 다르다. 불평의 눈으로 보면 나는 많은 것을 잃은 것이 분명하지만, 자족과 감사의 눈으로 보면 나는 아직도 가진 것이 많지 않은가!

대부분의 사람들이 그렇지만, 나 역시 병이 들고 난 후 건강이 중요하고 내게 주어진 삶이 얼마나 소중한지 알았다. 예전의 나는 자식들한테 공부를 잘해야 한다며 무척 극성을 떨었다. 하지만 이제는 그런 과거의 내 모습이 미안해서, 공부가 다가 아니고 더 중요한 것이 있다고 말할 수 있는 여유가 생겼다. 그렇게 했더니, 자기들 스스로 공부하고, 자기들의 미래에 대해 스스로 설계하며, 각자 자기 실현의 길을 아름답게 열어가고 있다. 어미가 어려운 시기를 신앙으로 극복한 것을 보아서 그럴까, 두 아이 다 돈독한 신앙생활을 하고 있다. 특히 간호사의 길을 걷는 딸은 아픔 많은 삶을 살아 낸 나를 생각하며, 항상 환자의 입장에서 그들에게 봉사하며 살고 있다. 이런 점을 생각하면, 내가 겪은 고난이 헛된 것은 아니지 않을까 자위하게 된다.

이제 내게 주어지는 삶은 덤이다. 이 덤을 멋지게 살고 싶다. 남들보다 조금 느리고 조금 힘이 들지만, 무슨 일이든 기쁜 마음과 감사한 마음으로 하려 한다. 얼마 전에는 내 손으로 성경전서를 필사했다. 〈창세기〉에서 시작해 〈요한계시록〉까지 다 끝냈을 때, 얼마나 큰 희열이 밀려오던지! 그 덕분에 나는 이제 손으로 하는 대부분의 일에 별 어려움이 없다.

몇 달 전에는 하나님이 창조하신 이 아름다운 자연을 사진에 담아보고

머리카락 한 올 없는 까까머리에 얼굴은 퉁퉁 붓고,
환자복 바지는 없는 다리 때문에 덜렁거려도, 나는 화장을 했다.
"하나님이 이런 내 모습을 사랑하시는 것처럼,
나도 이런 내 모습을 사랑해."

싶어 카메라를 장만했다. 처음에는 셔터를 누르기조차 쉽지 않았다. 그런데 자꾸 훈련하니 손가락에 힘이 생겨, 이제는 사진을 어려움 없이 찍는다. 틈나는 대로 산과 들을 다니며 꽃, 새, 풀, 나무, 산, 강, 태양 등, 하나님이 지으신 아름다운 창조물들을 찍어, 사람들과 더불어 그 아름다움을 나누려 한다.

병원으로 자원봉사 다닐 때면, 환자들이 내게 꼭 묻는 말이 있다. 뭘 먹고 나았느냐고. 그러면 나는 빙긋이 웃으며 대답한다.

"뭐든지 감사한 마음으로 먹으면, 약이 되는 것 같아요."

물론 정말 견딜 수 없는 고통 속에서는 감사하기 어려웠지만, 스스로 감당하기 힘든 고비가 넘어가면, 나는 늘 감사하려 노력했다. 그렇게 감사한 마음을 가지면, 치유도 빨라지는 것 같았다. 때로는 내 몸을 이루는 세포 하나하나를 향해 그동안 무심해서 미안했다고, 그러나 이제는 고맙다고 말하곤 한다. 나는 자신 있게 말할 수 있다. 내게 있어서 가장 좋은 영약은 감사였다고.

참으로 신기한 것은, 꿈에서도 나는 늘 의족을 신는다. 내 모습을 스스로 긍정하기 때문일까. 그런데 가끔 외국에 나갈 때면, 의족 때문에 공항 검색대에서 걸린다. 특히 미국공항에서는 철저하게 검사한다. 그래도 난 불평 없이 검색에 응한다. 아픈 후에도 이런저런 일로 수없이 해외여행을 다녔다. 의족을 신은 두 다리로 다른 나라 땅을 걸을 수 있다니 얼마나 감사한 일인가! 건강한 사람도 힘이 드는 패키지여행도 잘 따라다닌다. 몸이 불편해서 폐를 끼칠 것 같아 미안하다고, 같이 온 사람들에게 먼저 양해를 구하곤 한다.

　딸과 함께 떠난 이번 홍콩여행도 정말 즐겁고 행복했다. 패키지여행이라 낯선 이들이 대부분이었는데, 그들은 의족을 신고도 당당하고 씩씩한 모습으로 여행을 하는 나를 보며 모두들 탄성을 지르며 격려해 주었다. 또 몸이 불편한 엄마를 아무렇지도 않게 부축하며 명랑하게 웃고 떠들고 다니는 딸에게도 칭찬을 아끼지 않았다.

김미원 님은 현재 전업주부로서, 당당한 삶을 살고 있다.

하나님과 눈 맞추기를
게을리하지 않으리

최영임 님의 혜원이 이야기

31살의 평범한 주부인 나는, 사랑하는 남편의 출근과
두 아이의 등원을 도와주고 나면, 식구들이 돌아올 때까지 소
소한 나만의 일상을 즐긴다. 교회활동이나 취미생활, 가까운 사람들과 만
나는 일 등등. 그러나 지금으로부터 3개월 전까지만 해도, 나는 내게 이런
행복이 주어지리라고는 꿈도 꾸지 못했다.

캠퍼스 커플로 남편과 만난 나는 대학을 졸업하자마자 결혼했다. 그때
나이 스물다섯. 깨가 쏟아진다는 신혼도 없이 나는 첫 아이를 갖게 되었
고, 임신하고 얼마 되지 않아 회사를 그만두었다. 태교에만 전념하고 싶
었던 것이다.
첫 아이를 낳고 그 아이가 자라는 걸 보는 즐거움도 잠시였다. 남편은
회사일로 자주 늦고, 나는 연고 없는 타지에서 홀로 아이를 키우다 보니,

때로는 외롭기도 하고, 때로는 갇힌 듯한 느낌을 받기도 했다. 또래 친구들에 비해 너무 일찍 결혼한 때문이었는지도 모른다. 특별한 변화 없이 남편과 아이에 매여 사는 생활이 차츰 권태롭게 느껴지게 되었고, 때로는 이런 시큰둥한 삶에서 탈출하고 싶은 생각이 유혹처럼 밀려오곤 했다.

  그러면서 첫 아이가 14개월이 되었다. 자연스레 모유수유를 끊을 즈음, 때 아닌 불청객처럼 불쑥 둘째 아이가 들어섰다. 엎친 데 덮친 격으로, 뱃속의 태아가 5개월쯤 되었을 때, 초음파검사를 마친 의사로부터 좋지 않은 소식을 듣게 되었다.
  "〈태아수신증〉입니다."
  처음 듣는 병명이었다. 곁에 있던 남편이 의사에게 물었다.
  "무슨 병입니까?"
  "어떤 원인인지는 잘 알 수 없으나, 콩팥에서 요관과 방광으로 내려가는 길이 막히게 되어 소변의 저류가 발생하고 있고, 이로 인해 막힌 부위 상부의 압력이 상승하여 콩팥의 신우와 신배가 늘어나 있는 상태입니다. 조금만 일찍 오셨더라면……."
  나는 의사의 말을 듣자, 화부터 치밀었다.
  "더 일찍 왔으면요?"
  아무 잘못도 없는 의사에게 따지듯이 날을 세워 묻는 내 눈에서는 눈물부터 솟구쳤다. 아마도 그 눈물은 태아를 건강하게 지키지 못한 무능한 엄마라는 죄책감과, 왜 이런 일이 일어났는지 알 수 없는 답답함 때문이었으리라. 그날부터 나는 불면증에 시달렸고, 믿을 수 없는 현실에 눈물과 한숨으로 나날을 보내게 되었다.

그렇게 괴롭고 답답한 나날을 보내던 어느 날, 불현 듯 직장을 다닐 때 만난 언니가 생각났다. 나는 아무 망설임도 없이 전화를 걸었다.

"언니, 나 영임이야!"

언니가 반가운 목소리로 전화를 받았다.

"그래, 영임아! 너무 반갑다. 나도 요즘 널 생각했었는데……. 성령님이 도우셨나 봐!"

나는 언니가 '성령님이 도우셨나 봐!' 하는 말이 무척 낯설었다. 하지만 유난히 정이 많아 좋아했던 언니라, 그날 나는 많은 이야기를 나누었다. 언니도 그동안 힘든 일을 겪고 우울증이 심해 고생했는데, 친구 권유로 교회를 다니면서 많이 회복되었다는 말을 했다. 그리고 시간을 내어 꼭 만나자는 말을 끝으로 긴 통화를 끝냈다.

그렇게 언니와 통화를 한 후, 놀랍게도 나는 마음이 편안해졌다. '이상 하지? 그냥 언니랑 통화를 했을 뿐인데. 언니가 말한 대로 성령님이 도우 신 걸까?' 나는 며칠을 곰곰이 생각하다가, 나도 모르는 힘에 이끌려 가까 운 교회를 찾아갔다. 교회 문턱을 넘는 순간, 나는 마치 부모님이 계신 고 향집에라도 온 양 마음이 편했고, 처음으로 듣는 목사님의 설교말씀도 귀 에 쏙쏙 들어왔다. 그날 나는 오랜만에 지금까지 살아온 지난날을 조용히 돌아볼 수 있는 기회를 갖게 되었고, 이제부터는 무언가 새로운 삶을 살 아야겠다고 결심하게 되었다. 시댁 어른들의 오랜 기도가 마침내 결실을 거둔 셈이었다.

그 후 나는 매주 교회에 나가 목사님의 말씀을 들으며, 아직 걷지 못하는 아기가 걸음마를 배우듯, 기독교인이라고 하는 새로운 인생의 길을 걷기 시작했다. 낯을 많이 가리던 큰 아이도 교회에 나가면서 적극적이고 활달하고 사랑스러운 성품으로 변한 것 같아 무척 기뻤다.

그러면서 나는 예배 때마다 하나님에게 간절히 기도했다. 이제 우리 식구가 모두 교회에 돌아왔으니, 치유자이신 하나님이 우리 둘째도 건강하게 태어나게 해달라고! 그리고, 그렇게만 해 주신다면, 내 남은 인생을 주의 일을 위해 힘쓰며 살겠다고 서원기도까지 했다.

그러던 어느 날, 직장에서 돌아온 남편이 미소 띤 얼굴로 말했다.

"여보, 오늘 내가 우리 아이의 병을 가장 잘 치료할 수 있는 의사와 병원을 알아냈소."

"태아수신증에 대해 잘 아는 분을요? 그분이 어느 병원에 계신데요?"

"서울 세브란스병원 소아비뇨기과에 계신 한상원 교수라는 분이 그 분야의 최고 명의라고 합디다."

우리는 곧 세브란스병원 소아비뇨기과에 예약을 했다. 예약날짜를 손꼽아 기다리며 기대와 희망에 부풀었다. 드디어 예약한 날, 나는 한상원 교수님을 만나 첫 진료를 받을 수 있었다.

"태아의 경우, 자연스럽게 호전되는 경우도 많으니, 한 달에 한 번씩 점검을 하면서 지켜보도록 하지요."

한 교수님은 친절한 목소리로 나의 기대에 어긋나지 않게 희망을 안겨주었다. 그러면서 일어서는 나에게 당부했다.

"태아가 원인 모르게 좀 작으니, 꼭 대학병원에서 출산하셔야 합니다."

뱃속에서 자라는 태아가 36주 되었을 때였다. 점심식사를 막 끝내고 났는데, 아랫도리에 진통이 왔다. '어, 아직 출산 때는 아닌데…….'

하지만 자꾸 진통이 주기적으로 심해져, 나는 급히 남편에게 전화를 해 두고, 택시를 불러 그동안 다니던 산부인과병원으로 갔다. 그런데 가자마자 양수가 터져 수술대에 올랐고, 자연분만으로 아기가 태어났다. 그렇게 갑자기 태어난 아기를 보고 있는데, 한상원 교수님의 당부가 떠올랐다. 출산 때는 꼭 대학병원으로 가라는! 하지만 이미 쏟아진 물이었다.

남편이 달려왔을 때는 아기가 태어난 뒤였다. 아기는 1.88kg. 남편은 저체중인 아기를 인큐베이터로 옮기기 위해, 아기와 함께 근처 대학병원으로 갔다.

그러나 아기를 막 출산한 나는 꼼짝할 수도 없었다. 더욱이 당시 나는 출산보다 몇 배나 더 심한 고통으로 신음하고 있었다. 나중에 알게 된 사실이지만, 저체중의 아기를 낳으며 자궁 내 출혈이 있었는데, 의료진이 이를 알지 못한 채 회음부 봉합을 했고, 그로 인해 피가 고이면서 자궁에 심한 부종이 발생한 것이었다. 통증을 호소했지만, 의사는 출산 후 통증으로 여기며 간과했고, 나는 그렇게 산부인과병원에서 고통의 시간을 보낼 수밖에 없었다. 이렇게 아프면 죽을 수도 있겠다는 두려움이 밀려왔다.

기도할 정신도 힘도 없이, 다만 찬송가 가사만을 되뇌이며 고통을 견디고 있을 때, 남편이 돌아왔다. 내 얘기를 들은 남편은 의사에게 강력히 항의했고, 당황한 의사는 출혈부위를 찾지 못해, 회음부를 세 번이나 다시

절개하고 봉합하는 실수를 하고서야 수술을 마무리할 수 있었다. 몸을 세 번씩이나 찢고 꿰매는 수술은 견딜 수 없이 아팠지만, 그래도 아기가 무사히 태어났다는 안도감으로 위안을 삼았다.

그런데 그런 안도의 순간도 잠시, 아기가 있는 대학병원 신생아 중환자실에서 남편에게 전화가 왔다. 아기 상태가 좋지 않으니, 당장 아기를 데리고 더 큰 병원으로 가라고! 전화를 끊은 남편이 말했다.

"여보, 지금 당장 아기를 서울로 데려가야겠소."

난 서울까지 가야 한다는 말에 적이 불안하여 힘없는 목소리로 대꾸했다.

"서울까지…… 괜찮을까요?"

"어차피 태어나면 신촌에 있는 세브란스병원에서 치료받아야 하니, 이참에 서울로 가는 게 좋겠소. 너무 염려하지 말고, 당신 몸이나 잘 추스르세요."

남편이 떠난 뒤, 나는 뭔가 이상한 예감이 들어, 시어머니에게 전화를 걸었다. 시어머니는 처음엔 그냥 별일 있겠냐고 했으나, 내가 계속 묻자, 태어난 아기가 수신증만 있는 것이 아니라고 했다. 이곳 병원에는 의료장비가 불충분해서 더 이상 정밀검사를 할 수 없고, 인근 병원에는 신생아 중환자실에 자리가 없어, 할 수 없이 서울로 옮긴다는 것이었다.

시어머니와 전화를 끊고 누워 있는데, 온갖 불길한 생각이 다 떠올랐다. 겨우 분만실에서 얼굴 한 번 본 아기가 서울로 가는 도중에 죽을 수도 있겠다는 생각에 이르자, 괴로워 견딜 수가 없었다.

'하나님은 왜 이런 최악의 상황에까지 이르게 하시는 걸까?'

나는 병상에 누운 채 하나님을 원망하며 한참을 울었다. 그렇게 울고 나니, 마음이 조금 편안해지며 냉정을 찾을 수 있었다. 생각해 보니 지금 내가 할 수 있는 것은 아무것도 없었다. 기도밖에는.

'하나님, 하나님이 우리 아기를 살려 주신다면 정말 고맙겠습니다. 꼭 그렇게 해 주시면 감사하겠습니다. 하지만 아기가 너무나 귀하고 예뻐서 하나님 곁에 천사로 두시려고 데려가신다 해도, 이제는 더 이상 하나님을 원망하지는 않겠습니다. 사람이 나고 죽는 것이 모두 하나님에게 달려 있으니, 모든 것을 하나님에게 맡기겠습니다.'

나는 병원에서 며칠 몸을 추스른 뒤, 곧 아기가 입원해 있는 서울의 S병원으로 향했다. 그곳에서 아기가 세 번의 수술을 끝내고 인큐베이터에서 나오던 날, 신촌의 세브란스병원으로 옮기게 되었다. 때마침 뉴스에서, 불의의 사고로 평생 장애를 갖고 살 수밖에 없었던 나영이에게 새 삶을 찾아준 한석주 교수님 이야기를 듣고, 이분이면 혜원이도 살릴 수 있겠다 싶어, 선생님에게 진료를 신청했다.

아기는 인큐베이터 속에서 나왔으나, 여전히 심각한 장애에 시달렸다. 아기의 병명은 선천적 결손증인 〈박테를 증후군〉. 처음 듣는 생소한 병이었다. 아기는 식도폐쇄, 항문폐쇄, 척추말단꼬리뼈 기형, 척추지방종, 요관방광 불이행, 이소성요관 등, 그 내용을 잘 알 수 없는 복합적인 증세를 가지고 있었다.

아기에게 이토록 심각한 장애가 있다는 걸 의사에게 들은 이후, 사실 나는 아기를 살릴 수 있을까 하는 의심이 문득문득 들곤 했다. 하지만 그럴 때마다 내가 아기를 낳고 병상에서 하나님에게 기도한 것처럼, 이미 아기의 생사를 다 맡겼으니, 이런 의심과 불안조차 모두 내려놓아야 한다며 나를 다독이곤 했다.

그 후 아기가 받아야 했던 힘겨운 치료과정에 대해서는 일일이 열거하기 힘들다. 그 조그만 아기가 수술만 해도 열 번을 받았으니 말이다. 2012년 10월에, 이제 28개월 된 아기는 열 번째 대수술을 받았다. 그동안의 그 파란만장한 이야기를 어떻게 다 말할 수 있겠는가! 그러나 한 가지 분명한 것은 있다. 하나님은 혜원이와 의료진과 우리 부부에게, 독수리가 땅을 박차고 하늘로 오르듯, 절망을 박차고 희망으로 나아갈 수 있는 큰 힘을 주셨다는 것이다. 혜원이에게는 그 어린 나이에 열 번의 대수술을 잘 견딜 수 있는 힘을 주셨고, 의료진에게는 극도로 어려운 상황에서도 최선을 다해 수술할 수 있는 힘을 주셨고, 우리 부부에게는 절망 한가운데서도 끝까지 포기하지 않고 기도할 수 있는 힘을 주셨다.

평생 걷지 못할 수도 있다고 했던 우리 혜원이는 지금 뛰어서 어린이집을 다니고 있다. 가끔씩 외래진료를 받으러 가기는 하지만, 인큐베이터에서 자라고 열 번의 대수술을 한 아이라고 믿겨지지 않을 정도로, 밝고 건강하게 잘 자라고 있다.

나는 혜원이가 우리 부부의 기도만으로 이런 결과를 얻은 것이라고는 생각하지 않는다. 정말 기도할 힘도 없어 주저앉고 싶을 때마다, 나는 염치없이 누군가에게 중보기도를 부탁했고, 내 주변의 수많은 분은 혜원이가 정확히 누군지도 모른 채, 내 아이를 위해 가슴 아파하며 기도로 함께해 주었다. 또 혜원이와 우리 부부가 가장 힘들고 도움이 필요할 때, 어디선가 나타나 따뜻한 손길을 내밀어 주었던 분들은 얼마나 많았던가! 눈

하나님은 혜원이와 의료진과 우리 부부에게,
절망을 박차고 희망으로 나아갈 수 있는 큰 힘을 주셨다.
인큐베이터에서 자라고 열 번의 대수술을 한 혜원이는
밝고 건강하게 잘 자라고 있다.

물로 드린 이 모든 기도와 따뜻한 마음이 하늘에 상달되어, 마침내 혜원이를 이렇게 일으켜 세운 것이 아닌가 나는 생각한다.

물론 요즘도 하루나 이틀에 한 번씩 관장을 한다. 아이는 힘들어하고, 그걸 보는 내 마음은 아프지만, 그렇게 관장을 해서 변이 나오는 것에 대해, 또 다음 관장 때까지 변을 지리지 않고 지내는 것에 감사하며 지낼 뿐이다. 그리고 아이는 여전히 기저귀를 차고 지낸다. 어린이집을 다니기 시작하면서 친구들처럼 화장실에서 대소변을 가리고 싶어하지만, 왼쪽 요관과 방광이 연결되지 않아 소변이 계속 나오는 상황이라, 아직은 기저귀를 찰 수밖에 없다. 앞으로 있을 검사와 수술에서 지금보다 나은 결과가 있기를 기대하며, 지금은 기도하면서 그때를 기다리고 있다.

그동안 나는 숱하게 병원을 드나들며 깨달은 것이 많다. 특히 세브란스병원은 내게 단순히 육체의 병을 치료하는 곳이 아니었다. 단지 병원 안에 예배실이 있다고 해서 하는 말이 아니다. 내게 있어 진료실과 수술실은 하나님이 살아계시는 교회였다. 주치의는 환자의 생명을 살리도록 하나님으로부터 부름받은 목자이고, 환자는 하나님이 그 목자에게 맡기신 상처 입은 양과 같다. 그리고 하나님은 주치의가 한 치 앞을 내다볼 수 없는 위험한 수술을 할 때마다, 그 옆을 지키시고 좋은 결과가 있도록 이끌어 주셨다.

물론 하나님의 생각이 우리의 생각과 다를 때가 있다. 때로는 하나님이 나로 하여금 겸손을 배우게 하고 넓은 마음을 갖게 하시려고 좁은 길로 인도하시기도 하고, 때로는 아픈 딸을 계기로 주님을 찾도록 나를 십자가 앞으로 불러내기도 하신다. 나는 때로 그것을 '은혜'라고 부르기도 하고, '연단'이라고 부르기도 한다. 처음에는 열심을 다해 신앙생활을 하면 인생이 순탄할 거라 생각했으나, 그것은 대롱 속으로 하늘을 본다는 말처럼, 내 좁은 식견에 불과했다. 나는 정말로 그렇게 오랜 시간을 하나님이 힘들게 하실 줄은 몰랐다. 정말 힘들었다.

그러나 하나님은, 우리가 끝까지 하나님 안에 머물러 있으면, 이 연단의 과정을 통해 반드시 은혜를 베푸신다는 것을 알게 하셨다. 그것이 내가 혜원이를 통해 깨닫게 된 값진 체험이다. 2013년 10월 어느 주일, 성가대에서 성가를 부르다가, 주체할 수 없는 눈물을 쏟게 되었다. 그날의 찬양은, 내가 기도할 힘도 없고 소망도 바닥 나 있을 때, 십자가를 바라보며 한숨짓던 나를 다시 일으켜 기도하게 하고, 다시 힘을 낼 수 있게 만든 찬양이었다.

주 품에 품으소서. 능력의 팔로 덮으소서. 주님 안에 나 거하리라.
주의 능력 나 잠잠히 믿네. 거친 파도가 날 향해 와도, 주와 함께 날아오르리.
폭풍 가운데 나의 영혼, 잠잠하게 주를 보리라.

나는 이제 늘 하나님과 시선 맞추기를 게을리하지 않으려 한다. 한 치도 오차가 없으신 하나님이 놀라운 은총의 시간들을 준비하고 계심을 믿고, 주님의 기쁨과 자랑이 되는 빛의 자녀로 담대하게 살아가고자 한다.

———

최영임 님은 현재 전업주부로서, 혜원이의 완치를 위해 최선을 다하고 있다.

그분이 보내 주신
특별한 선물

이경희 목사의 정성좌 님 이야기

내가 정성좌 환우를 만난 것은 미국에서 돌아온 후 1년쯤 되었을 때였다.

그 무렵 나는 암병동 환우들을 섬기는 교역자로 활동하고 있었다. 내가 하는 일은 주로 병상을 찾아가 암으로 고통받는 환우들을 위로하며 기도해 주고, 그들의 어려운 사정에 귀 기울여 상담해 주는 것이었다.

어느 날 병상을 돌며 환우들을 만나고 있었는데, 좀 특이한 환우가 눈에 띄었다. 다른 환우들은 대체로 병상에 누워서 지내는데, 몸집이 크고 잘생긴 이 환우는 침대 모서리에 우두커니 앉아 있었다. 며칠 전에 만났을 때도, 그 환우는 침대 모서리에 불안하고 어두운 표정으로 그렇게 앉아 있었다. 그렇게 앉아 있는 것이 궁금했지만, 나는 아무것도 묻지 않았다.

그런데 그날은 무슨 까닭이 있을 것 같아 그에게 조용히 다가갔다.

"환우님은 누워 계시지 않고 왜 늘 앉아계신가요?"

그는 입가에 희미한 미소만 지을 뿐, 아무 대꾸도 하지 않았다. 그때 그 환우를 간호하는 여성이 나에게 눈짓을 하며 밖으로 나가자고 했다. 병실 밖으로 나간 여성이 말했다.

"제 남편인데요, 사실은 설사가 멈추지 않는 증상 때문에 그렇답니다."

"설사요?"

"네, 하루에도 수십 번씩 설사가 나오는 병이라, 화장실 출입을 쉽게 하기 위해 저러고 앉아 있는 거지요."

"하루 수십 번요? 저런, 정말 힘드시겠네요."

그랬다. 정성좌 환우는 발병 초기에 만성적인 설사 때문에 세브란스병원을 찾게 되었다고 한다. 심한 설사로 무려 6개월을 고생하다가, 체중이 급격히 감소되는 것이 이상하게 여겨져, 세브란스병원 소화기내과를 찾아 정밀검진을 받게 되었다. 며칠 후 담당의사가 환우에게 말했다.

"이 만성적인 설사는 〈직장유암〉 때문입니다."

암이라는 진단에 놀란 환우가 물었다.

"지방병원에서는 아무도 암이라고 하질 않았는데…….."

"암도 이미 많이 진행되어 4기 정도로 보입니다. 더구나 간에도 전이되었고, 〈카르시노이드 증후군〉도 발견되었습니다."

여기서 직장유암이란 대장의 직장부위에 발생하는 종양을 말하는 것이다. 그리고 카르시노이드 증후군이란 신경내분비종양 때문에 발생한 증상인데, 이로 인해 환자는 심한 설사나 복통에 시달리게 된다. 이때 설사의 정도는 수돗물을 세게 틀었을 때 갑자기 '쏴' 하고 쏟아지는 것과 비슷하다고 한다.

검진 결과를 친절하게 설명해 준 의사는 정성좌 환우의 부인을 따로 불러서 말했다.

"본인에게는 차마 말씀 드리지 못했지만, 남편께서는 앞으로 3개월 정도밖에 살지 못할 수도 있습니다."

놀란 부인이 눈물을 글썽이며 물었다.

"선생님, 제 남편을 살릴 방법이 정말 없습니까?"

"남편께서 걸린 암은 현재 실질적인 치료약이 없는 난치성 암입니다. 하지만 제가 약을 구하기 위해 백방으로 노력해 보겠습니다."

이렇게 하여 정성좌 환우는 약을 구해 보겠다는 의사의 말에 마지막 희망을 걸고 입원하여 치료를 받게 되었다.

처음엔 소화기내과에서 진단을 받았으나, 암이 많이 전이된 상태라 곧 종양내과로 옮겨졌다. 종양내과에서 치료받으면서, 특별한 약은 없었지만, 상태는 조금씩 호전되었다. 3개월 정도밖에 살지 못할 것 같다던 그 죽음의 고비를 넘어간 것이다. 하지만 그 후에도 생사를 넘나드는 일은 자주 일어났다.

내가 정성좌 환우를 만났을 때는, 벌써 세브란스에 입원하여 치료를 받은 지 4년이 훌쩍 넘어 있었다. 치료약을 찾기 위해 주치의인 신상준 교수는 미국과 일본 등 여러 나라에 치료약을 의뢰하고 기다리는 상태였다. 그러나 아무리 기다려도 좋은 소식은 오지 않았다.

그러던 어느 날, 나는 평소처럼 암병동의 환우들을 만나고 있었다. 그렇게 여러 환우를 만나고 다니다 보면, 정성좌 환우의 방도 자연스레 들르게 되었다. 하지만 나는 그때까지 정성좌 환우를 위해 한 번도 기도를 한 적이 없었다. 그의 부인을 통해 알게 된 사실이지만, 정성좌 환우는 종교도 없는데다 기독교에 대한 거부감을 가지고 있었고, 부인은 불교신자였기 때문이다.

그런데 그날따라 정성좌 환우를 만나 인사를 했더니, 그가 나를 조용히 불러 작은 목소리로 말했다.

"목사님, 저를 위해서도 기도해 주세요."

"교회도 안 다니시는데, 제가 기도해 드려도 괜찮으시겠어요?"

뜻밖의 요청이라 내가 물었다.

"왠지 목사님에게는 기도를 받고 싶군요."

나중에 들으니, 내가 목사 티를 내지 않고 조용하게 환우들을 만나는 모습이 신뢰가 갔던 모양이었다.

그래서 나는 그 환우가 앉아 있는 병상 옆에 앉아, 짧지만 간곡하게 기도했다. 내가 기도를 마치고 나자, 그의 아내가 병상 머리맡에 붙여둔, 목포집 뜰에서 찍은 가족사진을 손으로 가리키며 말했다.

"목사님, 저희는 빨리 나아서 목포에 있는 집으로 가고 싶어요. 그리고 목사님이 말씀하시는 주님의 은총으로 나을 수만 있다면, 저희도 기독교 신자가 될 거예요."

눈물을 글썽이며 이렇게 말하는 부인의 눈빛이 참으로 애절해 보였다. 부인이 말을 이었다.

"딱히 치료약도 없이 입원과 퇴원을 반복하며 지내온 세월이 벌써 몇 년인지……. 그리고 남편이 나을 수 있을지 어쩔지 장담할 수도 없으니 정말 답답하기만 해요."

그동안 죽음의 문턱을 넘나들며, 그때마다 친지와 가족들이 마지막이라는 통보를 받고 모여든 것이 자그마치 여덟 번이나 되었다고 한다. 부인은 이런 얘기 끝에 듣는 이의 마음이 따스하고 뭉클해지는 얘기도 들려주었다.

"저는요, 저이가 식물인간처럼 의식 없이 누워 있을 때, 저이의 귀에 대고 사랑한다는 말을 참 많이 했어요. 신기한 건, 그렇게 의식이 없는데도, 내가 사랑한다는 말을 들려주면, 손을 움직이기도 하고 아기처럼 칭얼칭얼 울기도 했어요. 그래서 저는, 저이가 의식이 없어도, 내가 하는 말은 다 알아듣고 있다고 확신하고 더 열심히 했지요. 때로는 동요도 불러주었는데, 그것도 다 알아듣는 것 같더라고요."

"어떤 동요를 불러 드렸어요?"

"가장 많이 부른 동요는 '엄마가 섬그늘에'하고, '나의 살던 고향은'이었죠."

나는 부인의 얘기를 들으며 정성좌 환우가 여태 무수한 죽음의 고비를 넘길 수 있었던 건 부인의 극진한 사랑 때문이었다는 생각이 들었다. 그런 사랑의 효과를 의학적으로 증명할 길은 없겠지만, 저렇게 환우가 살아 있는 것이 그 증거가 아니겠는가! 여전히 침대 모서리에 앉아 부인이 하는 얘기를 듣던 환우는 그저 빙그레 웃을 뿐이었다. 그래서 내가 말했다.

"정말 천사 같은 아내를 두셨어요. 앞으로 건강해지시면 부인을 업고 다니셔야겠네요."

나는 이렇게 맺어진 인연으로 정성좌 환우 가족과 친분을 갖게 되었고, 매일같이 찾아가 기도해 드리면서 깊은 신뢰를 쌓게 되었다. 환우도 점점 신앙에 대해 관심이 많아졌고 얼굴도 밝아지기 시작했다.

어느 날 호스피스 봉사를 하는 남자 권사 한 분이 나를 찾아왔다.

"정성좌 환우가 드디어 예수님을 받아들였어요!"

"아, 그래요?"

"오늘 오전 그분에게 기도해 드리면서 예수님에 대한 얘기를 했더니, 자기도 예수 믿고 싶다고 하시더라고요."

"정말 엄청난 고통을 겪으시는 분인데, 예수님을 믿으시게 되셨다니 앞으로 좋은 일이 있을 것 같군요."

그리고 한참 뒤의 일이다. 나는 여느 때와 다름없이 환우들의 방을 돌다가 정성좌 환우 방에 들렀는데, 그가 아주 밝은 목소리로 나를 불렀다.

"목사님, 저는 연약한 여자 목사님이 왜 이런 험악한 환경에서 일을 하시나 궁금하게 생각했는데, 그 이유를 알았어요."

나는 정성좌 환우의 말이 뜻밖이라 물었다.

"무슨 말씀인지 진짜 궁금하네요."

"제가 어제 오전에 화장실 가던 중에, 목사님이 복도 저편에서 걸어오시는 걸 보았어요. 그런데 목사님 뒤편에 아주 환한 불빛이 보였지요. 내가 잘못 보았나 해서 눈을 비비고 다시 보아도, 여전히 목사님 뒤편에 후광 같은 불빛이 있더라고요."

사실 나는 이 무렵 암병동의 환우들을 돌보면서 심신이 많이 지쳐 있었다. 아무리 치유를 위해 정성껏 기도하고 돌보아도, 환우들은 나의 노력과 상관없이 돌아가실 분은 돌아가시는 듯 보였기 때문이다. 그처럼 지쳐 있는 나에게 정성좌 환우의 신비로운 고백은 큰 힘이 되었다. 병원 교역자 생활을 꽤 오래했지만, 이런 경험은 처음이었다.

'하나님이 환우의 눈을 밝히셔서, 목사인 나를 깨닫게 하시는구나! 내게 주어진 사명 똑바로 잘 감당하라고!'

정성좌 환우는 병세가 좀 호전되는 듯하다가 다시 악화되었다. 어느 날 그의 병상을 찾아갔더니, 배가 산더미처럼 부어올라 있었다. 호흡도 좋지 않아 산소호흡기를 달고 있었고, 다리의 부종이 심하여 화장실 출입도 어렵다고 했다.

"어제부터는 식사도 못하셔요."

그의 부인이 절망적인 목소리로 말했다.

"의사 선생님은 뭐라고 그러셔요?"

나도 답답해서 물었다.

"간이 더 나빠졌다고……, 그렇게 기다려도 약을 구할 수 없으니, 이제 돌아가실 모양이에요."

절망적인 상황 앞에서 괴로움을 토해 내는 환우 가족 앞에, 목사인 내 자신이 그토록 무력하게 느껴질 수 없었다.

얼마 뒤, 병원에서는 급속하게 악화되는 정성좌 환우의 간을 치료하기 위해 마지막으로 색전술을 시도했다. 색전술이란 암세포가 혈액에 의존함에 착안하여, 영양분을 공급하는 혈관을 화학물질을 이용해 차단하는 것이다. 이 방법은 암세포만을 선택적으로 괴사시킬 수 있기 때문에 수술보다 효과적인 경우가 많다고 한다.

1차로 시도한 색전술은 실패로 끝났다. 그러나 2차 시도 후에 놀랍게도 설사가 멎었고, 설사가 멎자, 정성좌 환우는 병세가 점차 호전되었다. 8년여의 긴 시간을 치료약도 없이 투병하며 숱하게 고생하던 환우는 기적적으로 다시 건강을 회복하였다.

어느 날, 여러 병동을 돌다가 정성좌 환우의 방에 들렀다. 점심식사 시간이 한참 지난 오후였는데, 환우는 자기 부인과 함께 뭘 먹고 있었다. 궁금해 가까이 다가가니, 쌈밥을 주문해 먹고 있었다. 헉! 내가 놀라서 물었다.

"지금 고기랑 쌈을 드시고 계시네요. 죽도 잘 못 드시던 분이?"

환우가 입 안 가득 우겨 넣은 쌈밥을 씹어 삼키고 나서 대답했다.

"다 목사님 기도 덕분이지요. 같이 좀 드시겠어요?"

"그처럼 맛있게 드시는 모습을 보니, 전 먹지 않아도 배가 불러요."

곁에 있던 부인이 환한 미소를 지으며 말했다.

"저희는 내일 퇴원하는데요. 그동안 목사님에게 받은 사랑을 어떻게 다 갚지요?"

"별 말씀을 다 하세요."

"목사님, 이번에 색전술 받으러 수술실 들어가던 날, 목사님이 문득 천사처럼 나타나서 기도해 주셨잖아요. 이이가 그러는데, 그날 그렇게 마음이 편할 수 없었대요."

"아, 그랬군요!"

나는 환우 부인의 얘기를 들으며 무척 기뻤다. 똑같이 연약한 인간인 내가 숱한 고통을 겪어온 환우를 하나님의 치유의 손길에 이어 주는 작은 연결고리가 되었다는 것! 어디 그것뿐인가! 앞서 말한 것처럼, 목사인 내가 좌절하고 절망할 때, 하나님은 환우의 영안을 열어 나와 함께하신다는 것을 깨닫게 하시지 않았던가! 나는 환우로 인해 내 존재가 더 크게 확장되는 놀라운 체험을 했던 것이다.

이튿날, 나는 정성좌 환우의 퇴원을 축하하기 위해 이른 아침 일부러 병상을 찾아갔다. 짐을 꾸리고 있던 환우 부부가 나를 보고 매우 반가워했다.

"아니, 목사님이 일부러 우리를 환송하러 오셨군요?"

"네, 꼭 환송해 드리고 싶어서 일찍 출근했어요."

나는 두 분을 위해 기도해 드리고 나서, 고백하듯이 이렇게 말했다.

"정성좌 환우님은 하나님이 저에게 보내 주신 아주 특별한 선물이었어요!"

이경희 님은 현재 연세의료원 세브란스병원 원목실 교역자이다.

소아과 환자가
소아과 의사가 되다

김남균 교수의 이야기

내가 세브란스병원과 인연을 맺은 것은 거의 30년 전
의 일이다. 30(!)년이라는 말에 의아해하시는 분들도 있을
것이다. 하지만 틀림없는 사실이다. 초등학교에 입학도 하기 전, 나는 운
동경기를 하다 혼절하여 세브란스병원에서 입원치료를 받았고, 지금은
세브란스병원 소아과 의사가 되어 당시의 나 같은 어린 환자들을 돌보고
있으니 말이다. 아마도 여기엔 나보다 크신, 내 운명을 주관하시는 분의
깊은 뜻이 있지 않을까 겨우 짐작할 뿐이다.

너무 어릴 적 일이라 잘 기억나지 않지만, 그렇게 운동경기를 하다 쓰
러져 세브란스병원에 입원한 후, 나는 거의 10년 동안 치료를 받았다. 중
학교 1학년 때까지. 그때 주치의는 고창준 선생님이었다. 그 후 나는 1년
동안은 굉장히 건강하게 지냈다.

건강을 회복한 나는 평소에 좋아하던 운동도 열심히 했다. 학교 체육대

회가 있는 날은 늘 신바람이 나서 대회에 참여했고, 특히 친구들과 축구 경기하는 것을 좋아했다. 지금 생각해 보면, 당시 나는 체력도 또래에 비해 좋았던 것 같다. 내가 사는 집이 아파트 10층이었는데, 엘리베이터를 타지 않고 계단을 걸어서 다닐 정도였으니까.

울긋불긋 단풍이 물들고 찬바람이 불기 시작하는 가을 어느 날, 까닭도 없이 속이 쓰렸다. 나는 별거 아니겠거니 생각하고, 가까운 내과와 한의원에서 약을 받아 치료를 했다. 아픈 증상이 조금은 나아졌지만, 완전히 낫지는 않았다. 그래도 크게 불편하지는 않아 학교생활도 정상적으로 하고, 미리 공부하고 싶은 과목을 보충하기 위해 노량진에 있는 학원도 다녔다.

그러던 어느 날, 학원계단을 올라가는데, 숨이 턱까지 차올라 계단을 오르는 게 너무 힘들었다. 나는 속으로 중얼거렸다.

"10층 아파트도 가볍게 걸어 다니는 내가 이까짓 3층을 오르는 데 왜 이렇게 힘이 든 거야?"

며칠이 지나도 숨이 차고 땀이 비 오듯 하는 증세는 여전했다. 학원에서 공부를 마치고 집으로 돌아가면, 평소와 달리 무척 피곤했다. 어느 날인가는 피곤한 모습으로 돌아오는 나를 보고 엄마가 물었다.

"너 요즘 들어 무척 힘들어 보이는구나?"

나는 엄마에게 내 상태를 더 이상 감추지 않았다.

"엄마, 사실 요즘 이상하게 피곤해요. 겨우 3층짜리 학원계단을 오르는 데도 숨이 차고 땀이 비 오듯 쏟아져요."

"안 되겠다! 내일은 학교를 쉬고 병원에 한 번 가보자꾸나."

이렇게 나는 다시 세브란스병원을 찾아가, 10년간 나를 돌봐 주셨던 고창준 선생님을 만났다. 선생님은 내 얼굴을 자세히 보시더니 말씀하셨다.

"얼굴이 무척 창백하구나. 서둘러 혈액검사를 해야겠다."

검사 결과가 나왔는데, 빈혈이 무척 심한 상태라고 했다. 나는 곧바로 심장혈관병원에 입원수속을 하고, 우선 빈혈상태를 완화하기 위해 수혈부터 받았다. 수혈을 받고 나니 한결 살 것 같았다. 숨찬 증세도 사라지고, 피곤하던 몸에도 생기가 돌아왔다. 그러나 그것으로 치료가 끝난 것은 아니었다.

다음 날 나는 내시경으로 조직검사를 했다. 악성빈혈의 원인을 찾기 위해서. 검사 결과가 나온 뒤, 부모님과 함께 주치의 선생님을 만났다.

"결과가 좋지 않습니다."

부모님이 긴장한 목소리로 물었다.

"결과가 좋지 않다니, 무슨 말씀이십니까?"

"〈악성림프종〉입니다."

어린 나도 처음 들어보는 병명이었고, 부모님도 마찬가지였다.

"우리 몸에 있는 림프절에 종양이 생기는 병입니다. 림프절은 크기가 아주 다양한데 림프관을 따라 전신에 분포되어 있습니다. 비장, 흉선, 편도도 림프계 조직의 일부이지요. 이처럼 림프절은 우리 몸에 무수히 많이 분포되어 있기 때문에, 림프종이라는 질환은 우리 몸 어디에든 자리 잡을 수 있습니다. 정상 림프구와 달리, 악성 림프종 세포는 통제나 조절 없이 비정상적으로 성장합니다. 따라서 큰 덩어리로 자라거나, 간, 비장, 골수

등의 전신 장기에 림프종 암세포를 전이시킵니다."

나는 당시 선생님의 말씀하시는 의학용어를 알 수 없었기 때문에, 그것이 얼마나 위험한 병인지 몰랐다. 아버지는 그것을 아셨던 것 같다. 진단을 받고 나오는데, 아버지의 눈에 홍건히 맺힌 눈물을 보았던 것이다.

그때 나는 비로소 내가 이 병으로 죽을 수도 있겠구나 하는 두려움에 휩싸이게 되었다. 하지만 곁에 계시는 부모님을 생각하여, 치료가 힘들더라도 잘 참으면서, 내가 이 병을 이겨 내야지 하며 이를 악물었다.

당시 나는 중학교 2학년을 마칠 즈음이었다. 진단을 받고 나서 그 고통스럽다는 항암치료에 들어갔다. 첫 항암치료를 받고 한 달 뒤 나는 일단 퇴원을 했고, 그 다음부터는 일주일에 한 번씩 암센터를 찾아가 항암주사를 맞았다. 그렇게 무려 1년 2개월 동안 항암치료를 받았는데, 횟수로 따지면 거의 60회 정도를 받았다. 물론 항암치료를 받는 동안에도 중간에 면역력이 떨어지면서 방광염에 걸려 입원치료를 해야 했고, 또 대상포진에도 걸려 입원치료를 받기도 했다.

과연 십대 초반의 어린 내가 어떻게 그 길고도 지루한 암과의 싸움을 견딜 수 있었을까? 돌이켜 보면, 내가 그 무서운 항암치료를 견디며 받을 수 있었던 것은 주치의셨던 유철수 선생님의 환한 웃음 덕분이었던 같다.

일주일에 한 번씩 항암주사를 맞으러 갈 때마다, 내가 진료실에 들어서면, 선생님은 항상 환한 웃음으로 나를 맞아 주셨다. 그렇게 웃으실 때마다 내 마음에는, '아, 내 상태가 좋아지니까 저렇게 날 보고 웃으시는구나!' 하는 생각이 절로 들곤 했다. 사실 내 병은 한 치 앞을 낙관할 수 없는 무서운 병이었지만, 나는 선생님의 웃음을 통해 삶에 대한 희망을 품고 치료를 받을 수 있었던 것 같다.

그렇게 약물치료가 모두 끝나던 날, 주치의 선생님이 나와 함께 간 어머니에게 말씀하셨다.

"남균이는 이제 약물치료를 그만해도 될 것 같아요. 이제부터는 신경 써서 영양섭취를 잘 해야 하고, 체력관리도 꾸준히 해야 합니다."

그 길고 고통스런 치료가 끝난 후, 나는 곧 고등학교에 진학했다. 환자로 살다가 낯선 학교, 낯선 친구들과 사귀면서 심한 스트레스를 받아서인지 위염으로 약간 고생하기도 했지만, 그래도 잘 적응하며 별 탈 없이 학교공부에 매진할 수 있었다.

내가 의사의 꿈을 꾸기 시작한 건 고등학교 3학년 때였다. 그 이전에는 생명과학을 전공하고 싶다고 생각한 적이 있었다. 항암치료를 하며 숱하게 고생한 경험 때문에, 구토를 하지 않는 신약을 개발하면 어떨까 생각했던 것이다. 물론 병원만 생각하면 너무도 지긋지긋해, 한때는 의사나 신약 따위에 대한 관심조차 지워 버리려 노력한 적도 있었다.

그렇게 진로문제로 갈등하고 고민하던 어느 날, 제일 친하게 지내던 친구 녀석이 말했다.

"그동안 네가 하는 얘기를 들어보면, 너는 의사가 돼야 할 것 같은데, 왜 자꾸 딴 생각을 하냐?"

친구가 직설적으로 하는 말을 듣고 며칠 생각해 보니, 그 친구의 말이 맞았다. 나는 결국 의사가 되기로 결심하고, 더욱 열심히 공부하여 인하대학교 의과대학에 진학했다. 나에게 의사가 되기를 권한 친구와 함께.

지금의 내 인생, 그것은 엄밀히 말하면 덤으로 주어진 것이나 다를 바 없다.
인생의 꽃을 피워 보지도 못한 채 죽을 수 있었던 내가,
이렇게 살아서 다른 이의 생명을 돌보고 있으니, 덤이 아니고
무엇이겠는가!

예과 2학년 무렵에는 간호사들과 대학생 봉사자들이 주축이 되어 결성된 한빛사랑회에 가입하여 활동을 시작했다. 그 모임은 소아암 환자들을 돕는 모임이었는데, 내가 어려서부터 겪은 아픔 때문인지, 나는 그 모임에 적극적으로 참여하여 활동하게 되었다. 그 모임에서 소아환자 부모들을 만나면, 내가 겪은 오랜 치료의 경험을 토대로 그들을 위로하고 희망의 빛을 전할 수 있었다.

이런 봉사의 경험 때문일까. 나는 결국 소아심장 전문의가 되었다. 지금은 세브란스 심장혈관병원에서 환자를 돌보고 있다. 나는 내 스스로 깊은 신앙심을 지니고 있다고는 감히 말하지 못하겠다. 하지만 소아질병으로 힘들어하는 아이들이 나를 찾아오면, 나는 간절히 기도하곤 한다. 입원 환자의 경우에는, 병상에 다가가 환자의 손을 잡고 기도하고, 시술받을 때 환자가 불안해하는 기색이 느껴지면, 시술에 들어가기 전에 기도한다.

환자나 보호자가 종교를 가졌든 갖지 않았든, 기도하면 대부분 편안해한다. 그리고 그들도 의사를 더 많이 신뢰하게 되는 것 같다. 그런 점에서 기도는 병에 대해 자세히 설명해 주는 것만큼 중요한 것 같다고 생각한다.

나는 또, 오래 입원한 어린 환자들이 치료가 끝난 후 학교에 잘 적응할 수 있도록, 학교 복귀 프로그램인 상록수캠프를 운영하고 있다. 이 캠프에서는 학교에 입학시켜야 하는 아이들 부모를 위해 상담도 하고, 환자였던 아이들의 심리적 고통을 덜어 주는 것을 돕기도 한다. 예컨대, 나처럼 항암치료를 오래 받으면, 대부분 외모가 바뀌기 때문에 마음의 갈등이나 분노로 괴로워한다. 독한 약물로 인해 머리카락이 다 빠지기 때문에, 심하게 좌절하거나 그런 자기 자신을 받아들일 수 없어 반항하기도 하는 것이다. 실제로 나의 경우, 항암치료 당시에 찍은 사진이 한 장도 없다. 누가 사진을 찍는다고 하면, 사진기를 부숴 버리겠다고 하며 찍지 못하게 했기 때문이다.

이런 나 자신의 경험이 소아환자들을 치료하는 데 큰 도움이 되었다. 나는 되도록이면 소아환자들과 대화를 많이 하려고 노력하는 편이다. 앞서 나를 치료했던 유철수 선생님의 웃음에 대해 이야기했는데, 내가 가슴과 귀를 열고 아이들 이야기에 진심으로 귀 기울이면, 그것이 실제로 환우들 치료에 큰 힘이 된다는 것을 경험하곤 한다. 환자의 부모도 마찬가지이다. 자기 아이들의 심장을 의사에게 내맡기는 것이기 때문에, 서로에 대한 신뢰가 형성되는 것이 대단히 중요하다. 그리고 내가 그렇게 온 마음을 다해 환자를 대할 때, 나를 도와 치료에 임하는 간호사나 직원들도 환자에게 더 정성을 기울이게 된다.

내가 의사로서 이처럼 각별한 소명의식을 갖게 된 것은, 내가 앓았던 병이 죽을 수도 있는 위험한 병이었다는 것을 근년에 들어 더욱 절감하게 되었기 때문이다. 지금의 내 인생, 그것은 엄밀히 말하면 덤으로 주어진 것이나 다를 바 없다. 젊은 시절, 군대 복무문제로 병원에 진단서를 떼러 갔다가, 오래된 진료기록에서 내가 악성림프암 4기였다는 걸 확인한 후부터, 나는 지금의 내 삶이 덤으로 주어진 것이라는 걸 깨닫게 되었다.

인생의 꽃을 피워 보지도 못 한 채 죽을 수 있었던 내가, 이렇게 살아서 다른 이의 생명을 돌보고 있으니, 덤이 아니고 무엇이겠는가! 그렇다면

이 덤의 삶을 단지 돈벌이나 인생의 쾌락을 위해서만 살 수는 없지 않은가! 이제 내게 있어 세상의 많은 사람이 추구하는 부나 명예는 그렇게 중요하지 않다.

현재 내 건강상태는 매우 좋지만, 아직도 늘 조심하려 한다. 지금도 과로하고 무리하면 소장 쪽의 운동기능이 떨어져, 장 마비 증세가 생기곤 한다. 그러면 하루 이틀 입원하여 치료를 받는다. 그럴 때마다 '아, 사람이 불편한 게 없으면, 나태해질 수 있구나! 감사하며 절제할 줄 알아야 하는데, 하나님의 성전인 내 몸을 혹사시켰구나!' 하고 반성하곤 한다. 그리고 사람 살리는 일에 나를 부르신 그분의 뜻을 기억하며, 내게 주어진 소명의 불꽃을 태우려 한다.

김남균 님은 현재 연세의료원 세브란스병원 소아심장과 교수이다.

코밑까지 잠겼던 요단강물

홍기용 목사의 이야기

"목사님은 요단강물이 코밑까지 잠겼었어요."

내가 죽을 고비를 넘기고 살아났을 때, 주치의였던 김순일 선생님이 하신 말씀이다. 사실 그랬다. 나는 저 캄캄한 죽음의 문턱을 넘기 직전, 살아서 돌아왔다.

솔직히 이처럼 사경을 헤매는 경험을 하기 전까지는, 내가 죽을 거라는 생각을 별로 한 적이 없었다. 이런 내 고백을 의아하게 여기는 분도 있을 것이다. 어떻게 평범한 사람도 아니고 목사라면서, 죽음의 가능성을 전혀 생각하지 않고 살았느냐고! 물론 생사를 넘나드는 이런 위기경험을 하기 이전에도, 삶과 죽음은 동전의 양면과 같다는 말을 교우들에게 떠벌리곤 했었다. 지금 생각하면, 가슴으로는 절박하게 느끼지 못하면서 말로만 그렇게 떠들었던 것이 참으로 부끄럽기 짝이 없다.

내가 몸에 이상을 느끼기 시작한 건 2009년 5월경이다. 어느 날, 교우들과 지리산 자락으로 봄나들이를 다녀왔는데, 배탈이 났다. 뭘 먹어도 소화가 잘 되지 않고, 배탈증세가 계속되었다. 특히 내가 즐기는 매운 음식이 몸에 받지 않았다. 차츰 식욕도 없어졌고, 그렇게 음식을 먹지 못하니, 체중이 3~4개월 사이에 7~8kg이나 빠져 버렸다.

하지만 평소에 비교적 건강했기 때문에 괜찮겠지 하는 마음으로 버텼다. 낮에 활동할 때는 견딜 만했기 때문이다. 그러나 밤이 되어 잠자리에 누우면, 오른쪽 갈비뼈 아래쪽으로 통증이 심하게 느껴졌다. 나는 그래도 병원에 가지 않고, 목회활동도 정상적으로 하려고 애쓰며, 혼자 아픔을 견뎠다.

그러던 어느 날, 가깝게 지내던 교우 한 분이 불쑥 찾아왔다.

"목사님, 사모님 통해서 다 들었어요. 괜히 병 키우시지 말고, 어서 가서 진찰을 받으세요."

내가 시큰둥한 목소리로 대답했다.

"고맙긴 하지만, 내 병은 내가 잘 알아요. 좀 쉬면 괜찮을 거예요."

"제가 벌써 예약해 놨으니, 내일 오전에 꼭 가세요."

옆에서 듣고 있던 아내가 교우의 말을 거들었다.

"그렇게 하세요. 고맙게도 예약까지 했다는데…….."

나는 더 이상 고집을 부릴 명분도 없어, 다음 날, 교우가 예약한 병원으로 가서 진찰을 받았다. 의사는 내 건강상태를 물은 후, 초음파와 위 내시경을 권했다. 검사 결과가 나오는 데는 그리 오랜 시간이 걸리지 않았다.

의사가 심각한 표정으로 진단 결과를 통보했다.

"간에 종양이 넓게 퍼져 있군요."

내가 놀라서 물었다.

"암이라는 말씀입니까?"

"그렇습니다. 제가 소견서를 써 드릴 테니, 대학병원에 가서 다시 확인해 보신 후, 되도록 서둘러 처치를 받으시는 게 좋겠네요."

암이라는 말에 충격을 받고 내가 아무 대꾸도 못하자, 곁에 있던 아내가 내 팔을 툭 건드리며 말했다.

"선생님 말씀대로 하세요."

의사가 써 준 소견서를 받아들고 집으로 돌아온 나는 충격의 여파 때문에 아무것도 할 수 없었다. 아내 역시 충격이 컸겠지만, 그래도 의연한 모습으로 대처했다. 여기저기 전화를 걸더니, 침상에 우두커니 누워 있는 내게 다가와 조심스레 입을 열었다.

"여보, 세브란스병원에 간암치료의 권위자가 계시다네요. 서둘러 예약하고 가 봅시다!"

아내의 간곡한 목소리를 듣고, 나는 고개를 끄덕였다. 예약은 순조롭게 되어, 다음 날 아내가 운전하는 차를 타고 세브란스병원으로 향했다.

때는 한여름이었다. 나는 아무 말도 없이 차창 밖으로 눈길을 주고 가는데, 녹음이 우거진 가로수들이 유난히 짙푸르게 느껴졌다. 가로수들 사이로 스치는 풍경도 이전과는 달리 새롭게 다가왔다.

세브란스병원에 도착한 우리는 곧바로 소화기내과를 찾았다. 잠시 밖에서 기다리니, 간호사가 내 이름을 호명했다. 진료실로 들어가 의사 선생님과 인사를 나눴다. 내 진료를 담당할 주치의의 이름은 안상훈 선생님이었다. 그는 젊고 친절했다. 내가 가지고 간 소견서를 읽어보고 난 그가 나직한 목소리로 말했다.

"소견서를 보면 환우의 상태가 매우 좋지 않네요. 다시 정밀검사를 해보고 처치를 해야겠어요."

정밀검사를 마친 나는 다시 주치의 선생님과 마주앉았다. 검사 결과를 설명하는 주치의는 애써 미소를 짓고 있었지만, 그의 낯빛은 어두워 보였다.

"조금 늦으셨어요. B형 간염에다 암세포도 벌써 많이 자랐네요. 종양의 크기가 대략 15센티 정도 됩니다."

그는 내가 아주 위독한 상태라고 하면서, 항암치료를 받더라도 생존확률이 매우 낮아, 길면 3개월 정도 살 수 있다고 했다. 그날 오후, 나는 간단한 수속을 마치고 입원했다. 내 병세를 듣고 난 가족과 교우들 모두 큰 충격에 빠졌다.

나는 입원 첫날 밤을 거의 뜬눈으로 지새웠다. 의사의 진단대로 앞으로 3개월밖에 살 수 없다고 생각하니, 숱한 생각이 거친 파도처럼 밀려와 도무지 잠을 이룰 수 없었던 것이다.

'만일 내가 치료 초기에 죽는다면, 교회 안에서만 생활하여 세상물정에 눈이 어두운, 그리고 물질적으로도 전혀 준비가 안 된 내 아내가 어떻게 살아간단 말인가. 이제 곧 대학 수시원서를 넣어야 할 고등학교 3학년 아들과 아직 철부지인 중학교 2학년 딸은 또 어떻게⋯⋯. 그리고 목사인 내가 건강관리를 잘 못해서 무서운 암으로 죽게 된다면, 교우들은 또 얼마

나 실망할까.'

　새벽녘, 나는 잠깐 잠이 들었다 깨었다. 시계를 보니, 평소에 항상 깨어서 예배를 인도하던 새벽기도 시간이었다. 나는 무릎을 꿇고 앉았다. 아내와 자식들, 교우들의 얼굴이 눈앞에 어른거렸다. 그 순간 눈물이 왈칵 쏟아졌다.

　'오, 주님! 제가 잘못 살았습니다. 당신은 제 몸을 당신의 영이 거하는 전이라 하셨는데, 제가 몸에 너무 소홀했습니다. 용서해 주십시오, 주님! 당신이 허락하신다면, 건강을 회복하여 제대로 한번 살고 싶습니다.'

　나는 솔직히 주님에게 내 마음을 고백했다. 기도를 마치고 눈을 뜨니, 좁은 보조침대에 누워 자던 아내도 내 곁에서 기도하고 있었다.

　오전 10시가 넘자, 주치의인 안상훈 선생님이 오시더니, 오늘부터 항암치료를 시작한다고 말했다. 항암치료는 항암주사를 맞는 것과 방사선 치료가 병행된다고 했다. 기본적인 설명을 마친 선생님은 내 손을 잡고 친절하게 말했다.

　"목사님이시라고 들었습니다. 저와 세브란스 의료진이 치료를 위해 최선을 다하겠지만, 사람의 생명은 궁극적으로 하나님에게 달려 있습니다. 목사님, 굳은 의지를 가지시고 하나님의 은총을 구하십시오. 저도 치료에 임하면서 목사님을 위해 기도하겠습니다."

　주치의 선생님의 말을 들으니 나도 새롭게 힘이 생겼다. 방사선치료를 담당한 성진실 교수님도 진료할 때마다, 나처럼 절망적인 상황에서 치료 받고 살아난 환우들의 이야기를 들려주며, 용기를 불어넣어 주었다. 때로 곁에 있던 아내가 민감한 질문을 던져도, 귀찮아하지 않고 항상 미소를 지으며 자상하게 대답해 주었다. 이런 경험을 할 때마다, 이런 분들이라면 내 생명을 맡겨도 좋겠다는 신뢰가 생겼다.

이런 깊은 신뢰 속에 나는 고통스러운 항암치료를 해 나갔다. 그러면서 넘기기 어렵다던 3개월을 무사히 넘겼다. 어느 날 간에 있는 종양을 측정한 주치의는 15cm나 되던 크기가 7cm로 줄었다고 얘기해 주었다.

"경과가 매우 좋습니다. 그런데 수술을 하려면 종양이 완전히 줄어야 하는데, 그렇지 못해 안타깝네요."

나는 이런 희망어린 검진 결과에 고무되어, 12번의 항암제 주사를 맞고, 20번이나 되는 방사선치료에 성실히 임했다. 그동안 머리카락이 다 빠졌다. 어쩌다 거울을 들여다보면 내 얼굴은 푸석푸석하고 광대뼈가 앙상히 드러나 있지만, 나는 좌절하거나 절망하지 않고 그 고통스런 치료를 계속했다.

이처럼 투병하는 와중에도 나는 설교를 준비하여 주일예배를 인도했고, 심지어 오후 찬양예배도 한 달에 두 번 정도는 직접 인도했다. 항암치료로 기력이 쇠해 설교준비를 하는 것이 몹시 힘들었지만, 그래도 내가 좋아하는 일을 지속하는 것이 괴로운 하루하루를 견디는 데 큰 힘이 되어 주었다.

치료를 시작한 지 2년쯤 되던 어느 날, 나는 다시 상태가 악화되었다. 처음에는 다리가 붓기 시작하더니, 몇 달이 지나지 않아 온몸까지 붓고 복수가 차기 시작했다. 치료를 위해 여러 가지를 시도해 보았지만, 상태가 호전되지 않았다.

그때가 2011년 가을쯤이었다. 주치의 선생님은 이제 할 수 있는 치료는 다했다며, 이식외과에 가서 간이식이 가능할지 상담해 보라고 권유했다. 그 말씀을 들으니 눈물이 났다. 처음에는 이식이 불가능하다고 했는데, 이제 가능할 수도 있다니!

나는 곧 이식외과를 찾아갔다. 나를 담당할 이식외과 전문의는 김순일 선생님이었다. 이식이 가능한지를 알아보기 위해 다시 검사가 시작되었다. 검사 결과가 나온 날, 김순일 선생님과 만났다.

"이식이 가능하겠습니까?"

내가 먼저 물었다.

"간이 많이 손상되어 지금은 어려울 것 같습니다. 하지만 현재로서는 목사님을 살릴 방법이 그것밖에 없습니다. 우리 스텝들과 검사 결과를 가지고 심도 있게 논의해 보고 말씀드리도록 하지요."

다음 날, 나는 김순일 선생님과 다시 만났다. 이제 이식을 할 것인지 말 것인지 최종결정을 해야 하는 순간이었다.

"지금 이식수술을 하는 것은 매우 위험합니다. 그럼에도 우리 스텝들은 목사님이시니까 한 번 해 보자고 의견을 모았습니다."

주치의 선생님의 말을 듣고 내가 다시 물었다.

"선생님 말씀은, 그냥 두면 제가 살 가망이 희박하니, 믿음으로 시도해 보자는 거군요?"

"솔직히 말씀드리면 그렇습니다."

"좋습니다. 저도 제 목숨을 이미 하나님에게 맡겼으니, 이식을 할 수 있다면 하겠습니다."

　이처럼 어렵게 이식하기로 결정했지만, 이식할 간을 제공받기가 쉽지 않았다. 가족들 가운데는 간을 제공해 줄 조건을 갖춘 사람이 없었고, 장기이식 대기자 등록을 했으나 기다릴 수 있는 시간이 길지 않아 사실상 불가능한 상황이었다.

　이때 내가 섬기는 교회의 교우들 중 몇 사람이 자신의 간을 주겠다고 나섰다. 그중 교육부를 담당하던 정민중 전도사님의 간이 이식받기에 적합한 조건이라는 검사 결과가 나왔다. 그런데 아직 결혼도 하지 않은 젊은 전도사님의 간을 받는다고 생각하니 마음이 아팠다. 다행히 장로님이신 정민중 전도사님의 아버지가 아들을 통해 담임목사님을 살릴 수 있다니 감사한 일이라며 흔쾌히 승낙해 주어, 마음이 좀 편해졌다. 얼마나 고맙던지, 그 말을 듣는 순간 눈물이 쏟아졌다. 그렇게 하여 이식일정이 잡히고 수술을 위해 입원하게 되었는데, 그 무렵 내 건강상태는 더 악화되어 있었다. 하루에 3~4리터의 복수를 빼낼 정도로 힘든 시간들이 이어졌다. 하지만 이런저런 난관에도 불구하고, 그토록 바라던 간이식수술을 17시간에 걸쳐 마쳤다. 나는 새 생명을 얻은 것이었다.

　어렴풋이 의식이 돌아오자, '아, 살았구나!' 하는 생각과 함께, 십자가에 매달리신 주님의 모습이 떠올랐다.

　'오, 주님은 나를 위해 그 힘든 고통을 견디셨구나! 내가 당한 고통은 주님에 비하면 아무것도 아니야!'

　주님의 고통을 떠올리며 눈물을 흘리다, 나는 다시 잠에 빠져들었다.

이식수술 후 열흘이 지나 비로소 나는 일반병실로 올라와서 첫 주일을 맞았다.

간호사는 사람들 많은 곳에는 절대 가서는 안 된다고 했지만, 그냥 누워 있을 수 없었다. 참으로 오랜만에 아내의 도움으로 머리를 감고 단단히 마스크를 한 채, 본관 6층의 예배실로 향했다.

강단의 십자가를 바라보며 찬송을 부르고 기도하는데 눈물부터 쏟아졌다. 내가 이렇게 살아서 예배를 드리고 있다는 것이 믿겨지지 않았다. 감격 그 자체였다. 예배당 맨 뒤쪽에서 휠체어에 앉아 아내와 함께 예배를 드리다 문득 아내의 얼굴을 쳐다보는데, 또 눈물이 쏟아졌다. 이식수술 들어가던 날, 이것이 마지막이 아닐까 싶어 아내의 얼굴을 뚫어져라 보았는데, 사랑스런 아내의 얼굴을 다시 보게 되다니!

아내도 나를 마주보며 환하게 웃었다. 그동안 아내는 어떻게든 나를 살려 보려고 내 병상 곁에서 그리고 교회에서 숱한 날을 지새우며 눈물로 기도해 왔다. 그러면서도 힘든 내색 한 번 하지 않고 나를 간호한 아내, 이제 내게 주어진 날들은 아내를 더욱 사랑하고 늘 감사하는 마음으로 채워야지!

얼마간의 회복기를 거친 뒤, 경과가 좋아져서 퇴원했다. 그러나 퇴원 후에도 자주 심장이 두근거려 힘든 순간이 많았다. 그럴 때마다 나는 가까운 사람들에게, 내가 싱싱하고 젊은 분의 간을 모셔서 그런 모양이라고 농담하곤 했다. 하지만 내게 선뜻 간을 떼어 준 분을 생각한다면, 이것이 어찌 농담으로만 넘길 일이겠는가! 자기의 건강한 몸의 일부를 떼어 남

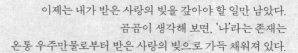

이제는 내가 받은 사랑의 빚을 갚아야 할 일만 남았다.
곰곰이 생각해 보면, '나'라는 존재는
온통 우주만물로부터 받은 사랑의 빚으로 가득 채워져 있다.

에게 주는 것이 어찌 쉬운 일이겠는가!

사실 목사로 살면서, 입만 열면 나눔과 자기 희생의 삶을 이야기했지만, 정작 그것의 깊은 의미를 나는 알지 못했다. 그런데 이식수술이라는 구체적 경험을 통해서, 나는 비로소 그 소중한 의미를 깨달을 수 있었고, 그렇기에 정말 감사하지 않을 수 없다.

내가 이 혹독한 시련을 통해서 변한 것이 있다면, 이전에 당연하게 여기며 살았던 것을 이제는 당연하게 여기지 않는다는 것이다. 내가 아프기 전에는 건강도 당연하다고 생각했고, 건강한 가정도 당연하다고 생각했다. 또 남편이니까 아내에게 사랑과 섬김을 받는 것은 당연한 것이고, 목사니까 교우들에게 사랑과 대접을 받는 것도 당연한 것이라 여겼다. 그런데 온몸으로 시련을 겪으며 죽을 고비를 넘기고 나니까, 내가 당연하다고 여긴 모든 것은 당연한 게 아니었다. 내 생의 사전에는 이제 '당연'이란 글자는 지워지고 없다.

이제는 내가 받은 사랑의 빚을 갚아야 할 일만 남았다. 곰곰이 생각해보면, '나'라는 존재는 온통 우주만물로부터 받은 사랑의 빚으로 가득 채워져 있다. 가까이는 아내와 가족, 교우의 돌봄과 배려, 그리고 내가 살아가면서 만나는 수많은 사람과 저 풍성한 대자연, 심지어 눈에 보이지 않는 우주 안의 작은 미물들이 베푸는 사랑으로 말미암아, '나'라는 생명은 겨우 존재할 수 있다는 것. 아침에 눈을 떠 저녁에 잠들기까지, 나는 이런 사랑의 숨결을 느끼지 않는 순간이 없다.

이런 것을 생각하면, 좀 더 열심히 움직이며 살고 싶은데, 아직은 몸이 잘 따라 주지 않는다. 지금도 40일에 한 번씩 병원에 가서 외래진료를 받고 있다.

　얼마 전에는 외래진료를 받으며 회복이 더딘 듯하다고 다소 불평어린 말을 했더니, 김순일 선생님이 웃으시면서 또 회초리 같은 말씀을 던지셨다.

　"목사님은 항상 감사하며 사셔야 해요."

　"네, 명심하겠습니다. 요단강물이 제 코밑까지 잠겼었으니까요!"

　우리는 서로 마주보며 진료실 천장이 들썩이도록 웃었다.

홍기용 님은 현재 성은교회 담임목사이다.

쿵쿵,
다시 뛰는 생명의 북소리

한 뼘만 한 행복에도 감사하리

박복원 님의 원재 이야기

삼복더위가 기승을 부리던 날이었다. 모두들 산으로 바다로 피서를 떠나고 있었지만, 우리는 그냥 집에서 에어컨을 틀어 놓고 무더위를 견디고 있었다. 마침 일요일이라 늦잠을 자고 난 남편은, 너무 무더우니 가까운 계곡에 가서 탁족(濯足)이나 즐기다가 삼계탕이나 먹고 오자고 했다. 그래서 남편이 운전하는 차를 타고, 집에서 멀지 않은 계곡으로 들어갔다.

맑고 시원한 물이 흐르는 계곡에는 이미 피서를 즐기려는 이들이 많이 와 있었다. 우리는 나무그늘이 좋은 자리를 찾아가, 서늘한 물에 발을 담갔다. 모처럼 휴일을 맞아 시원한 탁족을 즐기니, 남편은 기분이 날아갈 듯 상쾌한 모양이었다.

"여보, 신선이 따로 없지?"

"그러게요. 뼛속까지 오그라들 듯이 시원하네요!"

그렇게 물가에서 신선놀음을 하다가, 배가 고파 가까운 식당으로 가려고 일어서는데, 갑자기 전화가 울렸다. 낯선 목소리였다.

"원재 어머니신가요?

"그래요, 내가 서원재 어미인데."

"저는 같은 직장의 기숙사에 있는 원재 친구입니다."

"그런데, 원재에게 무슨 일이 있어요?"

"조금 전 원재가 교통사고를 당했습니다."

"뭐요? 원재가 사고를? 많이 다쳤어요?"

"네, 좀 많이 다쳤어요."

그러면 지금 어디에 있느냐고 했더니, 당진종합병원 응급실이라고 했다. 나는 전화를 끊고 남편에게 말했다.

"여보, 이를 어째요? 원재가 교통사고를 당했는데 많이 다쳤대요."

좀 많이 다쳤다는 말에 쿵쾅거리는 가슴을 쓸어내리면서, 계곡을 빠져나와 집으로 차를 몰았다. 입원을 대비해 이불이며 비누며 칫솔 따위를 부산스럽게 챙겨서, 안산에서 당진까지 정신없이 달려 병원에 도착했다. 응급실로 들어가니, 원재가 피투성이로 침대에 누워 있었다.

아들을 보는 순간, 나는 갑자기 숨이 콱 막혀 왔다.

"오, 우리 아들 어떻게? 우리 아들 어떻게?"

머릿속은 깜깜한 어둠이고, 가슴은 먹먹한데, 눈물도 나오지 않았다. 아픈 아들 대신 내가 어찌할 수도 없고, 나는 침대모서리에 서서 발만 동동 굴렀다. 남편이 먼저 나를 안정시켜야 되겠다 싶었는지, 내 어깨를 감싸면서 아들의 이름을 불렀다.

"원재야, 원재야. 에미애비 왔다."

눈을 감고 있어서 의식이 없는 줄 알았는데, 원재가 간신히 눈을 뜨며 입을 열었다.

"어머니 아버지, 죄송해요!"

나는 그래도 원재가 의식이 살아 있는 걸 보고, 다소 안심이 되었다.

"죄송하긴! 이렇게 살아 있어서 고맙구나."

하지만 원재의 상태는 매우 심각했다. 폐에는 이미 호스가 꽂혀 있었고, 왼쪽 다리는 반깁스를 하고 있었으며, 오른쪽 대퇴부는 엉치뼈부터 부러지고 틀어져 있었다. 붕대로 칭칭 감아놓은 왼쪽 갈비뼈는 다 부러졌다고 했다.

잠시 후, 응급조치를 한 의사가 오더니 말했다.

"빨리 큰 병원으로 이송해야 합니다. 이대로 두면 매우 위험합니다."

남편이 물었다.

"큰 병원이면 어디로 가야 할까요?"

"인천의 K병원이 좋을 것 같습니다. 거기는 헬리콥터를 보내 주거든요."

의사의 말을 듣는 순간, 나는 강남세브란스병원이 떠올랐다. 왜냐하면 남편이 허리를 수술하기 위해, 얼마 전 예약해 놓은 일이 생각났기 때문이었다.

내가 의사에게 말했다.

"강남세브란스병원으로 이송하게 해 주세요."

"거기도 좋은데, 그 병원에서는 교통사고 환자는 받아 주지 않습니다."

"그럼 제가 전화해 볼게요. 남편이 며칠 후 그곳에서 수술하기로 예약했거든요."

나는 즉시 전화를 걸어 이쪽의 사정을 설명하고, 환자를 받아 주겠느냐고 물었다. 전화를 받은 직원이 잠시 기다리라고 하더니, 서둘러 환자를 데려오라고 했다.

우리는 곧 병원에서 마련해 준 구급차를 타고 서울 강남으로 향했다. 이상한 것은, 그렇게 강남세브란스병원으로 가면서 '우리 원재는 이제 살았구나' 하는 생각이 들었다.

강남세브란스병원 응급실에 도착하자마자, 원재는 다시 응급조치를 받았다. 그리고 CT 와 MRI 촬영을 했다. 원재의 몸에는 머리부터 발까지 링거를 포함해, 여러 개의 주사기가 꽂혔다. 그렇게 많은 기구가 사람 몸에 꽂힌 것을 보는 것은 난생 처음이었다.

그렇게 응급조치를 하는 중에 밤 11시쯤이 되자, 원재는 발목에 통증을 호소했다. 얼마나 아프면 그럴까, 응급실이 떠나가도록 비명을 질렀다. 의사와 간호사가 달려와 또 조치를 취하면서, 만일 의학적 조치를 해서 잘 통하지 않으면, 다리를 잘라야 할지도 모른다고 했다. 다리를 잘라야 할지도 모른다는 말에 내 가슴은 또 무너져 내렸다. 밤은 속절없이 깊어졌다. 새벽 4시경, 먼저 신경을 살리는 수술에 들어갔다. 수술을 마치고 나오는 의사에게 물어보니, 다행히 수술이 잘 되었다고 말했다.

수술을 마친 원재는 중환자실로 옮겨졌다. 남편과 나는 중환자실 밖에 있는 나무 소파에 앉아서 경과를 기다렸다. 잠시 후 간호사가 달려 나와 우리를 불렀다.

"지금 원재 씨가 자가호흡을 하지 못해, 인공호흡기를 달아야 할 것 같습니다."

"자가호흡을 못하다니요?"

"콩팥의 혈전이 막힌 후, 폐로는 스스로 1%의 호흡도 할 수 없어서 그렇습니다. 인공호흡기를 달아야 하는 상황인데, 보호자 분의 동의가 필요해서요."

남편이 대답했다.

"그렇게 위급하면 당연히 인공호흡기를 달아야지요."

이렇게 해서 원재는 인공호흡기를 달고 연명하고 있었지만, 더 이상은 수술할 수가 없는 상황이었다. 오른쪽 대퇴부, 대동맥, 다리의 뼈, 인대 등 당장 수술해야 할 곳이 많은데, 폐의 기능이 회복되지 않아서 전혀 수술할 수 없었던 것이다. 중환자실 앞에서 상황이 호전되기만을 기다리면서, 우리는 막막하기만 했다. 아무것도 할 수 없다는 절망감이 가슴을 무겁게 내리누를 뿐이었다.

아침 면회시간이 되었다. 중환자실로 들어가니 중병에 걸린 환자들의 신음소리, 분주하게 움직이는 간호사들의 발자국 소리, 환자를 보러 온 이들의 웅얼거리는 기도소리가 불협화음처럼 고막을 울렸다. 원재는 꼼짝 못하도록 두 팔이 묶여져 있었다. 쇠를 삽입시킨 양쪽 다리도 고정시켜 놓은 상태로, 인공호흡기를 달고 겨우 숨을 쉬고 있을 뿐이었다. 측은한 눈빛으로 원재를 내려다보던 남편이 입을 열었다.

"원재야, 원재야!"

무슨 소리가 들리는지 원재는 몸을 꿈틀했지만, 약물 때문인지 아무런 반응도 하지 않았다. 온몸이 부서진 채 식물인간처럼 누워 있는 원재를 보고 있자니, 복장이 터질 듯하고 눈물이 쏟아졌다. 그 순간, 나는 오래도록 잊고 있었던 '오, 주님!' 소리가 절로 터져 나왔다. 그렇지만 나는 가만히 속으로만 중얼거렸다.

"주님, 제가 오랫동안 당신을 외면하고 살아서 죄송합니다. 하지만 어찌하여 제 아들에게 이런 시련을 주십니까? 이제 그의 나이 겨우 서른 살. 아직 장가도 가지 못했습니다. 차라리 저를 데려가시고, 불쌍한 제 아들을 살려 주십시오."

사흘이 지났다. 다행히 상태가 조금 호전되어, 인공호흡기를 떼고 산소호흡기를 통해 숨을 쉴 수 있었다. 그런데 산소수치가 95% 이상 올라가야 수술을 할 수 있는데, 산소수치는 75~90%에서 맴돌고 올라가지 않고 있었다.

나는 남편과 함께 중환자실 보호자들이 머무는 방에 있었다. 오후 면회 시간이 다가오고 있었다. 중환자실 앞 소파에 나가 있는데, 인상이 선하게 생긴 할머니 한 분이 오셨다. 서로 인사를 나누었는데, 그분은 어느 교회의 권사님이었다. 그 권사님은, 자기 남편이 교회에서 성찬식을 마치고 뇌출혈로 쓰러져 중환자실에 와 계시다고 했다. 그런데 자기 남편이 그렇게 생사를 오가는 와중에도, 그분은 매우 평온한 모습이었다. 내가 어떻게 그리 평온하실 수 있느냐고 했더니, 이렇게 말씀하셨다.

"우리 인간의 목숨은 하나님이 주관하시잖아요. 저는 하나님에게 제 남편을 다 맡겼어요. 원재 어머니도 하나님에게 아들의 생사를 맡기고 기도

하세요."

그 권사님이 하는 말을 듣는데 나도 모르게 눈물이 왈칵 쏟아졌다. 그동안 내가 하나님의 품을 떠나 탕자처럼 살아온 세월이 몇 년이던가. 무려 15년의 세월 동안 하나님 없는 삶을 살아온 것이었다. 오로지 내 육신의 소욕만을 채우기 위해 버둥거리며 살아온 나날들. 이제 나는 생사의 기로를 헤매는 아들 앞에서, 생명의 근원이신 하나님을 망각하고 살아온 내 초라한 모습을 보게 된 것이었다. 이 어리석음이라니! 나는 곧 병원 예배실로 달려가, 누가 듣거나 말거나 눈물을 쏟으며 회개했다. 그러니까 나는 15년 만에 다시 하나님의 품으로 돌아온 것이었다.

내 삶에 일어나는 변화를 하나님이 눈치채신 것일까. 닷새째 되는 날, 콩팥으로 흐르는 혈관을 가로막았던 혈전이 정상으로 뚫려, 원재는 일반 병실로 옮겨졌다. 그런데 여전히 산소수치는 올라가지 않고 있었다.

병원에 온 지 일주일째 되던 날, 의사 선생님이 청천벽력 같은 말씀을 하셨다.

"원재 군의 폐가 오그라져서 펴지지를 않는군요. 내일까지 기다려보고 펴지지 않으면, 다시 중환자실로 내려가야 합니다."

그런 와중에도, 원재는 온몸에 고열이 오르락내리락하기를 몇 번이나 반복하며 애간장을 태웠다. 나도 서서히 지쳐갔다. 잠도 부족하고 입맛도 떨어져 잘 먹지 못하니, 머릿속이 휑한 것이 앉아 있는 것조차 힘들었다.

새벽이었다. 보조침대에 누워 조금 눈을 붙였다가 일어나, 아들을 붙잡고 기도했다. 그런데 너무 지쳐서 그런지, 기도하려고 눈을 감으면 졸음이 쏟아졌다. 나는 잠을 쫓으려 내 뺨을 두어 차례 때린 후, 정신을 차리고 앉아서 깨어 있는 원재에게 말했다.

"원재야, 이제 엄마도 지쳤어. 어쩌면 하나님은 이 엄마의 기도보다 네 기도를 듣고 싶어하실지도 몰라. 엄마 잘못이지만, 우리가 너무 오래 하나님을 외면하고 살았어. 그래서 엄마는 하나님에게 잘못했다고 용서를 빌었어. 원재야, 엄마 생각엔 너도 하나님과 담을 쌓고 살아온 걸 잘못했다고 회개하면 좋겠어. 응?"

내가 이렇게 간곡히 부탁하자, 누워 있던 원재가 병상에서 갑자기 몸을 일으키더니, 무릎을 꿇고 엉엉 울며 기도했다. 그렇게 기도하는 시간이 10여 분쯤 흘렀을까. 나는 고집 센 원재가 내 부탁을 들어준 것이 고마워 감사기도를 하고 있는데, 원재가 나를 불렀다.

"엄마, 저거 좀 봐요!"

"뭘?"

원재는 자기 머리맡에 있는 산소포화도측정기를 가리키며 말했다. 그 측정기는 산소수치를 재는 기계였다.

"산소수치가 올라갔어요. 계속 올라가네. 92, 93, 95, 98……."

"와, 이제 정상으로 올라갔구나, 할렐루야!"

나는 너무 기뻐서, 누가 듣거나 말거나 할렐루야!를 외쳤다. 같은 병실에 있던 환우들과 보호자들도 내가 지르는 소리에 놀라 우리 모자를 바라보았지만, 불쾌하게 여기는 것 같지는 않았다. 아니, 그동안 조금 친해진 이들은 이 놀라운 기적 앞에 같이 기뻐해 주었다.

그렇다. 정말 나는 난생 처음 그런 기적을 경험했다. 만일 그날 산소수치가 올라가지 않았다면, 몇 시간 후 중환자실로 내려가야 할 절박한 상황이었다. 나는 곧 간호사에게 달려가, 원재의 산소수치가 정상치로 올라왔다고 알려 주었다. 잠시 후 주치의 선생님이 오셔서 원재의 호전된 상태를 보고는, 빠른 시간 내에 수술해야겠다고 하셨다.

다음 날 오전, 원재는 무사히 수술받을 수 있었다. 수술시간이 예상보다 많이 걸리기는 했지만, 나는 수술실 밖에서 기다리면서도 초초해하거나 불안해하지 않았다. 원재의 기도를 들으신 하나님이 수술과정에도 함께하시리라는 믿음이 있었기 때문이다.

수술을 마치고 나오는 주치의 선생님에게 물으니, 수술이 아주 잘 되었다고 했다.

"이제 염려하시지 않아도 됩니다. 우리 병원으로 오신 것도 그렇고, 그동안의 과정을 볼 때, 이건 정말 기적이 아닐 수 없습니다. 하나님이 도우신 게 틀림없는 것 같아요."

원재는 수술상처가 아물자, 곧 재활에 들어갔다. 재활과정도 몹시 힘들기는 했지만, 원재는 잘 버텨 주었고, 의료진들도 성심을 다해 원재의 재활을 도왔다. 감사하게도 재활치료를 통해 원재의 오른쪽 대퇴부, 왼쪽 갈비뼈, 왼쪽 손목, 왼쪽 발목은 거의 회복되었다. 앞으로 무릎 수술이 남아 있기는 하지만, 원재는 천천히 걸어 다니며 일상생활을 하는 데 별다른 지장을 느끼지 않는다.

지금에 와서 돌이켜 보면, 인생은 우리가 헤아리기 어려울 만큼 깊고도 오묘한 것 같다. 그리고 우리의 삶에 뜻 없는 고통은 없는 것 같다. 금지옥

"엄마 생각에, 네가 우리 가족을 위해 십자가를 진 거 같아."
나는 아직 젊디젊은 원재를 위해 기도할 때마다,
어떤 생의 유혹과 고통에 부딪히더라도, 자기 영혼의 보금자리인
주님 품을 벗어나지 않도록 간구한다.

엽 같은 아들이 죽음의 문턱을 넘나들 때는 왜 이런 불행이 닥치는 걸까 생각했는데, 하나님은 그런 고통과 시련을 통해 우리 식구들이 당신께 돌아올 수 있도록 하셨으니 말이다.

그래서 얼마 전 나는 원재에게 이렇게 말했다.

"엄마 생각에, 네가 우리 가족을 위해 십자가를 진 거 같아."

원재가 의아한 표정으로 물었다.

"제가 십자가를 지다니요?"

"네가 그토록 혹독한 고통을 겪고 나서, 우리 가족이 모두 하나님 품에 다시 안기게 되었으니 말이야. 이제 우리 한 뼘만 한 행복에도 감사하며 살자꾸나."

"네, 엄마!"

사실 이런 깨달음조차, 내가 하나님에게 다시 돌아옴으로써 영적 감각이 다시 살아났기 때문에 가능한 것이 아닌가 싶다. 그래서 나는 아직 젊디젊은 원재를 위해 기도할 때마다, 어떤 생의 유혹과 고통에 부딪히더라도, 자기 영혼의 보금자리인 주님 품을 벗어나지 않도록 간구한다.

박복원 님은 현재 전업주부로서, 작은 행복에도 감사한 삶을 살고 있다.

당신은
내 생명의 은인

안창란 원예치료사의 남편 이야기

한 아름 꽃을 안고 집으로 들어섰다. 매주 복지관에서
하는 "원예를 통한 힐링" 수업을 마치고 막 돌아오는 참이었
다. 꽃은 강의 때 사용한 것인데, 집에다 꽂아 놓으려고 가져왔다. 나는 예
쁜 화병을 찾아 물을 붓고, 꽃을 꽂아 거실 소파 옆에 놓았다. 집안이 온통
환했다.

그때 초인종이 울렸다. 문을 열었더니, 남편이 좀 울적한 표정으로 들
어섰다.

"병원엔 다녀오셨어요?"

오전에 남편이 출근하며 이비인후과를 들러 온다는 말이 생각나서 물
었다. 최근 들어 남편은 귀에 자꾸 염증이 생겨 괴로움을 겪고 있었다.

"이비인후과를 들러 왔는데 수술을 해야 할 것 같다면서, 서울의 세브
란스병원으로 가보라고 합디다. 귀 수술은 거기가 잘 한다고!"

"그럼 미루지 말고 내일이라도 가 보세요."

"그러잖아도 내일 휴가 내고, 일단 검사를 받아보려고요."

"저도 같이 갈까요? 내일은 강의도 없는데."

"그래 주면 고맙지."

다음 날 아침, 직장에서 휴가를 내고 나온 남편을 시내에서 만나, 신촌의 세브란스병원으로 갔다.

오전 10시쯤 도착했는데도 예약환자가 많아, 진료는 오후가 되어서야 할 수 있었다. 의사를 만나 수술을 받기 위해 상담했는데, 수술받으려면 먼저 기초대사량을 검사해야 한다고 했다. 그래서 곧 기초대사량 검사를 한 후, 다시 의사를 만났다.

"지금 환자분은 귀수술보다 더 심각한 이상이 발견되었습니다."

심각한 이상이 발견되었다는 말에 놀라, 남편이 물었다.

"어떤 이상증세입니까?"

"환자분의 심장을 싸고 있는 근육의 수치가, 건강한 사람이 70이라면, 절반도 안 됩니다. 이런 증상을 〈확장형 심근병증〉이라고 하지요."

남편 곁에 앉았던 내가 물었다.

"이 증상은 어떻게 치료해야지요?"

"약으로 치료할 수 있습니다."

귀수술을 받으러 갔던 남편은 뜻밖의 병증을 발견하고, 그날부터 심장 관련 치료를 받으며 약을 복용하기 시작했다.

지금으로부터 대략 8년 전의 일이었다. 그 후 꾸준히 약을 먹으며 치료한 결과, 남편은 지리산 종주를 일 년에 두 번씩 할 정도로 건강이 좋아져서, 6개월에 한 번씩 약을 가져다 복용하던 것마저 자의로 끊어버렸다.

평생 공무원생활을 한 남편은 2008년 정년퇴직을 한 후, 기독교계통의 사이버대학에 재취업을 했다. 그 후 거의 3년간 남편은 별 탈 없이 직장생활을 했다.

2011년 6월경이었다. 토요일 밤 TV시청을 끝낸 후, 잠자리에 들었던 남편이 갑자기 배가 아프다고 했다.

"저녁 먹은 것이 체했나? 왜 이렇게 아프지?"

"어떻게 아픈데요?"

"정확히 어딘지는 모르겠는데, 이대로는 못 자겠어."

"안 되겠어요. 당장 병원에 가 봅시다."

나는 그냥 견뎌 보겠다는 남편을 차에 태우고, 세브란스병원으로 달려갔다. 병원에 도착한 남편은 내 부축 없이 혼자 응급실로 걸어 들어갔다. 하지만 가볍게 생각했던 남편의 상태는 결코 가볍지 않았다. 거의 한 시간 동안 남편을 검진한 의료진은 〈확장형 심근병증〉이 재발했다고 진단했다. 그러니까 심혈관 약을 자의로 끊은 것이 결국 재발을 일으킨 것이었다.

응급실 병상에 누운 남편의 상태는 짧은 시간 안에 악화되었다. 남편은 의식이 가물가물하더니, 얼마 지나지 않아 곁에 있는 나도 알아보지 못했다. 혈압도 정상범위에서 한참 떨어져서 60에서 맴돌았다. 혈압이 급격히 떨어져서 당장 수술도 할 수 없다고 했다. 잠시 후, 응급실 담당의사가 나를 부르더니, 어두운 표정으로 말했다.

"지금 상태로 봐서는 가족들을 부르시는 것이 좋겠습니다."

결국 의사의 말은 남편이 사망할 수도 있다는 말이 아닌가! 주님, 이를 어쩌죠? 어쩌죠? 나는 마음이 황망하여 속으로 주님의 이름만 되뇌었다.

'이럼 안 되지, 내가 이럼 안 되지!'

나는 응급실 밖으로 나가 자판기 커피를 뽑아 마시고는, 가족들에게 전화를 하여 남편이 위독하다는 소식을 전했다.

새벽 3시 반쯤, 혼수상태에 빠진 남편은 심혈관 중환자실로 들어갔다. 병실 밖에 멍하니 앉아 있던 나는 문득 새벽기도를 하러 가야겠다고 생각했다. 나는 직접 차를 운전하여 교회로 달려갔다. 새벽예배를 마친 후, 예배를 인도한 전도사님에게 중보기도를 부탁했다.

남편이 중환자실에 들어간 후 사흘째 되는 날, 기적이 일어났다. 화요일 오전 보호자 대기실에 앉아 기도하고 있는데, 중환자실 간호사가 나를 찾더니 소리쳤다.

"이장범 님의 의식이 돌아왔습니다."

너무 반가운 마음에 면회시간도 아닌데, 나는 소독된 옷을 얼른 갈아입고 중환자실로 뛰어 들어갔다. 간호사의 말처럼 남편은 의식이 돌아와 병상 곁에 선 나를 알아보고 나직한 음성으로 말했다.

"여보⋯⋯."

나는 남편이 부르는 소리에 눈물이 왈칵 쏟아졌다. 그렇게 울고 있는데 남편이 가까이 오라고 눈짓했다. 가까이 갔더니, 남편이 소곤거렸다.

"성경과 안경 좀 줘요!"

"왜요?"

"내가 다시 살아난 것은 주님의 은혜 때문이니까!"

"무슨 말씀이세요?"

"그게 꿈인지 아닌지 모르겠소. 내가 우리 교회에서 병상에 누워 있는데, 많은 사람이 나를 위해 하나님에게 울부짖으며 기도하더라고!"

"정말요?"

"그렇다니까!"

남편이 하는 말을 듣고 나니까, 내가 새벽예배에 가서 중보기도를 요청했는데, 그날이 마침 주일이어서 1부 예배부터 5부 예배까지 교회에서 남편의 회생을 위해 기도했다는 말을 들은 것이 생각났다.

남편은 그렇게 기적적으로 깨어난 후, 수술도 받지 않고 두 주 만에 건강을 회복하여 퇴원했다.

그러나 또 다른 시련이 기다리고 있었다. 2013년 10월 어느 날이었다. 운동을 좋아하는 남편은 안방에서 5분쯤 몸에 땀이 나도록 운동을 한 후 샤워를 하겠다고 일어서더니, 갑자기 침대 쪽으로 넘어졌다.

쿵! 순식간의 일이었다. 넘어진 남편의 가슴에 손을 대보니, 이미 호흡이 멎어 있었다. 가슴을 방바닥에 대고 쓰러진 남편을 바로 누이려고 하는데, 몸도 벌써 뻣뻣해져 있어 무척 힘들었다. 나는 낑낑대며 겨우 남편을 똑바로 누이고 나서, 119에 전화를 했다. 내 전화를 받은 구급대원이 나에게 물었다.

"혹시 심폐소생술 할 줄 아세요?"

"네, 조금 알아요."

나는 그해 5월 교회에서 심폐소생술을 배운 적이 있었다.

"그러면 우리가 도착할 때까지 심폐소생술을 해 주세요."

나는 구조대가 오기까지 두 손을 포개 남편의 심장 위치에 대고 심폐소생술을 시도했다. '하나님, 부디 이 생명을 살려 주세요!'라고 기도하면서.

그렇게 15분쯤 했을까. 웽웽거리는 소리가 점점 가까이 들리더니, 119 구조대가 들어왔다. 구조대는 남편을 싣고 명동 근처의 B병원으로 이송하여 응급조치를 한 후, 다시 신촌세브란스병원으로 갔다. 나는 세브란스병원으로 이동하는 중, 교회의 중보기도팀에 기도를 부탁했다. 다행히 남편의 호흡은 돌아왔고 혼수상태를 면했다.

남편은 응급실에서 기본적인 조치를 몇 가지 받은 후 입원실로 옮겼다. 다음 날 오전 주치의인 하종원 교수님을 만났다.

"만일 초기대응을 제대로 하지 못하셨다면 돌아가실 뻔했습니다. 누가 심폐소생술을 하셨나요?"

"제가요."

"참 잘 하셨습니다. 만일 부인이 그렇게 하지 않으셨으면, 남편께서는 지금 이 세상 사람이 아닐 겁니다."

사실 남편이 집에서 쓰러졌을 때, 얼굴 전체가 시체처럼 보라색으로 변해 있었다. 지금 생각해도 다행스러운 건, 남편의 심장마비가 일어난 시간에 나는 보통 교회에 있었는데, 그날은 집에 있었다. 또 그날 남편이 방에 있고 내가 주방에 있었다면, 남편이 죽었을는지도 모른다.

나는 주치의 선생님의 말씀을 듣고는 가슴을 쓸어내리며, 곧 6층에 있

죽음의 문턱을 밟고 다시 회생한 남편은
그런 고통을 겪기 전과는 완전히 다른 사람으로 변했다.
그래서 나는 사람들에게
"우리 남편은 이제 두 살 아기야!"라고 말하곤 한다.

는 병원 예배실로 올라가 하나님에게 눈물로 감사의 기도를 올렸다.

며칠 후 주치의 선생님이 나를 불러 말씀하셨다.

"남편의 상태가 많이 호전되었는데, 퇴원하시기 전에 '이동식 제세동기'를 몸에 이식하는 것이 좋을 듯싶습니다."

"그건 어떤 기계입니까?"

"남편은 벌써 두 번이나 심장마비를 겪었고, 여러 가지 검사 결과로 볼 때 돌연사하실 가능성을 배제할 수 없어서 하는 말입니다. 이동식 제세동기는 심장마비의 징후가 보이면 이를 미리 예방하여 심장마비가 일어나지 않도록 하는 장치이죠."

나는 주치의 선생님의 말씀을 듣고, 그 기계장치를 몸에 이식하는 데 동의했다. 남편은 이동식 제세동기를 가슴에 이식한 후 퇴원했다. 그 후 남편은 매일 하루 만 보씩 걷는 운동에도 잘 적응하고, 그걸 이식한 후 6개월부터는 비교적 힘든 운동인 테니스까지 하고 있다.

죽음의 문턱을 밟고 다시 회생한 남편은 그런 고통을 겪기 전과는 완전히 다른 사람으로 변했다. 그래서 나는 사람들에게 "우리 남편은 이제 두 살 아기야!"라고 말하곤 한다. 끔찍한 심장마비를 겪은 후 새로 태어났으니까. 사도 바울의 말처럼 '새로운 존재'로 변화된 남편의 모습에 놀란 것은 퇴원하던 날이었다.

남편을 차에 태우고 집으로 돌아가다가 정지신호 앞에서 잠깐 서 있는데, 남편이 갑자기 운전대 위에 놓인 내 손을 꼭 잡더니 눈물을 글썽이며 말했다.

"여보, 당신은 내 생명의 은인이야. 고마워!"

그날 만일 차 안이 아니었다면, 나는 남편을 끌어안고 기쁨의 눈물을 쏟았을 것이다. 지금까지도 남편의 그런 태도는 변함이 없다. 자기의 삶은 이제 하나님이 연장시켜 주신 '덤'이라고 여기는 듯하다. 부부가 살다 보면, 화나는 일이나 불만족스런 일이 왜 없겠는가, 성인군자도 아닌데!

하지만 그런 일이 생겨도 남편은 아예 분노나 불만을 드러내지 않는다. 나 역시 마찬가지이다. 남편이 중환자실에 있을 때 내가 울부짖으며 기도 했듯이, 나는 남편이 살아 있다는 사실만으로 늘 감사하며 지낸다. 주님, 새 남편을 주셔서 감사합니다!

요즘 남편은 틈날 때마다 거실에 앉아 아코디언을 붙잡고 씨름한다. 학원에 나가 기본기를 배운 후, 이제는 혼자 연습에 몰두한다. 남편이 손가락으로 꾹꾹 눌러 내는 아코디언 소리를 듣고 있으면, 그 소리가 남편 심장이 쿵쿵 뛰는 소리처럼 들린다. 얼마 전에는 아코디언 연습에 몰두하는 모습이 보기 좋아 웃었더니, 남편이 말했다.

"늙은이가 악기를 붙잡고 있는 모습이 어설퍼 보이지요?"

"아니, 정말 보기 좋아요. 그리고 당신은 이제 겨우 두 살인걸요!"

내가 이렇게 농을 건네자, 남편이 목에 불끈 힘을 주고 말했다.

"그렇게 격려하니, 이제부터 열심히 연습해서 일 년 후에는 반드시 교회에서 찬송가를 독주할 거요!"

"오, 파이팅. 이장범 씨!"

안창란 님은 현재 원예치료사로서, 남편과 함께 행복한 삶을 살고 있다.

스트레스로 막대기처럼 쓰러지다

신승묵 목사의 이야기

새벽기도회가 끝나자마자, 나는 아내와 함께 문막의 취병리 골짜기로 향하였다. 오월의 산자락은 녹음이 점점 짙어지고 있었다. 매일 새벽마다 우리가 물을 뜨는, 옹달샘이 있는 깊은 골짜기로 접어드니, 찔레꽃 향기가 은은히 풍겨 왔다.

나는 오늘 따라 이상하게 기운이 없고 걷기가 힘들었다. 잰걸음으로 앞서 가는 아내 뒤를 천천히 따라가는데, 길을 걷던 아내가 힐끗 나를 돌아보며 말했다.

"당신 걸음이 왜 그렇게 더뎌요?"

"글쎄, 오늘 따라 당신을 따라가기도 힘드네."

우리는 옹달샘 가에 도착해, 퐁퐁 솟는 맑은 물을 바가지로 떠서 플라스틱 통에 담았다. 물을 채운 통을 배낭에 담아 등에 지려는데, 아내가 자기가 지겠다고 나섰다.

"헐떡거리며 올라오는 당신 모습을 보니까, 얼굴도 창백하고 많이 아픈 사람 같아요. 어디 아픈 데 있어요?"

"특별히 아픈 데는 없는데, 그런 날도 있지 뭐! 이팔청춘도 아니고."

"몸이 안 좋아 보이니까, 오늘은 무조건 쉬세요. 공사도 미루고."

아내가 미루라고 말한 공사는 오늘부터 시작하기로 한, 교회와 주택을 잇는 이층공간을 창고로 꾸미려는 것을 두고 한 말이었다.

"이미 일할 분을 아침에 오시라 했는데……."

"염려가 돼서 그러니까 잘 생각해서 하세요. 일보다 건강이 더 중요하니까."

아내는 이렇게 말하고는, 올라왔던 길을 되짚어 내려갔다. 여느 날처럼 "깊은 산속 옹달샘" 노래를 흥얼거리며 걸어내려 가는데, 그 걸음새가 그렇게 가벼울 수가 없었다.

만일 아내가 일러 준 말을 들었다면, 그날의 사고는 터지지 않았을 것이다. 집으로 돌아온 나는 간단히 아침식사를 끝내고, 일을 도우러 온 교우 한 분과 함께 공사를 시작했다. 톱과 망치 같은 연장이 담긴 통을 들고 이층으로 올라가는데, 다른 날과 달리 머릿속이 띵한 것이 몸 상태가 영 좋지 않았다.

'아마도 스트레스 때문일 거야!'

그 무렵 나는 교우들 사이의 갈등 때문에 심한 스트레스를 받고 있었다. 갈등을 야기한 분은 교회 중직을 맡고 있었는데, 나는 그분 때문에 몇 년째 심적 괴로움을 겪고 있었던 것이다. 그렇게 괴로움을 겪으면서 건강도 나빠져 여기저기 자주 아팠다.

'오늘 일단 일을 시작해 놓고, 내일은 친구가 원장으로 있는 병원에 가 봐야지!'

이렇게 속으로 중얼거리며 이층 난간에 연장통을 내려놓는 순간, 벽에 세워 놓은 막대기가 바람에 쓰러지듯, 나는 난간 아래로 풀썩 떨어지고 말았다. 정말 눈 깜빡할 사이였다. 난간 아래로 떨어지면서 아래에 있던 가스통에 어깨가 닿으며, 그대로 시멘트 바닥에 나뒹굴었다. 그리고 나는 의식을 잃고 말았다.

쿵! 하는 소리를 듣고 달려 나온 아내가 보니, 나는 가스통 옆에 늘어진 채, 이미 의식이 없는 상태였다고 한다. 머리는 깨어져 얼굴이 온통 피투성이였고. 가슴에 손을 대 보니, 심장은 나직하게 뛰고 있었다고.

잠시 후 왱왱거리는 소리가 들리더니, 119가 도착했다. 나는 곧 구급차에 실려 가까운 곳에 있는 S병원 응급실로 옮겨졌다. 큰 병원으로 갔어야 했는데, 119는 위급하다고 판단하여 가장 가까운 병원으로 옮겼던 것이다.

응급실에 누운 나는 의식이 없는 상태에서도 고통스러운지 계속 얼굴을 찌푸리며 온몸을 뒤틀었다고 한다. 간호사가 링거를 꽂는 사이, 조금 정신을 차린 아내는 병원장으로 있는 내 친구에게 전화를 걸어 위급한 상황을 전했다. 그랬더니 친구는 S병원에는 CT 찍는 기계도 없으니 어서 원주세브란스기독병원으로 가라고 했다.

나는 다시 구급차에 실려 원주세브란스기독병원 응급실로 옮겨졌다. 내가 응급실에 도착하자 응급실에 일대 비상이 걸렸고, 나는 바로 중환자실로 옮겨졌다. 그러는 사이 20여 분이 흘러갔고, 이 때문에 아내는 지금도 미안해하고 있다.

내가 중환자실로 들어간 후, 아내는 보호자들이 머무는 방에 있었는데, 점심시간이 끝나자 주치의가 진료실로 아내를 불렀다.

"환우의 상태가 아주 좋지 않습니다. 특히 뇌출혈이 너무 심해서, 회복을 장담할 수 없습니다. 하나님에게 맡기셔야 할 듯싶습니다. 어쩌면 오늘을 넘기기 어려울 수도……."

아내는 하나님에게 맡기라는 의사의 말에 아무 대꾸도 못하고 눈물만 흘렸다. 그날 저녁에는 주치의가 내 큰 아들까지 불러 똑같은 말을 했다고 한다. 나중에는 소식을 듣고 달려온 처형까지 들어가 셋이서 의사를 만났는데, 여전히 똑같은 말을 하더라는 것이다. 상황이 여기까지 이르자, 처형은 아내의 어깨를 끌어안고 울면서 이렇게 말했다고 한다.

"얘, 너 이제 마음 단단히 먹는 게 좋겠다."

그날 저녁부터 나는 수면치료에 들어갔다. 면회시간이 되어 중환자실에 누워 있는 나를 본 아내는 나중에 이렇게 말했다.

"얼굴은 퉁퉁 붓고, 시체와 다름없는 모습이었죠."

아내는 그날 저녁부터 경찰 수사과 전문하사인 아들과 함께 중환자실 문 앞에 놓인 의자에서 기도하며 자리를 뜨지 않았다. 의사나 그 누구의 말도 듣지 않고, 24시간 하나님에게 기도만 올렸던 것이다. 한 번은 밤늦은 시간에 건너편 입원실에 계시던 남자 노인 한 분이 링거를 꽂고 나와, 기도하고 있는 아내를 향해 혼잣말처럼 이렇게 말했다고 한다.

"저 아주머닌 밤낮 저기에 나와 있네. 잠도 안 주무시나 봐!"

그 후 나는 시체처럼 누워 있는 상태에서, 일주일에 한 번씩 CT 찍는 것 빼고는, 계속 잠으로 시간을 보냈다고 한다. 그렇게 21일을 있었는데, 그 기간 동안에도 죽어 나가는 사람이 여럿 있었다고 한다.

정확히 20일째 되는 날, 아내는 여느 날과 다름없이 중환자실 바로 앞의 의자에 앉아 기도하고 있는데, 간호사가 와서 주치의 선생님이 긴히 할 얘기가 있다고 하니 가서 만나 보라고 했다. 아내는 곧 주치의가 있는 진료실로 갔다.

"이제 수면약을 끊으려 하는데, 만일 깨어날 사람이면 하루이틀 안에 깨어나고, 그렇지 않으면 깨어나지 않고 그대로 돌아가실 수도 있습니다."

의사의 말을 듣고, 아내는 아무 대꾸도 하지 않은 채 고개만 끄덕이고 나왔다고 한다. 그리고 다시 중환자실 앞의 보호자용 의자로 돌아오면서 결심했다고 한다.

'남편이 깨어날 때까지 금식해야지!'

사실 아내는 내가 중환자실로 들어간 뒤로 하루 한 끼씩밖에 먹지 않았는데, 그마저 끊고 금식기도에 돌입한 것이다.

그런데 바로 그 다음 날, 기적 같은 일이 일어났다. 아무것도 먹지 않고 꼬박 밤을 지새우며 기도한 아내는 다음 날 아침 면회시간이 되어 소독된 옷으로 갈아입고 중환자실로 들어갔다.

내가 누워 있는 병상 가까이 다가서는데, 스무 하루 동안 시체처럼 눈을 감고 있던 내가 눈을 활짝 뜨고 있더라는 것. 그 순간 아내는 자기도 모르게 환호성을 질렀다.

"어머, 눈을 뜨셨네!"

아내의 고함소리에 다른 환자를 돌보던 간호사들이 달려왔다. 그리고 간호사들이 아내를 부둥켜안고 함께 기뻐해 주었다. 나중에 아내는 고백하기를, 그런 기쁨은 평생 처음이었다고.

그렇게 눈을 뜨면서 살아난 것이 확실한데, 나는 사람을 제대로 알아보지 못했고, 기억력도 돌아오지 않고 있었다. 하지만 회복은 빨랐다. 열흘 정도 중환자실에 머무는 동안, 사람을 알아보는 인지능력이며 기억력도 거의 회복되었다. 내가 병원에 들어온 날이며, 추수감사절에 하려 했던 일, 장로님 딸 결혼식에 가려던 일 등등. 나중에 주치의가 확인해 준 사실이지만, 나 같은 경우 생존 가능성은 25% 정도밖에 되지 않는다고 한다.

이렇게 빠른 회복상태에 접어든 나는 일반병실로 옮겨졌다. 그리고 곧 부러진 쇄골도 수술했다. 수술을 하고 나서 며칠은 힘들었지만, 조금씩 움직일 수 있게 되자, 나는 한쪽 팔을 싸매들고 다니며 같은 병실에 있는 환우들을 시중들고, 재미있는 이야기도 해 주며, 나도 누군가에게 힘이 되고자 했다.

성탄절이 다가왔다. 하지만 나는 아직 회복이 덜 되어, 안타깝게도 교회에서 성탄절을 지내지는 못 했다. 바로 성탄절 새벽 병상에 누워 있는데, 갑자기 크리스마스 캐럴이 울려 퍼졌다. 보조침대에 누워 있던 아내가 벌떡 일어나 병실 바깥으로 나갔다 오더니, 환한 미소를 머금으며 나직하게 외쳤다.

"여보, 천사들이 왔어요."

"뭐, 천사들이?"

"나가 보실래요?"

"그래요. 천사들이 오셨다는데, 당연히 나가서 뵈어야지! 좀 부축해 주구려!"

나는 곧 자리에서 일어나 휠체어를 타고 병실 복도로 나갔다. 붉은 산타옷을 입은 천사들이 복도 끝에 서서, 아름다운 목소리로 아기 예수의 탄생을 축하하고 있었다. 나도 모르게 그들이 부르는 찬송을 따라 하는데, 가슴이 그렇게 벅찰 수 없었다. 저절로 흐르는 눈물을 주체할 수 없었다.

새 삶을 얻은 후 내가 맞이한 첫 번째 크리스마스. 기쁨과 환희의 눈물로 맞이한 크리스마스. 과연 이전에 내가 이토록 감격스런 크리스마스를 맞이한 적이 있었던가! 천사들은 각 층마다 내려가며 찬송을 불렀다. 우리도 1층 로비까지 끝까지 따라 내려가며 아기 예수의 탄생을 축하했다.

그날 새벽, 병실로 돌아오며 나는 결심했다. 내가 완전히 회복되어 병원을 나가면, 나도 저 천사들처럼 찬양단을 만들어야지. 그래서 고통으로 신음하는 환우들을 찾아다니며, 병을 이길 수 있는 힘이 샘솟도록 온 마음을 다해 찬양을 불러야지. 그리고 만약 내게 이것이 허락된다면, 나는 그 일을 통해 사람들에게 말해야지. 우리가 바라는 낙원은 저 피안에 있는 것이 아니라, 아픔과 고통이 있을지라도, 함께 아파해 주는 사람이 우리 곁에 있을 때 그 자리가 곧 낙원이라고. 그런 낙원을 만들어가는 것이 나를 다시 살리신 분이 내게 맡기신 성스러운 소명이라고.

그해 12월 31일, 드디어 퇴원 허락이 떨어졌다. 집으로 돌아와 내가 처음 만난 사람은 교회에 갈등과 분열을 일으켰던 분이었다. 그분은 나에게

아내의 그 변함없는 사랑을 통해,
나는 하나님이 지금도 나를 사랑하신다는 걸 더 깊이 깨닫는다.
보이는 사랑을 통해 보이지 않는 분의 사랑을 깨닫는 것,
그것에 대해 감사하고 또 감사한다.

가혹한 시련을 받도록 원인을 제공하였지만, 주님으로부터 새 삶을 선물로 받은 후 곰곰 생각해 보니, 그것은 내가 먼저 사랑의 품을 벌려 그분을 끌어안지 못한 탓이었다.

나는 아내와 함께 그분의 집을 찾아갔다. 그분도 다시 살아 돌아온 나를 서먹하게 대하지 않고 반갑게 맞아주었다.

"그동안 제가 부족했어요. 저를 용서해 주십시오."

내가 손을 덥석 잡고 이렇게 용서를 빌자, 그분도 내 손을 마주잡고 대답했다.

"용서라니요? 제가 목사님에게 용서를 빌어야지요."

우리는 피차 눈물을 글썽이며 화해할 수 있었다. 그렇게 화해한 후 하나님에게 드리는 신년 첫 예배의 분위기는 말할 수 없이 훈훈하고 감격스러웠다.

퇴원 후에도 나는 한 달에 한 번씩 진료를 받으러 갔다. 진료실을 들어서면, 주치의 선생님은 여전히 한 식구처럼 허물없이 대해 주시는데, 이 말씀을 꼭 하며 웃곤 하셨다.

"목사님은 사모님을 하늘처럼 떠받들고 사셔야 해요!."

주치의 선생님도, 내가 중환자실에 시체처럼 누워 있을 때, 아내가 문 앞 의자에 앉아 불철주야 기도했던 것을 알고 계셨던 것이다.

"그렇잖아도 하늘처럼 받들어 모시려고 합니다."

사실 이것도 내가 새 삶을 얻은 후에 생긴 변화라면 변화이다. 나는 하나님의 사랑을 아내를 통해 깊이 깨달았다. 예나 지금이나 아내의 사랑은 취병리 골짜기의 옹달샘처럼 변함없이 솟구친다. 아내의 그 변함없는 사랑을 통해, 나는 하나님이 지금도 나를 사랑하신다는 걸 더 깊이 깨닫는다. 보이는 사랑을 통해 보이지 않는 분의 사랑을 깨닫는 것, 나는 이것이 부끄럽지 않다. 부끄럽기는커녕, 그것에 대해 감사하고 또 감사한다.

이런 감사의 마음을 어떻게든지 표현하고 싶어, 요즘 자그마한 일을 시작했다. 앞서 말한 병원장인 내 친구는 지역의 가난한 노인들을 무료로 진료하는 일을 하고 있는데, 나도 그 일에 보탬이 되고 싶어, 노인들을 나의 차량으로 병원까지 모시고 가는 일을 하고 있다. 매주 월요일마다. 사실 이렇게 떠벌릴 것도 없는 아주 작은 일이지만, 주님이 주신 소명으로 알고 기쁨으로 그렇게 하고 있다.

신승묵 님은 현재 양화교회 담임목사로서, 목회에 전념하고 있다.

오줌을 눈다는 것이
기적적인 일이 될 줄은

김상진 목사의 몽골인 툴씨 이야기

내가 몽골인 툴씨를 만난 것은 몽골에 단기의료선교를 나갔던 때였다.

정신없이 울란바토르에서의 선교사역을 마치고, 온종일 기차를 타고 찾아간 몽골 북쪽 지방의 중심지 수흐바토르. 러시아와의 관문으로 나름 근처에서 가장 큰 도시인 수흐바토르의 중앙병원 진료소에서 나는 처음으로 툴씨를 만났다.

그날 간단한 검사 후, 의료선교를 위해 함께 간 의사가 툴씨에게 내린 병명은 〈쿠싱병〉. 원목실에서 오래 근무했지만, 처음으로 들어보는 아주 생소한 병이었다. 이 병은 부신피질의 이상으로 호르몬에 문제가 생겨, 갑자기 살이 찌는 병이라고 한다. 툴씨는 40대 중반의 여성으로 작은 키에 엄청 뚱뚱하였으나, 인상이 매우 좋았고, 수줍은 듯한 표정으로 항상 웃는 발그레한 얼굴을 하고 있었다. 그녀는 이미 한국에서 외국인 노동자로 일한 경험이 있다고 했다.

그날 밤, 우리 단기선교팀에서는 긴급회의가 열렸다. 아직 확진이 된 것은 아니지만, 툴씨를 한국으로 모시고 가서 제대로 진단받을 수 있게 하자는 것이었다. 만일 쿠싱병이라는 진단이 맞다면, 그녀가 살 날이 결코 길지 않았다. 그녀를 진단한 의사가 안타까운 표정으로 말했다.

"충분히 살 수 있는 사람인데, 만일 지금 치료받지 못하면, 5년 이내에 사망할 수 있어요."

의사의 말을 들은 우리 모두는 심각해지지 않을 수 없었다. 그러나 그날의 회의에서는 일단 서울로 돌아간 후, 다시 논의하기로 했다. 비용 등의 문제가 있기 때문에, 섣불리 결정할 수 있는 사안이 아니었던 것이다.

한국으로 돌아온 우리는 다시 모여 툴씨 문제를 진지하게 의논했다. 그날 우리는 이번에 몽골선교를 하면서 쓰고 남은 선교비가 500만 원 정도 있으니, 일단 한국으로 초청하여 검사라도 진행하자는 쪽으로 의견을 모았다. 쿠싱병은 발병 원인이 두 가지인데, 어쩌면 간단한 것일 수도 있다고 그 분야의 의사가 말했기 때문이었다. 우리는 곧 매우 복잡한 절차를 거쳐 툴씨를 초청했다. 현지 몽골연세병원의 도움이 컸다.

툴씨가 입국하던 날, 나는 인천공항으로 마중을 나갔다. 입국장 앞에서 기다리니 툴씨가 모습을 드러냈다. 툴씨도 나를 알아보고 반가운 미소를 지으며 함께 온 딸 아치마를 소개했다.

나는 두 사람을 차에 태우고 곧장 병원으로 향했다. 입원수속을 하고 난 뒤, 병원 가까운 곳에 툴씨 모녀가 기거할 숙소로 안내했다. 자기들이 머물 작은 방을 둘러본 툴씨는 매우 기뻐하며 감사의 인사를 했다.

다음 날, 툴씨는 정밀검진을 받았다. 며칠 후 결과가 나왔다는 연락이 와 툴씨와 함께 의사를 만났다.

"뇌를 수술해야 하는데, 간단한 수술은 아닙니다. 목사님, 복잡한 수술이라 수술시간도 많이 걸리고 비용도 꽤 들 겁니다."

나는 곧 툴씨 모녀에게 검진 결과를 자세히 설명해 주었다. 경비는 대략 검진비 500만 원을 포함하여 5,000만 원 정도였다. 내 설명을 듣고 난 툴씨가 말했다.

"수술비가 그렇게 많이 든다면 어떻게 하지요?"

"그건 연세의료원에서 지원해 줄 테니 걱정하지 마세요."

몽골을 다녀온 선교팀에서는 이 정도 비용을 이미 예상하고, 의료원의 도움을 받기로 협의가 끝난 상태였다.

수술하는 날, 나는 툴씨가 누워 있는 수술대기실로 갔다. 툴씨는 이동식 병상에 누운 채, 링거를 팔에 꽂고 있었다. 나는 툴씨의 머리에 손을 얹고 간절히 기도했다. 한국말을 조금은 알아듣는 툴씨를 위해 되도록 쉬운 말로 기도해 주었다. 기도를 마치고 나자, 간호사들이 툴씨를 수술실로 옮기기 위해 다가왔다. 나는 수술실로 향하는 툴씨에게 말했다.

"아무 걱정하지 마세요. 하나님이 당신의 생명을 지켜 주실 겁니다."

툴씨는 내 말을 알아들었는지, 빙그레 미소를 지으며 고개를 끄덕였다.

수술은 무려 6시간이 걸렸다. 수술을 마치고 나오는 집도의에게 물어

보니 수술은 잘 되었다고 했다. 이제 툴씨는 자기 수명을 누릴 수 있게 된 것이었다. 수술을 마친 툴씨는 중환자실로 옮겨져 회복에 들어갔고, 사흘 후 일반병실로 올라갔다. 툴씨는 회복이 빨라 얼마 후 퇴원했다.

퇴원하는 툴씨에게 의사가 당부했다.

"당신은 한국에 3~4개월 정도 머무는 동안, 병원에서 주는 약을 먹으며 몸을 추슬러야 합니다. 그리고 예정된 진료시간에 꼭 오셔야 하고, 매일 30분 이상 운동하도록 노력해야 해요."

그런데 툴씨는 의사의 당부를 제대로 지키지 않았다. 예정된 진료일이 되어도 오지 않곤 했다. 나는 병원 가까운 곳에서 머물고 있던 툴씨 모녀에게 전화를 걸었다. 툴씨의 딸 아치마가 받았다.

"왜 엄마가 진료받으러 오지 않나요?"

아치마가 대답했다.

"엄마는 일어나서 움직이는 것을 몹시 힘들어 해요. 그래서 운동을 거의 하지 않아요. 약도 잘 먹지 않고요."

"만일 엄마가 의사 지시대로 하지 않으면, 더 어려운 일이 생길지도 모릅니다. 엄마 상태가 좋지 않으면, 언제든지 병원으로 오도록 하세요."

나는 의사의 지시를 무시하는 툴씨의 태도가 염려되어 아치마에게 강력하게 얘기했다.

그러던 어느 날 새벽, 곤히 자고 있는데, 전화벨이 울렸다. 수화기를 들었더니, 세브란스병원 응급실이라고 했다.

"지금 연세의료원에서 초청받았다는 몽골인 환자가 응급실에 왔는데,

어떻게 하면 좋을까요?"

"새벽에 응급실로 왔으면, 상태가 안 좋은 것이 분명하니 일단 받아 주세요."

그렇게 대답하고 나서, 나는 곧바로 병원응급실로 달려갔다.

응급실에 도착해 보니, 툴씨는 내가 알아들을 수 없는 몽골말로 비명을 지르고 있었고, 의식은 혼미한 상태였다. 환자의 상태가 위중하다고 판단한 응급실 당직의사는 중환자실로 옮겨서 치료를 시작하는 것이 좋겠다고 말했다. 툴씨는 곧바로 중환자실로 옮겨져 집중치료에 들어갔다.

툴씨가 위중한 상태가 된 이유는 처방해 준 약을 잘 먹지 않고 운동도 거의 하지 않기 때문인데, 그동안 혈전이 생겨 신장을 비롯한 여러 장기들이 제 기능을 하지 못하게 되었다고 한다. 수술도 잘 되어 석 달 정도의 회복기간만 지나면 몽골로 돌아갈 계획이었는데, 거의 석 달이 다 되어가는 시점에 이런 일이 발생한 것이었다.

바로 그날 밤, 또 다시 중환자실의 당직의사가 급한 목소리로 전화를 했다.

"툴씨의 상태가 매우 위독합니다. 현재 소변이 나오지 않아 강심제 등을 최고치로 투여했지만, 별 효과가 없습니다."

나는 몹시 답답하여 의사에게 물었다.

"그럼 툴씨가 이대로 사망할 수도 있다는 말입니까?"

"최선을 다하겠지만, 지금의 상태라면 그럴 수도 있습니다. 몽골의 가족을 부를 수 있으면 불러오는 것이 좋겠습니다."

의사는 심각한 목소리로 오늘을 넘기지 못할 수도 있다고 말했다. 나는 곧 몽골의 아들에게 연락해서, 되도록 빨리 입국하는 것이 좋겠다고 말했다. 그리고 나서 외국인의 장례절차에 대해 인터넷을 통해 알아보기 시작했다.

그러면서도 다른 한편, 나는 마음이 답답하고 착잡해 의료원 안에 있는 예배실로 달려가 무릎을 꿇었다.

"하나님, 우리가 툴씨를 그냥 두었더라면, 5년 정도는 더 살 수 있었을 텐데, 이렇게 한국에서 수술까지 한 그녀를 허무하게 데려가시면 어떻게 합니까! 하나님, 제발 살려 주십시오!"

아주 간단하지만 절박한 기도였다. 다행히 툴씨는 그날 밤을 무사히 넘겼다.

다음 날 아침, 나는 의료선교센터 소장님과 같이 중환자실로 툴씨를 찾아갔다. 그녀는 의식 없이 식물인간처럼 누워 있었다. 그녀의 손을 잡고 간절히 기도하는데, 싸늘한 감촉이 느껴졌다. 나도 모르게 화살기도가 터져 나왔다.

"하나님 살려 주세요!"

그날 오후, 툴씨의 아들이 입국했다. 나는 그에게 그동안의 상황을 자세히 설명해 주었다. 툴씨는 여전히 중환자실에 머물러 있었고, 병세는 전혀 호전될 기미를 보이지 않았다. 더욱 걱정스러웠던 것은 치료비였다. 외국인인 툴씨의 의료수가는 의료보험이 있는 한국인의 거의 4~5배에 해당했기 때문이다. 하루에 드는 툴씨의 처치 비용은 자그마치 1,000만 원 정도였다.

그렇게 엄청난 비용을 지불하고 첨단장비를 동원해 툴씨를 치료하려

"아무 연고도 없는 저를 이토록 극진한 사랑으로
돌봐 주시고 살려 주셔서 정말 감사합니다. 이 은혜 평생 잊지 않고,
이제 저도 몽골에서 다른 사람들을 도우며 살겠습니다."

했으나 소생은 어려워 보였다. 이제 남은 것은 단 한 가지, 기도뿐이었다. 몽골선교를 다녀온 이들을 비롯하여 의료원의 기독인들이 모여 특별기도회를 열었다. 오직 툴씨의 소생을 빌기 위한 기도회였다.

그런데 이 기도회가 끝나자마자, 정말 거짓말 같은 일이 일어났다. 소변이 나오지 않아 혈액투석을 받는 지금의 상태로는 하루 이틀 후에는 사망할 수밖에 없다고 했는데, 중환자실에서 툴씨의 상태가 호전되었다고 연락이 온 것이다.

"목사님, 조금 전 툴씨가 소변을 보았어요."

간호사의 연락을 받는 순간, 왈칵 눈물부터 쏟아졌다. 너무도 기뻐 곧바로 동료 교역자들에게 달려가 소리쳤다.

"기적이 일어났어요. 툴씨가 오줌을 눴답니다."

사람이 오줌을 눈다는 것이 이렇게 기적적인 일이 될 줄은 정말 몰랐다. 이렇게 해서 툴씨는 일단 생명을 건지게 되었다.

하지만 기쁨도 잠시, 또 다른 문제가 툴씨를 기다리고 있었다. 엄청난 금액의 진료비. 이미 의료원은 툴씨의 수술을 위해 5,000만 원의 비용을 지원하였다. 그런데 이번 경우 병원비는 2억 원을 넘어서고 있었다. 몇몇 분들의 정성이 있었으나, 그것으로는 턱없이 부족했다.

원목실과 의료선교센터에서는 즉각 병원 교직원들의 성금을 요청하는 운동을 시작하였다. 그리고 또 한 번의 기적이 일어났다. 약 두 주 동안 수천만 원의 성금이 모였던 것. 의료원 역사상 이처럼 많은 성금이 모금된 예는 일찍이 없었다. 이 소식을 접한 의료원에서는 나머지 금액 전부를 지원해 주겠다고 나섰다. 진료비 문제가 이렇게 정리되는 동안, 툴씨는 완전히 회복되었다.

한 달쯤 지나 건강을 되찾은 툴씨가 딸과 함께 몽골로 돌아가던 날, 그녀는 자신을 치료해 준 의료진과 자신을 초청한 의료선교센터, 그리고 단기선교팀의 팀원들과 만나는 자리에서 굵은 눈물을 뚝뚝 흘리며 감사의 인사를 했다.

"저는 이미 몽골에서 쿠싱병이라는 것을 알고 있었고, 몽골의 의료수준으로는 치료 불가능하다는 것도 알고 있었습니다. 그런데 아무 연고도 없는 저를 이토록 극진한 사랑으로 돌봐 주시고 살려 주셔서 정말 감사합니다. 이 은혜 평생 잊지 않고, 이제 저도 몽골에서 다른 사람들을 도우며 살겠습니다."

그렇게 건강을 회복하여 몽골로 돌아간 툴씨는 이듬해 몽골을 다시 찾아간 단기선교팀을 방문하여 또 한 번 깊은 감사의 마음을 전하였다.

나는 툴씨의 치료를 곁에서 돕고 지켜보며 참으로 소중한 것을 깨달았다. 우리가 가난하고 보잘것없는 이웃을 정성을 다해 섬길 때, 하나님은 결코 이를 외면하지 않으신다는 것, 그리고 온 마음을 다해 하나님에게 드리는 기도는 참으로 그 힘이 놀랍다는 것을……

김상진 목사는 현재 연세의료원 원목실 목사로서 목회행정을 담당하고 있다.

우리가 정말
용서해야 하는 것은

한재민(가명) 공무원의 이야기

'쟤들, 왜 날 보고 수군거리는 거지?'

학원강의실로 들어가 우산을 접어 놓고 앞자리에 가 앉았는데, 뒤에 앉아 있는 아이들이 뭐라고 수군거리는 것 같았다. 힐끗 돌아보니, 몇 명의 아이들이 일제히 나를 빤히 쳐다보았다. 어떤 아이의 표정은 뒤돌아보는 나를 향해 노골적으로 비웃는 것 같았다. 자주 보던 아이들이었다.

2000년 여름. 지루한 장마가 계속되고 후덥지근한 날씨 때문에 짜증이 나는데, 함께 재수하는 학원의 아이들마저 내 뒤에서 수군거리고 또 나를 비웃는다고 생각하니 더욱 우울해졌다.

'뭐야, 공부 못한다고 깔보는 거야? 아니면 못생겼다고 비웃는 거야?'

선생님이 들어와 수업을 할 때도, 내 귀에는 아이들이 수군거리는 소리가 들리곤 했다. 하루 이틀이 아니었다. 그 무덥고 짜증스럽던 여름이 다

273

가고 가을이 오기까지, 그런 증세는 계속되었다. 도무지 수업에 집중할 수가 없었고, 학원도 때려치우고 싶었다.

아마도 9월 말쯤이었을 것이다. 나는 수업을 마치고 나서, 학원의 상담 선생님을 다시 찾아갔다. 이미 9월 초순에도 선생님을 만나 상담을 받은 적이 있었다.

"어서 오너라. 오늘은 무슨 일 때문에 그러지?"

목소리도 나긋나긋한 여선생님이 다정하게 물었다. 나는 한참을 머뭇거리다가 겨우 입을 열었다.

"전에도 한 번 말씀 드렸는데, 수업에 들어가면요, 아이들이 여전히 저를 보고 수군거려요."

선생님이 고개를 갸웃하시더니 말씀하셨다.

"지난번에 네 말을 듣고 반 친구들을 만나 보았는데, 너를 두고 수군거린 적이 없다고 하더구나. 그리고 넌 그 애들이 수업 중에도 그런다고 했는데, 그 반에서 수업하시는 선생님에게도 여쭤 보았지만, 네가 하는 말과는 다르던데?"

상담 선생님의 말씀을 듣고 퍼뜩 정신이 들었다. 그렇다면 내가 정신적으로 무슨 문제가 있는 걸까? 갑자기 눈물이 쏟아졌다.

"아니, 왜 그렇게 우니?"

선생님이 걱정스런 음성으로 물었다.

"만일 아이들이 저를 두고 수군거린 것이 아니라면, 제게 이상이 생긴 거네요. 솔직히 말씀드리면, 저는 그 때문에 공부에 집중도 안 되고, 밤에는 잠도 잘 못자요."

"재민아. 너 말고도 재수하는 친구들 가운데 스트레스 때문에 그런 아이들이 많아. 정 힘들면 부모님에게 말씀드리고, 정신과 상담을 받아 보면 어떨까? 혼자 애 태우지 말고……."

이렇게 해서 나는 지방에 있는 작은 정신병원을 찾아갔다. 병원에 입원하여 약을 먹으며 안정을 조금 회복한 후, 부모님에게 전화를 드렸다. 내가 입원한 지 일주일 만에 부모님과 형이 면회를 왔다. 간호사의 연락을 받고 면회실로 들어가자, 엄마가 달려와 나를 끌어안았다.

"재민아, 네가 왜 여기 있어야 하니?"

엄마는 울음을 터뜨리셨다. 나도 참았던 눈물이 쏟아졌다.

"엄마가 우니까, 나도 눈물이 나잖아!"

그렇게 엄마와 안고 우는데, 저만치 형과 함께 앉아 있는 아버지의 한숨소리가 들렸다. 잠시 후, 나는 엄마가 손수 해 오신 음식을 먹으며 식구들과 이야기를 나누었다. 아버지가 말씀하셨다.

"의사 선생님 만나고 왔는데, 스트레스 때문인 것 같다고 하시면서, 크게 걱정할 것은 없다더라."

얼마 전 군복무를 끝낸 후 복학을 앞둔 형도 면회실을 떠나면서, 내 어깨를 끌어안으며 말했다.

"재민아, 마음 굳게 먹고, 새해에는 같이 대학생으로 만나자."

부모님을 뵙고 나서 마음이 훨씬 더 안정되었고, 무엇보다 새해에는 대학생으로 만나자는 형의 말이 큰 위안이 되었다.

가족들이 떠난 뒤, 나는 그 병원에서 3개월을 머물며 치료를 받았다. 그러던 어느 날 아버지가 찾아오셔서, 곧 형이 서울 연세대학교에 복학할 텐데, 형과 가까이 있을 수 있는 세브란스병원으로 옮기자고 말씀하셨다. 세브란스에는 같은 지역 출신 중에 정신과 분야의 명의가 있다는 말씀도 덧붙이셨다.

나는 곧 아버지와 함께 서울 세브란스병원으로 가서 나를 치료할 선생님을 만났다. 민성길 교수님. 그분의 첫 인상은 매우 따스했다. 상담을 한 것만으로 내 병세가 많이 나아진 것 같았다. 나는 정신병동에 입원한 후, 약물치료와 상담치료를 병행했다.

내 병세가 나날이 좋아지던 어느 날, 부모님이 찾아오셨다.

"재민아, 아주 좋아 보이는구나."

아버지가 이렇게 말씀하시자, 엄마도 옆에서 거들었다.

"의사 선생님 뵙고 왔는데, 상태가 많이 호전되고 있으니, 대학을 찾아 지원해 보라고 하시더라."

"민 선생님이 그렇게 말씀하셨단 말이죠? 그러면 전년도 수능점수를 반영하는 대학을 찾아 지원해 볼게요."

"그래, 그러려무나."

나는 부모님이 떠나신 후, 형과 의논하여 고향 근처에 있는 지방대학에 원서를 넣었다. 전년도 수능점수가 그렇게 나쁘지 않았기 때문에, 특차로 지원한 지방대학에서 합격되었다는 통보가 날아왔다. 합격통보를 받고 나자 내 병세도 많이 나아져, 얼마 뒤 퇴원하여 집으로 돌아갔다.

꽃피는 3월, 드디어 나는 대학생이 되었다. 정신병원까지 가야 했던 인생의 쓴맛을 겪고 난 뒤라, 나는 마음껏 자유의 나래를 펼치고 싶었다. 학기 초에는 학교 게시판에 동아리 모집공고가 많이 나붙었다. 나는 평소에 좋아했던 축구 동아리에 들어가고 싶어 학교 운동장으로 나갔는데, 이게 무슨 인연일까. 그곳에서 나는, 캠퍼스에서 모른 척해야 할 대상 1호라고 들었던 기독교 동아리 사람들과 만나게 되었다. 캠퍼스에서 혼자 방황하던 내가 그들에게 낚인 것은, 지금 생각하면, 하나님의 깊은 뜻이 있었던 것 같다.

그때까지만 해도 나는 무신론자였다. 눈에 보이고 손으로 만질 수 있는 것이 나의 전부였고, 그럴 수 없는 종교의 세계를 나는 인정하지 않았다. 종교인들이 신봉하는 하나님 같은 존재는 말할 것도 없었다. 그런데 그날 나는 그들의 집요한 호의와 친절을 거절할 수 없어 휴대폰 전화번호를 알려 주었다.

며칠 후 전화가 걸려 왔다.

"한재민입니다. 누구신가요?"

"저는 기독교 동아리를 지도하는 사람인데, 재민 씨를 좀 만나고 싶어서요."

나를 보고 싶다고 전화한 사람은 여성이었는데, 목소리가 아름답고 다정하게 느껴졌다. 나는 그 목소리에 이끌려 구내 커피숍으로 갔다. 물론 나는 그렇게 만나러 가면서도, 기독교에 대해 뭐라고 이야기하면, 듣고 싶지 않다고 말할 작정이었다. 하지만 막상 만나서 이야기를 나누니, 나도 모르게 그의 이야기에 깊이 빨려 들어갔다. 그에게는, 내가 지금까지 들어온 것처럼, 자기 주장을 관철하려는 기독교인의 공격적인 모습도 보이지 않았고, 자기 이야기보다는 친절하고 예의바른 태도로 내 이야기를 경청하려고 노력했다.

그 뒤로 나는 그를 두어 번 더 만났는데, 그는 자연스럽게 내 마음의 문을 열게 하였고, 나는 기독교인이 되었다. 그리고 그때 이후로 나에게는 중요한 변화가 일어나게 되었다. 삶에 대해 소극적이었던 내가 적극적인 사람이 되었고, 매사에 늘 부정적이던 내가 긍정적인 눈을 갖게 되었고, 나 자신의 삶에 대해 불평불만을 일삼던 내가 자신감을 갖게 되었다.

무엇보다도 나는 대학에서 만난 기독교 동아리의 지도자를 통해, 나같이 못난 사람도 사랑받을 수 있는 귀한 존재라는 것을 경험하게 되었다. 그는, 성전 미문 앞의 앉은뱅이를 일으킨 베드로처럼, 나를 일으켜 '새로운 피조물'고후 5:17로서 나의 길을 걸어갈 수 있도록 도와주었다.

그 덕분에 나는 대학시절 내내 약을 먹지 않고도 정신적 고통 없이 학업에 매진할 수 있었다. 재수생 시절 나를 괴롭히던 병적인 증세도 전혀 나타나지 않았다. 나는 기독교 동아리 활동에 열정을 가지고 임하는 한편, 공무원시험 준비도 착실히 하여 졸업하기 전에 합격하는 기쁨을 누렸다. 부모님이 날아갈 듯 좋아하신 것은 두말할 것 없다.

그러나 나에게는 또 다른 시련이 기다리고 있었다. 졸업한 그해 봄, 나는 공무원으로 첫 직장생활을 시작했다. 직장생활은 대학생활과는 아주 달랐다. 일이 주는 스트레스도 있었지만, 상사가 주는 스트레스는 정신적으로 허약한 내겐 매우 가혹한 것이었다. 약을 먹지 않고 견뎌 보려 했지만 허사였다. 대학시절 착실하게 신앙생활하며 쌓아올린 건강의 탑은 속절없이 무너져 내렸다.

나는 견디다 못해, 세브란스병원의 민성길 선생님에게 전화를 드렸다. 선생님은 지체하지 말고 올라오라고 말씀하셨다. 난 직장에 병가를 내고, 고속버스터미널로 갔다. 고속버스 표를 끊으려고 매표소로 갔는데, 매표소에서 일하는 사람들이 왠지 모르게 안절부절못하는 것 같았다. 그때 문득, 저이들이 저렇게 안절부절못하는 것은 바로 나 때문이라는 생각이 들며 불안해졌다. 표를 산 후 차가 오기를 기다리며 대합실에 앉아 TV 뉴스를 보는데, 아나운서가 뉴스에서 숫자를 말하면, 그 숫자를 통해 무언가 은밀한 메시지를 전달하고 있다는 생각이 들었다. 그 순간, "내가 왜 이렇게 생각하지? 진짜 내 병이 다시 도진 걸까?" 자문을 하니, 섬뜩한 느낌에 온몸에 소름이 돋았다.

그날 세브란스병원 정신과를 찾아간 나는 민성길 선생님에게 이런 내 증상에 대해 솔직히 말씀드렸다. 선생님이 내 얘기를 듣고 말씀하셨다.

"지금 재민 군의 상태가 그렇게 심각한 것은 아니지만, 일단 다시 약을 먹어야 할 것 같군요."

나는 선생님에게 물었다.

"선생님, 제가 겪는 이런 증세를 뭐라고 합니까?"

"보통 〈관계망상〉이라고 부르는데, 자신과 관계없는 주변의 사건이나 타인의 언동을 자신에게 관련짓는 것을 말합니다. 재민 군이 고속버스터미널에서 매표하는 사람들이 본인 때문에 안절부절못한다고 여겼는데, 그런 증세를 관계망상이라고 하는 겁니다."

선생님의 얘기를 듣고 나니 은근히 걱정이 되었다. 과연 이것이 약으로 극복될 수 있는 것일까? 힘들더라도 신앙으로 극복해야 하는 것은 아닐까? 이 두 가지 생각이 엇갈리며 잠시 내 머리를 어지럽혔다. 그래서 나는 선생님에게 대들 듯 물었다.

"선생님, 다시 약을 먹는다고 제가 과연 나을 수 있을까요?"

"그럼 약이 아닌 다른 대안이 있소?"

나는 그 순간 하마터면 '하나님이요!' 하고 말할 뻔했다. 그러나 선생님도 기독교인이신데다, 지금 내가 이렇게 된 것이 약 먹는 것을 등한히 하고 신앙에만 너무 의존하다 생긴 결과라는 생각에 미치자, 얼른 생각을 접었다. 그리고 일단 의사 선생님의 처방을 따르기로 마음을 먹었다.

"알겠습니다. 선생님 말씀대로 다시 약을 먹겠습니다."

그날 나는 약을 처방받아 집으로 내려오면서, 정말 내키지는 않지만, 사람은 누군가의 도움이 필요한 존재이고, 치료는 그것을 인정하는 것에서부터 시작된다는 것을 받아들이지 않을 수 없었다.

나는 다시 직장생활에 복귀했다. 정신과에서 처방한 약을 꾸준히 먹으면서, 묵묵히 일을 했다. 그렇게 7년 동안 성실하게 일하다 보니, 비교적 짧은 기간에 두 번이나 승진하는 기쁨도 누렸다.

하지만 내 마음 한구석에는 여전히 나를 괴롭히는 것이 있었다. 대학시절 기독교 동아리 지도자를 통해 나를 긍정하는 삶을 충분히 익혔다고 생각했는데, 아직 아니었다. 나는 여전히 나 자신을 용서하지 못하고 있었다. 약에 의존하여 살고 있는 허약하기 짝이 없는 내 자신이 자꾸 초라하게 느껴지고, 이러한 나를 인정하고 받아들인다는 것이 정말 쉽지 않았다. 때로 이런 느낌에 사로잡힌 날은 삶에 대한 자신감이 없어지고, 삶의 활력조차 쇠진되는 것 같았다.

그러던 차에 어느 날 문득, 세브란스병원 원목실에 계시는 이애경 전도사님이 떠올랐다. 나는 처음 세브란스병원을 찾아갔을 때 전도사님을 만났는데, 그분은 언제나 나를 있는 그대로 보아 주시고, 내 말을 끝까지 진지하게 들어 주시고, 나를 위해 진심어린 기도를 하시곤 했다.

나는 곧 이애경 전도사님에게 전화를 걸었다. 전도사님은 반갑게 전화를 받으시며, 언제든지 올라오라고 하셨다. 나는 그 주말에 바로 서울로 올라갔다. 전도사님을 만나자마자, 나는 그동안 내가 겪은 괴로움을 말씀드렸다.

"그건 재민 군만 겪는 괴로움이 아니에요. 많은 사람이 그런 자신의 어두운 그림자 때문에 괴로워하지요. 지금 재민 군이 겪고 있는 괴로움은 본인의 잘못 때문이 아닙니다.

세상의 그 어떤 사람도 어두운 그림자가 없는 사람은 없습니다. 다만 그 어두운 그림자를 부정하지 않고 기꺼이 받아들이는 사람은 자기 안의 어두운 그림자 때문에 고통받지는 않지요. 그러니 재민 군도 자신을 있는 그대로 받아들이고, 항상 바로 거기서부터 시작하세요. 그리고 그러한 자신을 용서하고, 더 이상 괴로워하지 마세요."

전도사님은 이렇게 말한 뒤, 나를 위해 진심으로 기도하셨다. 전에도 그랬지만, 그분의 기도를 들으면, 다정한 누이 같고 자비로운 어머니 같다는 느낌이 들곤 한다.

나는 지금 건강하게 직장생활을 잘하고 있다. 그러나 그 이후로도 나는 내 자신이 허약해질 때마다 전도사님이 하신 말씀을 떠올리곤 한다.

"우리가 정말 용서해야 하는 것은 자기 자신입니다. 재민 군, 늘 잊지 마세요. 자기를 있는 그대로 너그러이 받아들일 줄 아는 것보다 더 큰 용기는 없습니다."

한재민(가명) 님은 현재 공무원으로서, 건강한 삶을 살고 있다.

아파하는 이들과
아낌없이 나누리라

배석진 신협 전무의 이야기

원주 매지리에 있는 연세대학교에서 서울로 올라가는
셔틀버스는 정확히 오후 5시에 창조관 앞에서 손님을 기다
린다. 학기 중에는 정기적으로 이용하는 교수 몇 분과 앞자리에 앉기를
원하는 분들이 조금 일찍 나와서 기다리기 때문에, 그날의 승차인원을 대
략 짐작할 수 있다.

2002년 10월 26일, 나는 수업을 마치고 서울로 가기 위해 미리 나와서
셔틀버스를 기다리고 있었다. 줄을 선 이들을 헤아려 보니 23명 정도. 잠
시 후 셔틀버스가 도착했다. 45인승 차에 24명이 탔으니, 버스 안은 매우
여유로웠다.

차창 밖엔 늦가을의 정취가 물씬했다. 은행나무 가로수들이 바람결에
노랗게 물든 잎들을 흩날리고 있었다. 차창 밖의 싱그러움을 한껏 즐기다
가 한숨 자려고 눈을 감은 순간, 아랫배에서 약간 쓰린 느낌이 위로 올라

왔다. 아까 먹은 컵짜장면이 조금 많았나 하는 생각으로 심호흡을 하고, 두 달 전에 박사과정 합격소식을 접했던 순간을 떠올리며 스스로 기분 전환을 꾀해 보았다. 세브란스병원 사무직에 입사하면서, 병원경영학 박사학위를 반드시 연세대학교에서 받으리라고 다짐했던 20년 전의 풋풋한 각오도 스스로 상기시키며……. 사실 직장생활을 하면서 박사과정을 밟는 것은 쉬운 일이 아니었다. 하지만 나는 어떤 어려움도 잘 감내하는 낙천적인 면이 있었다. 그렇지 않았다면, 박사과정을 할 엄두조차 내지 못했을 것이다.

좌석에 머리를 기대고 자는 둥 마는 둥하다 보니, 어느 새 셔틀버스는 신촌에 도착했다. 오후 8시 35분. 셔틀버스에서 내려 집으로 갈 버스를 기다리는데, 정류장 옆 포장마차의 삶은 계란이 눈에 들어오면서, 곁에 있는 꼬치어묵이 확 땡겼다. 포장마차로 들어가 꼬치어묵 하나에 국물 한 컵을 떠 마시고 하나를 더 먹으려고 하는데, 매우 기분 나쁜 메스꺼움이 목구멍을 타고 올라왔다. 너무 많이 먹었나? 그만 먹고 집에 가서, 아내가 차려 주는 맛난 저녁을 먹어야지.

나는 포장마차에서 나와, 집으로 가는 버스에 올랐다. 버스 안은 사람들이 많아서 매우 복잡했다. 나는 동그란 손잡이를 잡으면서 생각했다. 내일은 소화기내과 진료를 받아 봐야겠어!

아침에 출근한 후 소화기내과로 갔더니, 마침 소화기내과에서 식도역류와 관련한 약품 임상실험을 한다고 했다. 처음에 위내시경 검사로 상태를 점검한 후 2주간 약을 복용하고, 진행사항에 대한 설문과 여타 반응을 기록하면, 그동안의 참여에 대한 수고비로 현금 15만 원을 준다고. 평소에 속이 시원찮아서 내시경 한 번 받았으면 했는데, 이게 웬 떡인가! 나는 무조건 임상실험에 지원했다.

난생 처음 하는 위내시경. 그동안 소문으로만 들었지, 병원에 사무직원으로 근무한 지가 벌써 16년이나 되었건만, 한 번도 내시경을 한 적이 없었다. 나도 참 무심했던 것 같다고 생각하며, 위내시경 검사를 하기로 했다. 담당 간호사가 나를 알아보고, 내시경 검사의 노하우를 귀뜸해 준다.

"선생님, 구강마취제를 먼저 한 모금 입안에 물고 있다가 30분 뒤에 뱉고 다시 반 모금을 마시면, 내시경 카메라가 목으로 넘어갈 때 통증을 느낄 수 없으니 그렇게 해보세요."

"고마워요."

나는 담당 간호사가 시키는 대로 했다. 하지만 카메라 머리 부문이 목구멍을 통과하는 순간, 메스꺼움이 계속해서 올라오면서 속이 뒤집어지기 시작했다. 웩! 웩!

"조금만 참으면 괜찮아집니다."

내시경의 달인으로 알려진 박효진 교수님이 부드러운 목소리로 말했다. 5분쯤 지났을까. 담당 간호사가 이제 검진이 끝났다고 일러주었다. 나는 침대에서 일어나 다시 박 교수님과 마주앉았다.

"배 선생, 내시경 상으로 보아서는 상태가 좀 미심쩍어요. 아무래도 조직검사를 해보는 게……."

조직검사? 나는 그 순간 화들짝 놀라서 물었다.

"그럼, 암이 의심된다는 말씀입니까?"

"조직검사를 해야 정확히 알 수 있겠지만, 현재로선 그렇게 보입니다."

"언제 조직검사 결과를 알 수 있습니까?"

"두 주쯤 걸립니다."

그로부터 두 주간의 시간은 참으로 길게 느껴졌다. 하루가 천 년 같다는 표현이 있지만, 하루하루가 왜 그렇게 더디 가던지! 낮에는 사무실에 앉아 여러 가지 일처리를 하느라 잊고 지냈지만, 밤에는 도통 잠을 이룰 수 없었다. 비교적 낙천적인 성격이었지만, 나는 파도처럼 밀려오는 불안과 두려움을 떨쳐낼 수 없었다. 그 불안과 두려움의 실체는 죽음!

이불 속에서 불면으로 뒤채며 곰곰이 떠올려 보니, 그동안 나는 한 번도 내가 죽을 거란 생각을 한 적이 없었다. 오랫동안 병원에 근무하면서, 중병으로 왔다가 죽어서 나가는 사람들을 수없이 보아왔지만, 죽음은 나와는 무관한 일이라고 생각했던 것이다. 나는 처음으로 죽음의 공포에 직면하여, 내 삶을 깊이 돌아보는 기회를 얻게 되었다.

조직검사 결과가 나오는 날이었다. 출근하여 이런저런 일을 처리하고 있는데, 소화기내과의 담당 간호사가 결과를 보러 오라고 연락해 왔다. 나는 잔뜩 긴장하여 소화기내과 박효진 교수님과 마주앉았다.

"조직검사 결과가 좋지 않군요."

박 교수님의 말을 듣는 순간, 머리털이 쭈뼛 섰다. 나는 속으로 기어들어가는 목소리로 물었다.

"어떻게 나왔습니까?"

"〈악성위암〉입니다. 서둘러 수술을 받으셔야겠어요."

검사 결과를 기다리는 두 주 동안 불안과 두려움 속에서도 설마설마했는데, 악성위암이라는 결과를 통보받는 순간 머릿속이 하얘졌다.

진료실을 나온 나는 사무실로 돌아가지 않고 병원 밖으로 나갔다. 본관 앞에 있는 벤치에 우두커니 앉아 하늘을 올려다보는데, 구름 한 점 없는 하늘이 눈이 부시도록 파랬다. 건너편 병실 앞에 있는 은행나무 밑에는 노랗게 물든 은행잎들이 수북이 쌓여 있었다. 나는 문득 내 눈앞에 펼쳐진 세상이 참 아름답다는 생각이 들었다.

'이 아름다운 세상을 두고 어찌 떠날 수 있단 말인가?'

사망선고를 받은 것도 아닌데, 내일 죽을 거라고 사망선고를 받은 사람처럼 나는 어두운 상념에 잠겨 중얼거렸다.

수술날짜가 잡혔다. 나는 어찌할까 조금 망설이다가, 시골에 계시는 어머니께 전화를 넣었다.

"어머니, 저 내일 입원하고요, 며칠 있다가 수술해요. 하지만 너무 걱정하지 마세요. 한국 최고의 의사 선생님이 수술하니까요."

나는 걱정하실까 봐 이렇게 너스레를 떨었지만, 무슨 큰 병인데 수술을 하냐며 어머니는 놀람과 슬픔에 젖은 목소리로 울먹이셨다.

수술 전날, 나는 강남세브란스병원에 입원했다. 다행스럽게도, 한국 최고의 권위를 자랑하는 집도의 최승호 교수님에게 수술을 받을 수 있게 되었다.

2002년 크리스마스 이브 아침, 나는 수술실로 들어갔다. 건장한 체구의 최승호 교수님이 다른 수술진과 함께 환한 미소로 맞이해 주셨다. 환하게 웃는 집도의의 얼굴을 보니, 그동안의 불안과 두려움도 사라졌다. 수술은 네 시간이 걸렸다고 했다. 암세포가 번진 위를 절제하기 위해 배를 열어 보니, 주변의 임파절 전이가 깊어 이자膵子도 합병 절제했다고 한다.

마취에서 깨어나 보니, 나는 일반병실로 옮겨져 있었다. 눈을 뜨자, 나를 곁에서 지켜보고 있던 아내가 활짝 웃었다.

"오, 당신 깨어났군요. 수술이 아주 잘 되었다니 마음 편히 쉬세요."

나는 말할 기운도 없어 고개만 끄덕였다.

다음 날 아침, 아내는 보러 오는 사람들이 많을 것 같으니, 면도를 해야겠다며 수선을 피웠다. 나는 아내에게 턱을 내밀고 수염을 깎고 있는데, 평소에 인정 많고 유머도 풍부한 병원장님이 나타나셨다.

"어, 배 선생 호강하네. 보기 좋구먼. 배 선생은 복도 많아요."

나는 도저히 일어날 수가 없어, 그냥 누운 채 눈인사만 올렸다. 병원장님이 계속 말씀을 이어갔다.

"지금 수술기술로 보면, 우리나라에선 최승호 교수를 따라올 사람이 없어요. 그 양반이 심혈을 기울여 수술하고 치료 중이니, 아무것도 걱정할 게 없어요. 배 선생, 그냥 이렇게 병원에서 시간 죽일 거 없이, 서둘러 퇴원해서 놀러나 다니지 그래요! 허허허⋯⋯."

수술 후 나흘째 되는 날 새벽, 나는 방귀를 뀌었다. 아내를 통해 담당 간호사에게 소식을 알려 주었다. 잠시 후 간호사는 영양팀장과 함께 나타났다. 영양팀장의 손에는 죽 한 그릇이 들려 있었다.

"배 선생님, 방귀를 뀌셨다고요? 축하드립니다. 오늘부터 음식을 드셔야 해요."

하하, 방귀를 뀌었다고 축하를 받다니! 영양팀장의 말을 들으니 그렇게 반가울 수가 없었다. 사흘 동안 물만 조금씩 마셨더니, 어젯밤부터 시장기를 느끼던 참이었다. 나는 죽 그릇을 받아 한 숟갈 가득 퍼서 입에 떠넣었다. 순간 속이 확 뒤집히면서 코로 죽이 토해졌다. 어, 이상하다. 왜 안 넘어가지? 무지 배가 고픈데. 어디 한 번 더……

나는 또 한 숟가락을 떠서 꿀꺽 삼켰다. 와, 안 넘어가네. 정말 쉽지가 않네. 이번엔 반 숟가락을 떠서 다시 시도하며 속으로 기도했다. 하나님, 음식을 잘 먹고 잘 소화할 수 있도록 도와주십시오! 그랬더니 신기하게도 죽이 잘 넘어갔다. 토하지도 않았다. 우유의 부드러운 냄새와 고소하고 향긋한 미음 냄새가 섞여 부드럽게 잘 넘어갔다. 좋아, 좋아. 그래 천천히, 조금씩 시작하는 거야.

해가 바뀌어 2003년이 되면서 새로운 각오가 필요했다. 암 환자는 기본적으로 항암화학요법으로 항암치료를 해야 한다는 것이었다. 지금도 아파 죽겠는데, 더 아파야만 하는가. 어휴, 뭐 어쩔 수 없지.

나는 평소 친분이 있던 신촌 암센터 총무과장에게 전화를 했다. 어느 분에게 항암치료를 받으면 좋을지 추천을 부탁했다. 총무과장은 종양학과 간암치료의 대가이신 김주항 교수님을 추천해 주었다. 인상이 좋아 학생들에게도 인기가 많고, 환자들도 마음 편하게 치료받을 수 있도록 배려하시는 분이라고. 나는 곧 외래로 예약을 하고 김 교수님을 만나 뵈었다.

"아이고, 배 선생, 이게 무슨 일이요. 고생이 좀 되더라도 해 봅시다. 일주일에 한 번씩 주사를 맞으면서, 한 일 년쯤 고생해야 하는데, 일 년이라

아침에 일어나면 먼저 파란 하늘을 올려다본다.
오늘도 어김없이 떠오른 해님과 함께 갓 배달된 스물 네 시간의 선물.
해님의 얼굴을 마주보고 있으면,
어느 시인의 말처럼, 그 눈부신 해님이 입을 열어 이렇게 말하는 듯하다.
'이 아침 한 줌 보석을 너에게 주고 싶구나!'

는 시간도 잠깐이면 휙 지나가요."

김 교수님의 말씀에 고개를 주억거렸지만, 무려 일 년 동안 항암치료를 받는다고 생각하니 눈앞이 캄캄했다. 하지만 이렇게 사람 마음을 편하게 해 주는 주치의와 함께한다는 것만으로도 큰 위안이 되었다. 지금 생각해 보면, 나는 엄청나게 운이 좋은 놈이었다. 당대에 내로라하는 소화기내과의 박효진 교수, 외과의 최승호 교수, 종양학과의 김주항 교수 같은, 정말 하늘의 별처럼 빛나는 명성을 지닌 분들에게 수술과 치료를 받았으니 말이다. 이것이 나에게 주어진 은혜라면, 이 은혜를 어떻게 갚아야 할까?

참으로 지루하고 고통스러웠던 항암치료, 모든 것은 지나간다는 말처럼, 그 시간들도 다 지나갔다. 이제 나는 절도 있는 식생활을 하려고 노력하며, 내게 주어진 삶의 시간을 소중한 선물로 여기며 살아가려 한다.

아침에 일어나면 먼저 파란 하늘을 올려다본다. 오늘도 어김없이 떠오른 해님과 함께 갓 배달된 스물 네 시간의 선물. 해님의 얼굴을 마주보고 있으면, 어느 시인의 말처럼, 그 눈부신 해님이 입을 열어 이렇게 말하는 듯하다. '이 아침 한 줌 보석을 너에게 주고 싶구나!'

물론 이런 신비한 음성이 들리지 않는 날도 있지만, 그런 날도 나는 아침마다 두 손 모아 감사의 기도를 올린다. 사실 내가 암으로 고통받기 전에는 그냥 하루하루를 시큰둥하게 보냈고, 내 안에서 꿈틀대는 욕망만을 좇아 살았다. 그런 욕망을 좇아서 사는 내 삶 속에 고마움, 감사 같은 언어가 자리할 틈은 없었다. 하지만 이제는 다르다.

나는 지금도 병원에서 근무하면서, 아픈 이들은 물론, 아픈 이를 돌보기 위해 병원을 드나드는 이들과 만날 일이 많다. 그때마다 나는 막 숨넘어갈 듯 고통스러웠던 투병의 순간을 떠올린다. 그리고 그때 했던 다짐을 상기하며, 자꾸 흐트러지려는 마음을 다잡는다. 이제 덤으로 주어진 남은 생을 오직 고마움으로 채우고, 내게 주어진 재능과 소유와 시간을 아파하는 이들과 아낌없이 나누어야겠다고. 그것이 새로운 삶을 허락하신 조물주의 크나큰 사랑의 빚을 조금이라도 갚는 길이라고.

배석진 님은 현재 연세의료원 신용협동조합 전무이다.

색소폰 소리에
고마움을 담아

허복공 님의 남편 이야기

꽃샘바람도 자고 개나리꽃이 막 꽃잎을 피우기 시작하는 4년 전 봄날이었다.

나는 쓰레기를 버리러 내려왔다가 화단에 피는 봄꽃들이 보기 좋아, 아파트단지를 휘휘 둘러보며 한가로운 시간을 즐겼다. 한참동안 그렇게 꽃구경을 하다가, 엘리베이터를 타려고 출입구로 들어가고 있을 때였다.

"아주머니!"

다급하게 부르는 소리에 뒤를 돌아보니, 낯익은 남자 둘이 누군가를 등에 업고 있었다. 남편의 직장 동료들이었다. 그리고 그들의 등에 업힌 사람은 바로 남편이었다.

"아니, 제 남편이 어딜 다쳤어요?"

내가 이렇게 묻자, 동료 한 분이 대답했다.

"주차장에서 일을 하다가 갑자기 쓰러지셨어요. 그래서 병원으로 가시

자고 했더니 집으로 데려다 달라고 해서…….”

　동료의 등에 업힌 남편의 얼굴을 보니, 핏기라곤 없는 것이 몹시 창백해 보였다. 엘리베이터를 타고 올라온 그들은 남편을 집안까지 데려다 주었다. 내가 돌아가려는 동료들에게 물었다.

“오늘 남편한테 무슨 일이 있었어요?”

“주차단속을 하면서 차주와 약간의 언쟁이 있었던 것 같아요. 심하게 다투지는 않은 것 같은데……. 하지만 주차단속을 하다 보면 스트레스를 받긴 하지요.”

　남편은 은퇴 후에 강남구청에서 주차단속 담당직원으로 일하고 있었다.

　동료들이 돌아간 뒤, 남편을 침대에 눕히고 나서 물었다.

“여보, 병원 안 가셔도 되겠어요?”

　남편이 힘없는 목소리로 간신히 대꾸했다.

“좀 쉬면 괜찮을 거요.”

　평생을 살면서 건강하게 살아 왔기 때문에, 나는 남편의 말을 곧이곧대로 믿고 한숨 푹 주무시라고 했다. 그리고는 부엌에 가서 김치를 담그고 저녁도 준비했다.

　그렇게 부엌에서 일을 하다가 방으로 들어가 보니, 남편은 계속 코를 골며 자고 있었다. 평소 낮잠이라곤 안 자는 사람이었기 때문에, 조금 의아해 남편을 흔들어 깨웠다. 남편은 아무런 반응이 없었다. 다시 흔들어 깨웠지만, 남편은 깨어날 기미를 보이지 않았다. 의식이 없는 것 같았다. 나는 갑자기 불안한 생각이 들어, 급히 119로 전화를 했다. 잠시 후 왱왱하는 소리가 들리더니 구급차가 도착했다.

"어느 병원으로 모시고 갈까요?"

구급요원들이 몸이 무거운 남편을 힘들게 들것에 태워 방에서 나가며 물었다. 나는 아무 생각도 나지 않았다.

"글쎄요. 급하니 가까운 병원으로 데려가 주세요."

"그럼 강남세브란스병원으로 가겠습니다."

강남세브란스병원 응급실에 도착한 나는 의료진에게 아마도 뇌출혈 같으니 서둘러 달라고 재촉하였다. 간호사들은 의사의 지시를 따라, 남편의 뇌 사진도 찍고 혈액검사도 하는 등 이런저런 검사를 서둘렀다.

얼마쯤 시간이 흘렀을까. 담당의사가 나를 부르더니 검진 결과를 알려주었다.

"보호자께서 추측하신 것처럼 뇌출혈이 맞습니다. 서둘러 수술에 들어가야 합니다."

"수술을 하면 괜찮아질까요?"

"치료 결과를 낙관할 수만은 없습니다. 현재로서는 소생가능성이 20% 정도밖에 안 됩니다."

의사의 말을 듣고 나니, 나는 짙은 운무 속으로 들어간 듯 두려움과 막막함이 밀려왔다. 소생가능성이 20%밖에 안 된다는 의사의 말은 사망할 수도 있다는 말로 들렸다. 하지만 나는 가물거리는 정신을 수습하고 응급실 밖으로 나와, 수원에 사는 아들에게 연락을 하고, 교회 목사님에게도 중보기도를 부탁드렸다.

밤 12시경에 수술이 시작되었다. 가족들은 수술이 잘되기를 빌며 수술실 밖에서 뜬눈으로 밤을 지새웠다. 나는 의자에 앉아 기도하며, 평소 남편이 색소폰으로 즐겨 불던 찬송을 떠올렸다. "나 같은 죄인 살리신 주 은혜 놀라와." 장중한 색소폰 소리에 실려 사람들의 가슴을 울리던 찬송가 가사처럼, 주님의 은혜로 남편이 회생하기를 빌고 또 빌었다.

밤새 진행된 수술은 아침 10시가 되어서야 끝이 났다. 남편은 중환자실로 옮겨졌다. 수술은 잘 끝났지만, 결과는 예측할 수 없다고 했다. 면회 시간이 되어 들어가 보니, 남편은 아무 의식도 없이 수많은 줄을 온몸에 달고 식물인간이 되어 누워 있었다.

그렇게 남편은 중환자실에서 거의 이십여 일을 보냈다. 이십여 일이 지나도, 여전히 의식은 깨어나질 않고 있었다.

어느 날 담당의사가 나를 불렀다.

"지금 환자의 뇌수가 밖으로 흘러나오질 않아서 다시 수술을 해야 할 것 같군요."

나는 뇌수 같은 용어가 낯설고, 저런 상태에서 또 수술을 하면 괜찮아질지 궁금하여 물었다.

"다시 수술을 하면 괜찮아질까요?"

"장담할 수는 없지만, 최선을 다해 봐야죠. 그러니까 우리가 하려는 수술은 뇌에서부터 오줌보로 이어지는 관을 심는 겁니다."

그렇게 해서 또 다시 시작된 수술은 오랜 시간이 소요되었다. 얼마나 걸렸는지 시간을 재보지는 않았으나, 수술이 끝나기를 기다리는 가족들에게는 피를 말리는 시간이었다. 그때 나는 하나님에게 이렇게 서원했다.

"하나님, 오늘 수술 후 어떤 결과가 나오든지, 모든 것을 당신께 맡기겠습니다. 만일 당신의 아들을 살려 주신다면, 남은 인생을 병들고 힘없는 사람들을 위해 열심히 봉사하면서 살겠습니다."

수술이 끝난 후 의사가 말했다.

"오늘 수술은 아주 잘 되었습니다. 이제 결과는 하나님에게 맡기고 기다려 보지요."

남편은 다시 중환자실로 옮겨졌다. 면회시간이 되어 아들들과 들어가 보니, 남편은 소리를 지르며 온몸을 흔들어 댔다. 간호사들이 달려들어 남편의 손발을 침대에 묶었다. 내가 놀라서 부들부들 떠는 모습을 보고, 간호사 한 사람이 다가와서 말했다.

"저렇게 소리를 지르고 온몸을 흔드시는 건, 이제 남편의 의식이 돌아왔다는 좋은 신호이니 놀라실 것 없습니다. 안심하세요."

나는 간호사의 말을 듣고 나서 안도의 숨을 내쉬었다. 하지만 남편은 그런 상태에서 이틀 밤을 한숨도 자지 않고 온몸을 흔들었고, 나는 무서워서 병실에 들어가지도 못 했다.

남편의 의식이 차츰 돌아오기 시작하자, 의사는 일반병실로 옮기도록 조치했다. 다른 환자들에게 피해를 주지 않도록 우리는 1인 병실로 들어갔다. 그리고 몸이 비대하여 무거운 남편을 감당할 길이 없어 간병인도 두었다. 하지만 간호는 전적으로 내 몫이었다.

남편의 입원 중에 아들의 결혼 날짜가 다가왔다. 이미 양가에서 정한 날짜였으므로 연기를 할 수도 없었다. 그냥 결혼식을 치르기로 했다. 남편 없이 혼자 부모석에 앉아 결혼시킬 수밖에 없었다. 그렇게 아들의 결혼식을 치르면서, 내 심정은 이루 말할 수 없이 착잡했다. 가장 기뻐해야할 날에 전혀 기뻐할 수 없다는 것. 솔직히 말하면, 나는 그날이 어떻게 지나갔는지도 잘 기억나지 않는다.

남편은 1인실에서 거의 두 달 가까이 머물렀다. 어느 정도 의식을 회복한 날, 남편은 눈을 뜨더니 곁에 있던 나에게 말했다.

"훈이 엄마, 고생했구먼. 고맙소."

"이제 날 알아보니, 정신이 좀 드나 봐요."

"그런데 애들은 다 어디 갔소?"

"애들은 직장에 가 있지요."

그날 나는 남편이 하는 말을 듣고, 이 사람이 이제 확실히 살았구나 하는 확신이 들었다. 하지만 이것으로 끝은 아니었다. 두 달 만에 퇴원했는데, 복부 속에 넣어둔 호스가 빠져 남편은 다시 입원을 했고, 세 번째 수술을 받았다. 몸속의 호스를 이어주는 수술이었다.

세 번째 수술을 하고 남편이 퇴원하던 날, 의사는 웃으며 우리에게 말했다.

"다 죽어가던 분이 이렇게 회복되어 퇴원하게 된 것은 정말 기적에 가까운 일입니다."

"그거야 온갖 수고를 마다하지 않으신 선생님 덕분이지요. 진심으로 감사드립니다."

정말로 그랬다. 뇌출혈로 거의 식물인간이었던 남편이 두 손 두 발 모

"여보, 오늘은 노인들에게 무슨 곡을 불러드릴 거예요?"
"내가 아프고 나서는 '어메이징 그레이스'가 더 좋아."
"왜요?"
"그 가사 그대로 '나 같은 죄인 살리신 주님의 은혜'가 정말 놀랍잖아.
난 평생 그 놀라움을 노래하고 싶어……."

두 아무 이상이 없이 멀쩡한 것은 기적이 아닐 수 없었다.

퇴원 초기에 남편은 약간의 우울증 증세를 보였으나, 네 살배기 손주의 재롱과 평소 즐기던 색소폰을 다시 불면서 우울증도 차츰 사라졌다. 때때로 가물가물하던 기억력도 회복되었다.

남편의 건강이 회복된 후, 두 번째 수술을 할 때 서원기도를 드린 것처럼, 우리는 환자와 노인들을 위해 봉사하는 일에 전념하며 지낸다. 남편은 고등학교 시절부터 색소폰을 불어온 재능을 마음껏 발휘하고 있다. 우리는 매주 시간을 내어 교회, 병원, 노인정, 요양원을 찾아다니는데, 남편은 색소폰 연주로 사람들에게 기쁨을 선사하고, 나는 기력이 없는 노인들 수발들기, 손톱깎기, 마사지까지 하며 주님의 사랑을 나누고 있다. 지난 겨울에는 우리가 큰 은혜를 입은 강남세브란스병원 음악회에 가서, 환자들에게 간증하며 색소폰 연주로 즐거움과 위로를 선사하였다.

얼마 전 나는 남편과 함께 서울 변두리에 있는 요양원을 찾아가고 있었다. 우리는 전철을 탔는데, 서울 시내를 벗어나자, 지하에서 빠져나온 전동차는 봄꽃들이 한창인 들판을 내달렸다.

"여보, 오늘은 노인들에게 무슨 곡을 불러드릴 거예요?"

나는 남편의 기억력을 테스트할 겸, 무얼 연주할지 궁금하기도 해서 물었다.

"당신이 알다시피 내 레퍼토리 있잖아?"

남편은 빙그레 웃으며, 뻔히 알면서 뭘 묻느냐는 표정이었다.

"새로운 곡을 개발해 보지 그래요?"

"늘 부르는 곡이 사실은 좋은 곡이야. 내가 아프고 나서는 '어메이징 그레이스'가 더 좋아."

"왜요?"

"그 가사 그대로 '나 같은 죄인 살리신 주님의 은혜'가 정말 놀랍잖아. 난 평생 그 놀라움을 노래하고 싶어……."

나는 더 이상 남편에게 묻지 않았다. 남편의 속마음을 알 것 같았기 때문이다. 남편이 색소폰으로 부는 노래는 그의 신앙고백이요, 절절한 간구에 다름 아니기에.

허복공 님은 현재 전업주부로서, 남편 임승영 님과 함께 자원봉사에 전념하고 있다.

죽음의 문턱을 넘나들며
철이 든 걸까

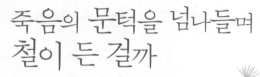

제이킴(Jay Kim) 재미사업가의 이야기

로스앤젤레스 밤하늘에는 황홀한 불꽃놀이가 펼쳐지고 있었다. 팡 팡 팡, 폭죽들이 하늘로 올라가 터지며 피어나는 불꽃들은 화려한 장관을 연출했다. 해마다 7월의 미국독립기념일이면 구경하는 불꽃놀이. 여느 때 같으면 불꽃놀이를 보는 이들과 함께 박수를 치며 기뻐했을 텐데, 그날 나는 불꽃놀이를 보면서도 남들처럼 기뻐할 수 없었다.

'그래, 어쩜 이게 마지막으로 보는 불꽃놀이일지도 몰라!'

나는 문득 이런 씁쓸한 상념에 잠겨 혼자 중얼거렸다. 곁에 아내가 있었지만, 나는 이런 마음을 내색할 수 없었다. 평소 명랑한 아내 역시 불꽃놀이를 보며 즐거워하는 것 같지 않았다.

"여보, 이제 그만 돌아갑시다."

내가 아내에게 말했다.

"그래요. 오늘밤 푹 주무시고 내일 비행기를 타셔야 하니까⋯⋯."

아내는 편치 않은 내 마음을 헤아렸는지, 대뜸 다가와 팔짱을 꼈다.

다음 날 아침, 나는 아내와 함께 서울행 비행기를 탔다. 생각해 보니 5년 만의 귀국이었다. 다른 때 같으면 고국으로 향하는 걸음이 가볍고 설레었을 텐데, 설렘은커녕 사뭇 두렵기만 했다.

비행기에 올라 자리를 잡고 이륙하기를 기다리는데, 옆에 있던 아내가 말했다.

"너무 걱정하지 말아요. 혹시 한국 병원에서는 다른 진단이 나올지 알아요?"

간밤에 잠이 잘 오지 않아 뒤척이면서, 나 역시 미국 병원의 진단이 오진으로 나왔으면 좋겠다고 생각했었다.

"그렇기만 하면 오죽 좋겠소?"

나는 의자 등받이에 머리를 기대고, 비행기 창문으로 내다보이는 로스앤젤레스 도심의 높이 솟아 있는 마천루들을 바라보았다. 높은 건물들을 보고 있노라니, 문득 이곳에 이민 와서 살았던 긴 세월이 파노라마처럼 펼쳐졌다. 1980년에 이 땅에 처음 발을 내디뎠으니, 그간 미국 땅에서 살아온 세월이 34년. 거의 반평생을 나는 이곳에서 산 셈이었다. 처음 정착 단계에서 시작한 작은 음식점은 점차 번창하여, 그동안 나는 무려 10개나 되는 음식점을 확장하여 운영했다. 그런 나를 사람들은 모두 성공한 사업가라고 했다. 음식점으로 성공한 나는 부동산 투자업까지 하며 승승장구했다. 그러나 욕심은 화를 부르는 법이던가.

그렇게 사업을 벌이며 돈 모으는 재미에 빠져 살던 나에게 갑자기 불행이 찾아왔다. 2년 전 어느 날부터 이상하게 몸이 피곤하고, 아침에 일어나면 오른쪽 코에서 코피가 자주 나곤 했다. 코피만 나오는 게 아니라, 코도 자주 막혀 숨쉬기가 힘들었다.

나는 곧 로스앤젤레스에서 가장 크다는 대학병원을 찾아가 조직검사를 했다. 그리고 며칠 후, 검사 결과를 보러 병원을 찾아가 미국인 의사와 대면했다.

"제이 킴, 검사 결과가 좋지 않습니다."

의사가 심각한 표정으로 말했다.

"어떻게 나왔는데요?"

"그동안 코피가 나오고 코가 자주 막혀 숨 쉬기가 어려웠다고 하셨는데, 그건 종양이 생겼기 때문입니다."

"암이라는 말씀입니까?"

"그렇습니다. 〈두경부암〉입니다."

의사 입에서 떨어진 '암'이라는 말을 듣고, 나는 갑자기 숨이 턱 막혔다. 아무 말도 더 이상 할 수 없었다. 내가 말을 못하고 있자, 옆에 앉았던 아내가 의사에게 물었다.

"수술을 하면 됩니까?"

"그렇습니다. 하지만 수술해야 할 예약환자들이 밀려 있어서, 두 달 이상을 기다리셔야 합니다."

그날 집으로 돌아온 나는 절망적인 기분으로 침대에 누워 있는데, 아내가 말했다.

"두 달 이상을 기다려야 한다는데, 어쩌면 좋을까요?

"글쎄, 나도 금방 판단이 서질 않는구려."

"여보, 여기서 두 달씩 기다릴 게 아니라, 한국으로 가면 어때요? 한국 의료기술도 미국 못지않다고 하던데."

나는 아내의 말에 고개를 끄떡였다. 아내는 곧 여행사에 전화를 걸어, 서울로 가는 비행기표를 예약했다. 출발은 이틀 후로 잡혔다.

인천공항에 도착하니, 서울에 사는 큰 아들이 승용차를 대기해 놓고 있었다. 미국에서 영화공부를 했던 아들은 서울의 한 대기업에서 영화부문 일을 하고 있었다. 나는 아들의 차에 타자마자, 곧 국립의료원으로 가자고 했다.

국립의료원에 도착해서 다시 검사를 받았다. 며칠 후 결과가 나왔는데, 미국에서의 진단 결과와 크게 다르지 않았다. 의사가 말했다.

"지금 두경부암 진행상태가 너무 심각해서 오른쪽 눈을 빼야 할 것 같고, 오른쪽 잇몸과 머리 뒤쪽도 절개해서 수술해야 할 것 같습니다."

의사의 설명을 듣고 나와 큰 아들 집으로 가는데, 마치 죽음의 늪에 빠진 것 같은 느낌이었다. 이렇게 사느니 차라리 죽는 게 낫겠다는 생각이 들었다. 아들 집에서 저녁식사를 마치고 나는 아들에게 말했다.

"이제 애비는 살기 어려울 것 같구나. 만일 내가 죽으면, 네 어머니를 잘 모시도록 해라."

나는 이렇게 말하면서, 마치 유언을 하듯, 이러저런 구체적인 이야기까지 했다. 내 얘기를 다 듣고 난 아들이 영어로 대답했다.

"No problem, I will!"

나는 아들의 말을 듣고 속으로 무척 서운했다. '아버지, 그게 무슨 말씀이세요? 수술받고 빨리 건강을 회복해서 오래오래 사셔야지요!'라고 말해 주기를 기대했는데, 어릴 적부터 미국에서 교육을 받은 아들은 미국식으로 그렇게 대답했던 것이다. 하지만 나는 아들에게 서운한 내색을 할 수 없었다. 솔직히 너무 낙담이 되어, 당장이라도 그냥 미국으로 돌아가고 싶었다.

다음 날 아침이었다. 아침식사를 하다가 말고 아내가 말했다.

"여보, 지난봄에 우리 교회에서 집회하셨던 곽 목사님이 무슨 말씀 중에 자기 누님이 세브란스병원 원목실에 있다고 하지 않으셨어요?"

"나도 들은 기억이 있소."

"제가 오늘 세브란스병원에 한 번 연락해 볼게요."

내가 깊이 절망하고 있음을 눈치 챈 아내는 나를 대신해 자기가 지푸라기라도 붙잡으려는 것 같았다. 아내는 곧 세브란스병원 원목실에 전화를 걸어, 곽수산나 전도사님과 통화를 했다. 곽 전도사님은 그간에 있었던 상황을 전해 듣고는, 세브란스병원에 와서 다시 검진을 받도록 주선해 주셨다.

그날 오후 나는 세브란스병원을 찾아가 검사를 받고, 다시 며칠을 기다렸다. 검사 결과는 5일 뒤에 나온다고 했는데, 그렇게 기다리는 시간이 피를 말리는 것 같았다. 결과를 보기 위해 병원에 도착한 나는 곽 전도사님부터 먼저 만나 부탁을 드렸다.

"전도사님, 제가 의사 선생님을 만날 용기가 나지 않아서 그러는데, 제

아들과 함께 의사 선생님을 만나 주실 수 있을까요?"

곽 전도사님이 흔쾌히 승낙했다.

"네, 그렇게 할게요."

곽 전도사님과 큰 아들이 나를 대신해 진료실로 들어갔다. 나는 아내와 함께 초조한 마음으로 진료실 밖에서 기다리고 있었다. 한참이 지나 곽 전도사님과 아들이 나오는데, 아들이 나오면서 엄지손가락을 추켜세우며 말했다.

"아버지, 수술할 수 있답니다. 그리고 몸에 칼을 대지 않고, 기계를 코로 넣어서 수술하면 된다는군요."

나는 아들이 하는 말을 듣고는, 갑자기 주체할 수 없는 눈물이 쏟아졌다. 옆에 있던 아내도 나를 끌어안으며 울고, 곽 전도사님도 같이 눈물을 흘리셨다.

그날 나는 바로 입원수속을 하고, 수술날짜가 잡히기를 기다렸다. 다행히 수술은 빠르게 잡혀, 입원한 지 나흘 만에 수술할 수 있었다. 수술받던 날 아침, 곽 전도사님이 내 병상을 찾아오셨다.

"편히 주무셨어요?"

"수술을 앞두고 있어 그런지, 잠이 잘 오지 않더군요."

나는 솔직하게 말했다.

"그건 선생님만 그런 게 아니라, 누구나 그럴 거예요. 제가 기도해 드릴까요?"

기도해 주시겠다는 곽 전도사님의 말씀이 그렇게 고마울 수 없었다. 곽 전도사님은 수술이 순조롭게 진행되도록 집도하는 의사와 간호사들을 위해 기도하신 뒤, 수술받는 나의 마음도 편안해지게 해 달라고 간곡히 기도하셨다. 곽 전도사님의 기도를 받고 수술실로 향하는데, 어느덧 밤새 나를 괴롭혔던 두려움과 불안이 사라져 버렸다.

수술이 끝난 후 마취에서 깨어나 보니, 나는 회복실에 누워 있었다. 아내가 마취에서 깨어난 나를 보고 말했다.

"이제 깨어나셨네요. 집도하신 의사 선생님이 수술이 잘 되었다고 하셨어요."

아내와 함께 있던 아들도 미소를 지으며 말했다.

"아무 걱정 말고 잠이 오면 좀 더 주무세요."

나는 다시 깊은 잠 속으로 빠져들었다.

수술을 받은 후 경과가 좋아, 나는 일주일 만에 퇴원했다. 그러나 퇴원으로 모든 게 끝은 아니었다. 또 한고비가 나를 기다리고 있었다. 토모테라피! 머리카락이 빠지고 구토증상이 생긴다는 그 방사선치료. 나는 두려웠다. 하지만 내 마음 한편에는, 다 죽게 된 나를 생명의 길로 인도하신 하나님이 나를 또 다시 인도하실 거라는 믿음이 자리 잡고 있었다.

나는 아들 집에 머물면서 통원치료를 시작했다. 예상대로 방사선치료는 힘들고 고통스러웠다. 한 달 만에 머리카락이 다 빠져 대머리가 되었고, 밥맛도 거의 사라졌다. 밥을 먹으면 구토증상이 나타나기도 했다. 어느 날 저녁에는 밥을 먹자마자, 금세 다 토해 버렸다. 순간적으로 절망이 밀려 왔지만, 나는 마음을 다잡으며 나 자신에게 속삭였다.

'제이 킴, 너 포기하면 안 돼. 살 수 있어. 하나님이 너와 함께하시잖아.'

어느 날은 방사선치료를 받기 위해 지하철을 타고 가는데, 그날따라 지하철에 타고 있던 건강한 사람들과 병약한 내 자신이 비교가 되었다. 얼마나 나 자신이 초라하게 느껴지던지! 아마도 그것은, 내가 평생 자타가 공인하는 건강체로 살아왔기 때문일 것이다. 나는 차창에 비친, 병들어 초췌한 사내의 모습을 보고 속으로 중얼거렸다.

'제이 킴, 만일 네가 치료를 받고 살아난다면, 너는 네 것이 아니야. 그러니 이제부턴 살고 죽는 걸 모두 주님 손에 맡겨, 맡기라고!'

지금 생각하면, 그때 그렇게 중얼거린 이는 내가 아닐 것이다. 내 안에 살아 계신 그분일 것이다. 내가 세속의 욕망에 취해 살 때 잊고 있었던 그분, 하지만 내가 아프고 나서 다시 만난 그분. 내 생명의 주인이신 하나님!

그날부터 내 하루하루의 삶에 생기가 돌기 시작했다. 물론 감정과 생각의 부침浮沈이 없었던 건 아니다. 그러나 나는 내 감정이나 생각에 휘둘리지 않고, 내 생명의 주인이신 주님에게 마음을 모으려고 틈날 때마다 기도했다. 그리고 의사 선생님 말씀대로, 운동도 매일 열심히 하고 식사도 거르지 않았다. 구토가 나면 토하고, 머리카락이 다 빠진 내 대머리를 보면서도 낙담하거나 절망하지 않았다. 까짓 머리카락이야 치료가 끝나면 또 날 테지!

길고도 지루한 방사선치료, 무려 6개월에 걸쳐 30회나 받았다. 방사선치료가 다 끝나던 날, 나는 원목실로 곽 전도사님을 찾아갔다.

"어서 오세요. 치료가 다 끝나신 걸 축하드립니다."

곽 전도사님이 환한 미소를 지으며 말씀하셨다.

"선생님, 주님이 하시는 일은 참 알 수 없는 것 같아요.
아프고 힘들 땐, 병이 저주처럼 느껴져서 주님을 원망하기도 하는데,
이렇게 선생님처럼 깨닫고 나면, 병이란 것이
주님이 주시는 특별한 선물이란 생각이 들기도 하거든요."

"다 죽어가던 제가 다시 살 수 있도록 좋은 길을 안내해 주셔서 감사합니다."

"제가 뭐 한 일이 있나요? 하나님이 다 인도해 주신 거지요."

전도사님이 손수 타신 차를 마시고 나서 내가 말했다.

"정말 하나님의 손길이 신비한 것 같아요. 세브란스병원으로 오기 전에는 그렇게 막막할 수가 없었는데, 이러저런 인연을 통해 전도사님을 만나게 하셔서 저를 치료받게 하셨으니 말입니다."

"말씀 듣고 보니 정말 그렇군요. 이제 곧 미국으로 돌아가시나요?"

"네, 낼모레쯤 돌아가려고요. 새 생명을 얻었으니, 이젠 돌아가면 사업 욕심도 줄이고 주님 뜻대로 살려고 합니다."

이것은 진심이었다. 그동안 미국에서 성공가도를 달리며 얼마나 많은 욕심을 부렸던가! 타고난 건강만 믿고 문어발처럼 벌여 놓은 사업을 위해 동분서주할 때에는, 내 안에서 끝없이 솟구쳐 오르던 그것이 욕심인 줄도 몰랐다. 그때는 생로병사라는 인간의 한계 따위는 아예 생각조차 하지 않고 살았다. 하지만 죽음의 문턱을 넘나들고 나서, 이제 철이 조금 들어가는 것일까. 그렇게 탐닉하던 사업의 성공, 번창, 출세, 이 모든 것을 향해 달려왔던 시간들이 얼마나 덧없었던지……. 이제야 새삼 깨닫게 되었다.

내 이야기를 들은 전도사님이 고개를 끄덕이며 말씀하셨다.

"선생님, 주님이 하시는 일은 참 알 수 없는 것 같아요. 아프고 힘들 땐, 병이 저주처럼 느껴져서 주님을 원망하기도 하는데, 이렇게 선생님처럼 깨닫고 나면, 병이란 것이 주님이 주시는 특별한 선물이란 생각이 들기도 하거든요."

"그렇군요, 전도사님. 병이 특별한 선물이란 말씀, 깊이 간직하고 살겠습니다."

곽 전도사님은 병원입구까지 나와 우리 가족을 배웅하셨다. 그리고 언젠가 내가 얘기했던 미국 독립기념일의 불꽃놀이를 기억하고 계셨던지, 이렇게 작별인사를 하셨다.

"미국으로 가시면, 올해의 불꽃놀이가 더 기쁘고 각별하시겠어요."

쿵쿵, 다시 뛰는
생명의 북소리

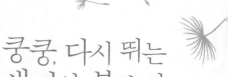

이인제 대학생의 이야기

2012년 2월 봄방학 기간의 어느 날이었습니다. 그날따라 날씨가 화창하고 따뜻했죠. 도서관에서 공부하고 있는데, 창밖을 내다보니까 책만 들여다보는 게 짜증이 나고 몸도 근질근질했습니다. 그때 마침 친구에게 전화가 왔어요.

"인제야, 이렇게 날씨 좋은 날 공부가 되냐?"

"짜증나 미치겠어. 근데 너 어디 있어?"

"학교 운동장에! 친구들 모여서 축구하려는데 선수가 모자라네. 너 지금 올래?"

"알았어. 빛의 속도로 달려갈게."

저는 책을 주섬주섬 가방에 넣은 후, 곧 학교 운동장으로 달려갔죠. 운동장에 도착해 보니, 친구들이 일고여덟 명쯤 골대 앞에 모여 슛 연습을 하고 있었습니다.

우리는 곧 편을 갈라서 축구시합을 했습니다. 저는 평소처럼 공격을 맡아 뛰었는데, 5분쯤 뛰었을까, 이상하게 숨이 차고 금방 지쳤습니다. 그렇게 제가 뛰다가 지쳐 주저앉아 있는 사이에, 우리 편은 한 골을 먹었죠. 저에게 전화를 걸었던 친구가 주저앉아 있는 저에게 다가왔습니다.

"인제야, 너 오늘 왜 그래?"

"미안해. 오늘따라 이상하게 숨이 많이 차서 못 뛰겠네."

저는 친구들을 뒤로하고 집으로 돌아왔습니다. 다른 날보다 일찍 돌아오자, 어머니가 물었어요.

"일찍 왔네. 너 지금 도서관에서 오니?"

"아니요. 공부가 잘 안 돼 친구들하고 축구했어요. 그런데……."

"너 얼굴이 왜 그래? 아픈 애 같네. 어디 아프니?"

"역시 우리 엄마 족집게네. 축구하는 데 이상하게 숨이 많이 차요."

저는 엄마에게 이렇게 얘기하고는 제 방으로 가 침대에 누웠습니다. 잠시 후 엄마가 홍삼차를 만들어 제 방으로 들어오셨습니다. 엄마는 숨을 헐떡거리며 누워 있는 저를 보고 말했습니다.

"정말 좀 이상하네. 인제야, 내일 병원에 한 번 가봐야겠다."

이튿날 나는 엄마와 함께 광주에 있는 C 내과를 찾아갔습니다. 그날 저를 진단한 의사 선생님이 말씀하셨어요.

"학생은 심장이 매우 좋지 않군요."

이 말을 듣고 난 엄마가 긴장한 표정으로 물었습니다.

"심장이 좋지 않다니요? 얘는 어릴 때부터 심장질환은 없었는데요."

"지금 검사에 의하면, 학생은 〈확장성 심근병증〉입니다."

"그건 어떤 병입니까?"

"확장성 심근병증은 여러 가지 원인에 의해 심장근육에 생기는 질환인데, 심장이 확장되면서 심장기능이 저하되는 특징이 있습니다. 심장기능이 저하되어 쉬 피로하고 호흡곤란이 발생하기도 합니다."

저는 그날부터 의사 선생님이 처방하는 약을 먹으며 병이 나아지기를 기대했죠. 2012년 1학기 동안 학교를 계속 다니면서 말입니다. 하지만 병원을 다니며 약을 먹어도 병세는 호전되지 않았어요. 그래서 2학기 들어서는 휴학계를 내고, 서울 세브란스병원을 다니며 통원치료를 시작했습니다.

그렇게 통원치료를 하며, 확장성 심근병증의 치료방법은 자연치유 또는 이식밖에 없다는 걸 알게 되었습니다. 그래서 자연치유를 위해서 열심히 노력했으나, 심장기능이 남들보다 1/3도 되지 않았기 때문에, 걷기만 해도 숨이 차고 누워서 잘 때도 숨이 차서 편안히 잠을 잘 수 없을 정도였죠. 그러다 보니 정신적으로는 자신감이 없어지고, 제가 이렇게 통원치료를 계속한다고 해서 심장이 과연 좋아질까 하는 회의도 들었습니다. 잠이 잘 오지 않는 밤에는, 이러다 죽을지도 모른다는 섬뜩한 생각에 사로잡히기도 했고, 기괴한 악몽에 시달리기도 했습니다.

3개월마다 세브란스병원에 가 진료를 받을 때에는, 주치의 선생님이 무슨 말씀을 할까 두려웠고, 제발 이식얘기는 하지 않으셨으면 좋겠다는 생각도 했습니다. 하루라도 제 심장에 대해 생각하지 않은 순간이 없을 정도로 항상 심장을 의식하며 살았고, 제가 할 수 있는 것이 아무것도 없다는 것 때문에 스트레스도 굉장히 많이 받았습니다. 아프고 나서 깨달은 것이지만, 제가 아프지 않았을 때는, 저를 살아 있게 하는 심장이 이렇게 소중한 것인지 전혀 몰랐습니다.

그렇게 1년여 통원치료를 했지만, 제 상태는 점점 더 악화되었습니다. 온몸에 물이 차서 부어올라, 당시 몸무게는 100kg을 넘었고, 소변도 한 번 볼 때마다 5~6리터씩이나 되었습니다. 정말 최악이었죠. 몸이 무거우니 걸을 때도 뒤뚱거리며 걸어야 했습니다.

저는 결국 세브란스병원에 입원했습니다. 입원하자마자 의사 선생님은 이뇨제를 먹게 하여 2주 동안 무려 20kg이나 몸무게를 줄였습니다. 그럼에도 여전히 제 심장은 잘 뛰지 않았고, 혈액순환도 원활하지 않았습니다.

어느 날 아버지가 서울로 올라와 의사 선생님을 만나 상담을 청했습니다.

"선생님, 우리 인제의 심장상태가 계속 안 좋은데, 어떻게 해야 하는 겁니까?"

"약물치료로 호전되기를 바랐는데, 그게 잘 듣지를 않는군요. 이젠 다른 방법이 없습니다. 이식 외에는!"

의사 선생님을 만나고 온 아버지는 병상에 누워 있는 저에게 말씀하셨습니다.

"이식신청을 해야겠다."

"다른 사람의 심장을 제 몸에 심는 거지요?"

"그래, 네 심장이 기능을 제대로 못한다니 어쩔 수 없잖니?"

옆에 있던 엄마가 물었습니다.

"이식은 곧 할 수 있대요?"

"아니요, 누군가 기증하는 심장이 나올 때까지 기다려야 할 거요."

"비용은 얼마나 든대요?"

"5,000만 원 정도 든답디다."

저는 두 분이 이식에 드는 비용을 말씀하시면서 얼굴이 어두워지는 걸 보았습니다. 넉넉지 않은 우리 집 형편에 5,000만 원은 엄청난 것이 틀림없었으니까요.

그럼에도 아버지는 그날 오후 이식을 신청해 놓고 광주로 돌아가셨습니다. 그리고 저는 이식할 때까지 두 달 동안 계속 입원해 있었지요. 입원한 상태에서 대기해야 이식받을 수 있는 기회가 빨리 온다고 병원에서 말했기 때문이었습니다.

그런 어느 날, 병상에 누워 TV에서 축구경기를 보고 있는데, 말쑥하게 검은 정장을 차려입은 여성 한 분이 저에게 다가와 말했습니다.

"축구를 좋아하나 봐요? 엊그제도 지나가다 보니까 축구경기를 보고 있던데?"

"네. 초등학교 땐 축구선수가 되고 싶었거든요."

"아하, 그랬구나. 그런데 몸 좀 어때요?"

"견딜 만은 한데, 여전히 숨이 많이 차요."

"지금 이식을 신청한 상태라지요?"

저는 제 신상에 대해 잘 알고 있는 것이 궁금해 물었습니다.

"그런데 선생님은 누구세요?"

"저는 병원의 환우들을 상담도 하고, 기도를 원하는 분들에게는 기도도 해 드리는 원목실의 유숙연 목사입니다. 학생도 원하면 제가 기도해 드릴게요."

"저는 지금 교회도 안 나가는데요. 어릴 땐 다녔지만!"

"아, 그랬구나. 걱정하지 말아요. 저는 사람들에게 신앙을 강요하지는 않아요. 신앙은 스스로 깨닫고 받아들일 때 자기 것이 될 수 있으니까요. 필요하면 언제든지 내가 병실을 돌 때 불러요."

유숙연 목사님은 이렇게 말한 뒤, 부드러운 미소를 남기고 병실을 나가셨습니다. 그날 축구경기를 다 보고 난 뒤, 문득 제가 교회를 나가던 어린 시절을 떠올렸죠. 그리고 제가 몹시 아프고 고통스러우니까 그랬겠지만, 교회학교에서 선생님이 들려주셨던 말씀 한 구절이 생각났습니다. 예수님은 건강한 자를 위해 오지 않고, 병든 자를 위해 오셨다는!

다음 날 같은 시간에 유숙연 목사님이 다시 제 병상을 찾아오셨습니다. 목사님은 웃으며 물으셨습니다.

"오늘은 기분이 어때요? 어제보다 얼굴이 편안해 보이는데?"

"어제 목사님 돌아가시고 나서, 문득 어린 시절에 교회에서 들은 성경 말씀이 생각났어요."

"어떤 말씀이?"

"예수님이 그러셨잖아요. 나는 건강한 자를 위해 오지 않고, 병든 자를 위해 오셨다고요."

"참 기억력도 좋네. 벌써 오래되었을 텐데, 그 말씀을 기억하고 있으니."

"목사님, 어릴 땐 그 말씀이 무슨 뜻인지 몰랐는데, 이젠 알 것 같아요. 제가 이렇게 아파보니까요."

318

"그래요? 그럼 제가 오늘은 기도해 드릴까요?"

"네."

목사님은 내 손을 꼭 잡더니 울먹이는 음성으로 기도해 주셨습니다. 특히 하루속히 이식할 수 있는 심장이 나타나기를 위해 간곡히 기도해 주셨지요. 기도를 마치신 뒤, 병실을 나가시며 목사님이 말씀하셨어요.

"하나님이 가장 좋은 시기에 가장 좋은 심장을 주실 거예요."

목사님이 그렇게 말씀하시는 것을 하나님이 들으셨던 것일까요? 신기하게도 그 말씀을 하시고 난 이틀 뒤, 간호사가 와서 기쁜 소식을 전해 주었습니다. 이식할 심장이 나왔다고! 이식신청을 하고 채 두 달이 안 되었을 때였죠. 심장기증자도 세브란스병원에서 나왔다고 했습니다. 저는 이틀 전 목사님이 하신 말씀이 생각나면서, 정말 하나님이 나에게 큰 행운을 주셨구나 하며 감사했습니다.

이식할 심장이 나오자, 곧 수술날짜가 잡혔습니다. 그런데 수술 전날 밤에는 잠이 잘 오지 않았습니다. 다른 사람의 심장을 이식한다고 생각하니, 온갖 상념이 머릿속에서 꼬리에 꼬리를 물었습니다. 과연 다른 이의 심장이 내 몸에 잘 맞을까, 잘 맞지 않아 부작용이 생기면 또 어쩌지, 이식수술이 어렵다는데 수술은 잘 될까, 수술을 받고 나면 또 얼마나 아플까……. 저는 이런저런 상념에 시달리다가, 그래도 수술하려면 잠을 푹 자 두어야 하는 생각에, 문득 어릴 때 익혀둔 주기도문을 외우기 시작했습니다. 그렇게 몇 번을 외웠을까, 저는 곧 잠에 곯아떨어졌습니다.

아침이 밝았습니다. 마음을 다잡고 수술실로 이동할 준비를 하고 있는데, 마침 유숙연 목사님이 오셨습니다.

"인제 군, 좋은 아침!"

다른 날과 달리, 목사님의 인사가 너무 정겹고 가슴을 뭉클하게 했습니다.

"목사님, 고맙습니다. 이렇게 와 주셔서!"

목사님이 링거를 꽂은 제 손을 살며시 잡으며 말씀하셨습니다.

"수술이 잘 되도록 제가 기도할게요."

그러면서 목사님은 간곡한 음성으로 이식수술이 성공하기를 기도하셨습니다. 목사님의 기도가 끝난 후 제가 말했습니다.

"목사님 말씀처럼 가장 좋은 시기에 가장 좋은 심장을 주셨으니까, 수술도 잘 되겠죠?"

"인제 군, 아무 걱정 말아요. 최고의 의사 선생님이 수술을 하시는 것이고, 또 그 손길을 하나님이 지키시며 도우실 테니까."

목사님의 말씀처럼, 그날 수술은 성공적이었습니다. 마취가 깬 제가 눈을 뜨자, 엄마의 얼굴이 저를 내려다보고 계셨습니다.

"엄마……."

"그래, 우리 인제 깨어났구나."

옆에 계시던 아버지도 제 머리를 쓰다듬으며 말씀하셨습니다.

"수술이 성공적으로 잘 되었다니, 아무 걱정 말거라."

이렇게 수술을 마친 뒤, 저는 3주 동안의 회복기를 보냈습니다. 회복기 동안 뼈가 빨리 붙지 않아 움직이는 것이 고통스럽고, 음식도 맛없는 멸균식이라 먹는 것이 힘들었지만, 일단 숨 쉬는 것이 이전처럼 힘들지 않으니, 회복하는 동안의 고통은 참을 만했습니다.

퇴원하던 날, 주치의 선생님이 일부러 시간을 내어 찾아오셨습니다.

"하나님이 인제 군을 도우신 것 같아. 이식할 심장도 빨리 나오고, 수술 결과도 아주 좋으니 말이야. 아무쪼록 심장을 기증한 분의 아름다운 마음을 늘 생각하면서 건강하게 살도록 하게. 그리고 운동도 열심히 하고 말이야."

솔직히 말해, 저는 심장이식에 대한 두려움 때문에, 처음에는 이식수술을 피하려고 했습니다. 건강한 심장을 얻는 것도 쉽지 않지만, 얻었다 하더라도 다른 사람의 심장이 나에게 잘 맞을지도 모르겠고, 이식수술이 잘 될지도 모르겠고, 또 건강을 이전처럼 회복할 수 있을지도 장담할 수 없었기 때문입니다. 한마디로 말해, 심장이식 수술이 죽음으로 이어지면 어쩌나 하는 두려움이 내심 있었던 것입니다.

그런데 심장을 얻는 것에서부터 수술 후 건강을 회복하기까지 모든 일이 너무 순조롭게 진행되는 것을 보면서, 이는 필시 누군가가 저를 살리기 위해 처음부터 끝까지 심장이식 과정을 준비하고 이끌어 주신 것은 아닌가 생각하게 되었습니다. 그러면서 그 '누군가'가 실은, 제가 오랫동안 잊고 지냈던 하나님이시라는 생각에 이르게 되었고, 그래서 이제는 다시 하나님에게로 돌아와야겠다고 결심하게 되었습니다. 이것은 물론 저를 위해 애쓰신 부모님이나 의사 선생님, 그리고 유숙연 목사님의 노고를 모르거나 무시해서 하는 말이 아닙니다. 어쩌면 이분들은 저를 살려 내기 위한 하나님의 손길들이었을 것입니다.

현재 저는 광주에 있는 고향교회인 광문교회로 돌아왔습니다. 어머니는 제가 입원하던 날인 2013년 6월 30일에 먼저 고향교회로 가셨기에, 지금은 어머니와 함께 정말 행복한 교회생활을 하고 있습니다. 지금에서야 말이지만, 오랜 타향살이로 몸과 마음이 지쳤을 때, 이렇게 돌아올 고향교회가 있다는 것이 얼마나 행복하고 감사한 일인지 예전에는 미처 몰랐습니다.

저는 지금, 주치의 선생님의 당부 말씀처럼, 아프기 전보다 훨씬 부지런히 살고 있습니다. 건강관리를 위해 운동도 열심히 하고, 규칙적으로 살려고 노력하고 있습니다. 사소한 일에도 불평이 많았던 제가 지금은 불평하는 일이 거의 없어졌습니다. 공부도 누가 재촉하지 않아도 알아서 열심히 하게 되었습니다. 저를 위해 모든 것을 아낌없이 주셨던 부모님에게 최선의 효를 다하는 것은 말할 것도 없고요. 이식수술을 받은 이후, 저도 모르는 사이에 제가 이미 변해 있는 것을 느끼게 되었습니다.

요즘도 매일 밤 잠자리에 들면, 쿵쿵 힘차게 뛰는 심장에 손을 얹고 다짐합니다. 다른 사람의 심장으로 살아가고 있는데, 그분이 누구인지는 모르지만, 그 아름답고 숭고한 뜻을 받들어, 저 역시 다른 사람의 아픔에 함께하는 삶을 살아야겠다고. 덤으로 얻은 생명, 제 생명의 불꽃이 다하기까지 이웃과 더불어 나누는 삶을 살아야겠다고. 그리고 무엇보다 꺼져가는 심장의 박동소리, 생명의 북소리를 다시 듣게 하신 하나님의 뜻을 받들어, 정말로 가슴 뛰는 삶을 살아야겠다고.

이인제 님은 현재 대학생으로 가슴 뛰는 삶을 살며 공부하고 있다.

저와 데이트할 때는 멋지게 하고 오세요

김윤희님의 한애리 주치의 이야기

한애리 선생님에게

이른 봄꽃들은 속절없이 지고 이제 산과 들에는 복사꽃이 화사하게 피어나고 있습니다. 피고 지는 꽃들의 변화를 감상하면서 인생의 변화 또한 눈여겨보고 있습니다. 어떤 수도자가 만물에는 변화의 낙인이 찍혀 있다고 했는데, 제 인생을 돌아보면 그 말을 정말로 실감할 수 있습니다.

한애리 선생님, 몇 년 전인지도 어리마리합니다만, 제가 암에 걸려 몸부림쳤던 아픔의 기억만은 지금도 생생합니다. 지독한 아픔의 기억은 늙지도 않나 봐요. 그 아픔이 이제 제 몸에 남아 있지 않은데도 말입니다. 그리고 그 기억 때문에 제가 선생님을 잊지 못하는지도 모르겠습니다. 선생님의 따스한 눈빛을 오래도록 제 가슴에 간직하고 있는지도 모르겠습니다.

그때 제 나이 마흔 일곱이었지요. 원주의과대학 사무팀장으로 활발하게 활동하던 저는 이미 출퇴근을 하면서 선생님과 눈인사를 나누는 사이였어요. 선생님이 일하시는 원주세브란스기독병원과 제가 일하는 건물이 같은 울타리에 있었으니까요. 하지만 그때까지는 제가 환자가 되어 선생님을 만나리라곤 전혀 생각하지 못했습니다.

어느 날이었죠. 주일예배를 마치고 집으로 돌아오는 길인데, 오른쪽 가슴이 심하게 아팠습니다. 하지만 암에 걸려도 통증을 느끼지 못한다고 알고 있었기 때문에 대수롭게 여기지 않았지요. 그런데 며칠이 지나도 통증이 계속되어 같은 교회에 다니는 미장원 원장님에게 전화를 걸었습니다. 원주세브란스기독병원에서 유방암 전문의로 오래 활동하시다가 퇴직하신 의사 선생님이 자주 들러 친하게 지낸다는 말을 들은 기억 때문입니다.

"원장님, 제가 오른쪽 가슴에 통증이 있는데, 거기 머리하러 오신다는 유방암 전문의 선생님에게 어떻게 하는 게 좋을지 좀 여쭤 봐 주실래요?"

"그럴게요. 어려운 부탁도 아닌데."

그날 저녁 퇴근하고 집에 와서 밥을 차려 먹는데, 미장원 원장님으로부터 전화가 걸려 왔습니다.

"김 선생, 의사 선생님 말씀이 당신 제자 가운데 한애리 교수라는 분이 그쪽을 잘 보니까 얼른 검진받으라고 하시네요."

"네, 고맙습니다."

이렇게 해서 저는 다음 날 출근하는 즉시 진료예약을 했지요. 진료시간은 그날로 바로 잡혀 오전 11시 30분. 막상 예약하니까 약간의 두려움과 불안이 밀려들며 가슴이 쿵쿵 뛰었어요. 별일 아닐 거야. 무슨 혹 같은 게 발견된다 해도, 떼어 내면 되는 정도일 테지! 저는 이렇게 애써 불안한 마음을 달랬지요.

드디어 진료시간이 되어 선생님을 뵈러 갔어요. 선생님은 환한 얼굴로 저를 맞아 주셨어요.

"김 선생님, 가슴에 뭐가 만져지고 통증이 있다고요?"

"네."

"그럼 어디 한 번 볼까요?"

저는 환의를 갈아입고 선생님에게 제 몸을 맡겼지요. 선생님은 제 가슴을 만지시더니, 오늘 아예 맘모(유방촬영)와 초음파를 한꺼번에 하자고 하셨어요. 선생님 처방대로 맘모 촬영을 마치고 오후 5시경에 초음파촬영을 하고 있는데, 때맞춰 선생님이 오셨지요.

"좀 더 정확하게 진단해야 확실하겠지만, 제가 보기엔 암인 것 같아요. 일단 정확한 검사를 위해 MRI 촬영을 해야겠어요."

저는 선생님 입에서 떨어진 암이라는 말에 가슴이 철렁했습니다. 설마, 설마 했는데 암이라니!

그 순간 저는 문득 초등학생인 딸 다영이가 눈에 밟혔습니다. 늦어진 결혼으로 얻은 유일한 혈육, 홀로 나만 바라보고 자라는 딸아이를 생각하니 갑자기 폭포수 같은 눈물이 쏟아졌습니다. 선생님 앞이라 민망했지만, 쏟아지는 눈물을 어찌할 수 없었어요.

그때 선생님이 다가와 저를 끌어안으시며 말씀하셨지요.

"김 선생님, 미리 그렇게 겁먹을 필요 없어요. 암을 이긴 사람도 많으니까요."

"그런데, 과연 제가 나아서 엄마노릇을 할 수 있을까요?

"그럼요."

저는 다음 날 조직검사를 한 후, 이틀 뒤 암으로 확진을 받았지요. 유방암 3기. 그날 검사 결과를 일러 주시면서 선생님은 말씀하셨어요.

"이제 암으로 판정되었으니 드리는 말씀이지만, 딸애에게도 감추지 말고 알리세요."

사실 암은 항암치료를 하는 동안 머리카락은 물론 눈썹까지 빠져 버리기 때문에, 감추려야 감출 수 없는 병이기 때문이었겠지요.

그날 저는 집으로 돌아와 혼자 많이 울었습니다. 어린 딸 다영이를 일찍 재운 뒤에 말입니다. 선생님은 암을 극복한 사람도 많다며 위로해 주셨지만, 왜 하필 내가 그런 큰 병에 걸렸는지, 아주 젊은 나이는 아니지만 한창 일할 나이에 이런 시련이 오는지, 앞으로 얼마나 사랑하는 가족들 곁에 머무를 수 있을지……. 도무지 갈피를 잡을 수 없어 하나님을 원망하며 밤새 울었습니다. 그렇게 울다가 생각하니, 남편이 암에 걸리지 않은 것이, 그리고 내 아이가 걸리지 않은 것이 다행이라는 생각도 하게 됐지요.

암으로 확진을 받은 사흘 뒤 저는 입원을 했고, 그 다음 날 수술을 받았습니다. 수술을 마친 후 마취가 깨자, 선생님이 오셔서 말씀하셨어요.

"수술이 아주 잘 되었어요. 앞으로 항암치료와 방사선치료라는 힘든 과정이 남아 있지만, 아마도 김 선생님은 잘 이겨 내실 수 있을 거예요."

이런 선생님의 격려에 힘입어 저는 무려 8차에 걸친 항암치료, 49번이나 되는 방사선치료를 통해 유방암에서 해방되는 기쁨을 얻었지요. 물론 그 긴 치료과정은 형언할 수 없이 고통스러웠어요. 저는 그것을 성경에 나오는 이스라엘의 출애굽에 비유하곤 했는데, 수술이 홍해를 건넌 것이라면 항암과 방사선치료의 과정은 광야생활 그것이었다고요. 그리고 제가 그 고통스런 광야생활을 잘 이겨 낼 수 있도록 힘을 불어넣으신 분은 바로 선생님이셨죠.

이듬해 3월 어느 날이었어요. 정기검진 날이었는데, 아침부터 때 아닌 봄눈이 많이 내리고 있었죠. 저는 축복처럼 내리는 봄눈을 뽀드득 뽀드득 밟으며 미장원으로 가고 있었습니다. 지난 번 검진 때 선생님이 하신 말씀이 생각나서.

"김 선생님, 다음에 저와 데이트하러 오실 땐, 머리도 예쁘게 하시고 멋진 옷과 구두를 신고 오세요."

저는 궁금해서 물었죠.

"알겠어요. 그런데 의사 선생님이 환자에게 그런 주문을 하는 경우는 듣지 못했는데, 왜 그런 말씀을 하시는지 궁금해요."

"외모가 꼭 중요한 건 아니지만, 암에 걸렸다고 인생이 끝난 듯이 사는 것보다는, 외모를 아름답게 가꾸고 위풍당당하게 나서면, 자기 삶에 대한 자신감을 갖게 되지 않을까요?"

선생님은 이렇게 말씀하시며 암의 근본 원인에 대해서도 자상하게 일러 주셨어요.

"무엇보다도 암의 발생 원인은 스트레스인 것 같아요. 특히 가부장사회에 살고 있는 한국의 여성들은 여성이라는 이유로 다양한 스트레스를 받고 사는데, 그래서 의사로서 제가 할 수 있는 소임은 저를 찾아오는 환자들이 그것으로 인한 스트레스를 벗어나도록 돕는 일이라고 생각하죠. 말하자면 여성으로 살면서 견뎌야 했던 삶의 무게들을 대화를 통해 풀어보려고 합니다."

그러니까 선생님의 말씀을 한마디로 줄이면, 여성들이 한 인간으로서 위풍당당하게 살아갈 수 있도록 독려하신다는 것이었죠. 그래서 그 한 방편으로 환자들에게 외모를 아름답게 가꾸고 오라고 주문하시는 것이 아닐까 생각했습니다.

그날 미끄러운 눈길을 조심조심 걸어 미장원으로 들어서자, 원장님이 저를 반갑게 맞아 주셨어요. 갑작스런 폭설 때문에 그런지 손님은 저뿐이었어요.

"원장님, 오늘 제 머리를 최신식 헤어스타일로 멋지게 좀 해 주세요."

제가 평소에 하지 않던 주문을 하자, 원장님이 깔깔깔 웃으셨지요.

"머리카락도 없으신데, 날더러 어떡하라고?"

"아참, 머리카락이 없지, 깜빡했네요. 그럼 화장이라도 예쁘게……."

"김 선생, 오늘 누구랑 데이트 약속이라도 있어요? 서울에 가 있는 남편은 아닐 테고!"

"네, 데이트 맞아요. 당연히 남편은 아니죠."

"그럼, 누굴까? 거 참, 궁금하네."

저는 한참 변죽을 울리다가 입을 열었죠.

"애인인데요!"

"오, 김 선생도 숨겨 둔 애인이 있었어?"

"숨겨 두긴요, 원장님도 아는 분이에요. 한-애-리라고!"

"에이, 참! 깜빡 속았잖아. 난 또 누구라고."

저는 그날 그렇게 미용실에 들러 예쁘게 화장을 한 후 선생님을 뵈러 갔어요. 진료실로 들어서자, 선생님이 달려 나와 저를 포용하며 말씀하셨죠.

"어머, 김 선생님이 이토록 아름다울 줄 몰랐네요."

"정말요?"

"그럼요, 제가 빈말할 줄 모른다는 거 아시잖아요."

"고맙습니다."

선생님의 그런 따뜻하고 특별한 환대 속에 정기검진을 마치고 돌아오며 저는 생각했습니다. 약도 약이지만, 선생님의 그런 친절과 환대와 사랑이야말로 저의 병을 치료하는 가장 효과적인 치료제라는 것을!

한애리 선생님!

선생님이 보여 주신 그런 삶의 방식은 제 인생에도 큰 자극이 되었지요. 본래 저는 자의식이 강한 사람이었어요. 경영학을 전공한 저의 이력도 한몫 했지요. 저는 직장에서 숫자를 다루는 일을 하는데, 정확하고 분명하지 않으면 용납하지 못했습니다. 항상 내 잣대로 남을 평가하길 좋아했어요. 하지만 이젠 타인을 있는 그대로 받아들이려 노력하는 중입니다. 그러니까 선생님 말씀처럼 주체적인 삶을 살되, 타인을 무시하거나 내 멋대로 판단하는 주체가 아니라, 타인의 삶을 배려할 줄 아는 주체가 되려고 말입니다.

그리고 제가 암투병을 하고 난 후의 가장 큰 변화는 '나 중심주의'에서

지금 고등학생이 된 다영이는 아픈 이를 돌보고 치료하는
외과 여의사의 꿈을 꾸고 있어요. 의료선교사의 소명도 품고 있지요.
저는 제 고통을 통해 하나님이 참 놀라운 선물을 주셨구나 생각하며,
그 헤아릴 수 없는 신비에 감사할 따름입니다.

'그분 중심주의'로 바뀌었다는 것입니다. 물론 암에 걸리기 전에도 신앙생활을 했지만, 지금 생각하면 폼만 그럴 듯한 장식적인 신앙생활이었죠. 하나님의 뜻 어쩌구 떠벌리며 기도를 하긴 했으나, 하나님 뜻은 뒷전이고 항상 제 뜻을 앞세웠죠. 예수를 믿는다고 하면서도 정말 예수처럼 살려고는 하지 않았던 거죠. 하지만 이젠 제 뜻은 접어두고 하나님이 제게 바라시는 뜻, 예수께서 가르치신 삶의 방식대로 살려고 노력하게 되었답니다.

이런 저의 변화 때문일까요. 지금 고등학생이 된 다영이는 세상에서 아픈 이를 돌보고 치료하는 외과 여의사의 꿈을 꾸고 있어요. 얼마 전 〈울지 마 톰즈〉라는 이태석 신부님의 영상물을 본 이후로는 의료선교사의 소명도 품고 있지요. 그래서 저는 제 고통을 통해 하나님이 참 놀라운 선물을 주셨구나 생각하며, 그 헤아릴 수 없는 신비에 감사할 따름입니다.

어떤 철학자가 그런 말을 했다던가요? 고통은 존재의 성숙을 향해 달리는 가장 빠른 말馬이라고요. 정말 그런 것 같아요. 물론 저는 지금도 한없이 나약하고 미숙한 존재에 불과하지만, 다만 제가 겪은 그 지독한 아픔을 통해서 다른 이의 아픔을 공감하는 능력이 향상된 것 같다고 생각하지요. 제가 이런 공감의 힘을 지닐 수 있게 되었다는 것, 이거야말로 제가 고통을 통해 얻은 무엇보다 값진 선물이겠지요. 사실 이전에는 이런 것을 선물이라고 여기지 않았거든요.

한애리 선생님, 오랜 기억이 주마등처럼 떠올라 주저리주저리 늘어놓다 보니, 벌써 밤이 깊었네요. 이 아름다운 봄날이 다 가기 전, 어디 풍광 좋은 꽃그늘 아래서 선생님과 함께 데이트를 즐기고 싶네요. 바쁘신 줄 알지만 그래도 시간 내 주실 거죠?

주님 은총 가운데 항상 평안하시길 빌며 오늘은 여기서 줄이겠습니다.

김윤희 님은 현재 원주세브란스기독병원 건립팀장이다.